吴三桂传

何国松 ◎ 主编

吉林大学出版社

图书在版编目（CIP）数据

吴三桂传/何国松主编．—长春：吉林大学出版社，2010.1

ISBN 978-7-5601-5114-4

Ⅰ.①吴… Ⅱ.①何… Ⅲ.①吴三桂（1612~1678）—传记 Ⅳ.①K827=49

中国版本图书馆 CIP 数据核字（2009）第 215047 号

书　　名：	吴三桂传
作　　者：	何国松
责任编辑：	王世林
责任校对：	王世林
封面设计：	点滴空间
出版发行：	吉林大学出版社
社　　址：	长春市明德路421号
邮　　编：	130021
发行部电话：	0431-88499826
网　　址：	http://www.jlup.com.cn
E-mail：	jlup@mail.jlu.edu.cn
印　　刷：	三河市金轩印务有限公司
开　　本：	710×1000毫米　1/16
印　　张：	16
字　　数：	310千字
版　　次：	2010年1月第1版　2020年修订
书　　号：	ISBN 978-7-5601-5114-4
定　　价：	58.00元

版权所有　翻印必究

前　言

在中国历史上，吴三桂算得上是一个颇具"知名度"的人物。他因投降清朝，几百年来，经常被人指责为"汉奸"；后来封藩云南时，又因举兵反清，被判定为"逆臣""反贼"。可以说，自明清以来，吴三桂在人们的心目中大多是反面人物的形象。但是，无论吴三桂是什么样的人，他都曾牵动了历史的命脉，成为决定历史关键进程的关键人物。吴三桂的一生堪称跌宕起伏，充满变数。他既有"冲冠一怒为红颜"的艳丽故事，又有金戈铁马、叱咤风云的铁血篇章，还有为权力、私欲而角逐、拼杀、无视忠义的不耻行径……

本书是吴三桂丰富多彩人生的翔实记录，全面回顾了吴三桂波澜壮阔而又极富争议的一生，是中国历史人物传记创作上的一部不可多得的力作。

当然，本书并非一本历史学著作，因此，我们在尊重史实的基础上，根据行文和读者的需要，合理、大胆地进行了合乎文学规律的再创作和艺术加工，以期为读者带来最大的精神享受和阅读享受。由于学识所限，加之时间仓促，本书的不当之处自是难免，诚望各位读者提出宝贵意见，在此先予致谢。

目 录

第一章 出生将门 …………………………………… 1

第二章 松锦大战 …………………………………… 12

第三章 降清 ………………………………………… 56

第四章 平定大西南 ………………………………… 93

第五章 封藩、撤藩 ………………………………… 120

第六章 叛清被灭 …………………………………… 156

附　　录 …………………………………………… 223

第一章

出生将门

吴三桂（1612—1678年），锦州人，祖籍南直高邮（今江苏高邮）。出身于辽东世将家门。他的父亲吴襄，善于养马，积官至总兵。母亲出身于宁远卫世将祖家，舅父祖大寿、大弼等都原是明朝的辽东名将。

吴三桂在三兄弟中最为出类拔萃，而且其才干远远胜过其父，故而吴襄把平生的荣辱、光宗耀祖的希望都寄托在他的身上，厚望于此子。

吴三桂的幼年，正是辽东边事频仍的时期，满洲后金政权已突破了它称雄一隅的界限，迅速地向辽西拓展。明朝先失辽沈，接着又丢广宁，辽东大片领土尽归满人，而使辽西不保。在关外危声四起的情况下，明廷于天启二年（1622年）任命兵部尚书兼东阁大学士的孙承宗为辽东经略。孙承宗采用"以守为战的方针"，开屯筑堡，招徕流移百万，练军得精兵五万，所谓"凡经营四年，辟地四百里"，并采纳了参政道袁崇焕的建议，以宁远居广宁之西"当要冲之地"，命人修建了宁远城及锦州、大小凌河、松山、杏山及右屯卫诸要塞，筑起一道以坚城重炮为防御体系的宁锦防线，使努尔哈赤无机可乘，阻止了后金的进军步伐。当时，奉命担任守卫的明军主力正是吴三桂的母舅祖大寿率领的祖家军。

祖氏为辽东望族，起家军功，几代人皆为明朝宿将，至祖大寿尤为显赫。祖大寿，字复宇。明泰昌元年（1620年）官靖东营游击，因任事"忠勤"，为当时的辽东经略熊廷弼所赏识。明天启二年（1622年）改隶广宁巡抚王化贞部下，为中军游击。孙承宗督师蓟辽后，祖大寿又奉命与袁崇焕等一同驻守宁远，旋即以"宁锦大捷"立下殊功。至崇祯元年（1628年），明廷以袁崇焕督师蓟辽，擢祖大寿为前锋总兵，挂征辽前锋将军印驻守锦州，由此奠定了他为辽东重镇名将的地位。而随

着祖大寿在辽东地位的日趋上升，祖氏一门接踵拜将于戎伍，祖大寿的兄弟祖大乐、祖大名、祖大弼、祖大成，子侄祖泽润、祖泽溥、祖泽洪、祖泽清、祖泽远、祖泽沛、祖泽法、祖可法等十余人分别以副将、参将、游击的头衔驻守于锦州、宁远、大凌河诸城。由于他们率领明军多次重创后金，把住了东北边关的通道，故而闻名于关内外，号称"关宁铁骑"，作为辽东精锐为明廷倚重。也正因如此，即或他们犯有重罪，明廷也取宽宥的态度。

崇祯二年（1629年），皇太极第一次率军入关，以凌厉攻势进逼北京，祖大寿随蓟辽督师袁崇焕入援勤王，以功被崇祯帝召见于平台，示以慰劳。然崇祯帝却中了皇太极的反间计，听信被后金俘获放还的太监之言，以袁崇焕与后金私有成约，即"通敌"罪，将其收捕入狱。时"大寿在旁，股慄惧，及既出，又闻满桂总统关宁将卒，不肯受节制，即引所部兵掠山海而东"，远近大震，而满桂与总兵孙祖寿在永定门外因孤军奋战，为清军所败，皆战死。故祖大寿之举已成叛逆，必置重典。然而，崇祯帝不但没有治罪，反而下诏安抚，并"取崇焕狱中书招之"。二次赴任蓟辽督师的大学士"孙承宗亦使抚慰，密令上章自列，请立功赎崇焕罪，大寿如其言，庄烈帝优旨答之"。

崇祯四年（1631年）七月，祖大寿奉命督兵大凌河城，皇太极以其城工修筑未竟发兵围之。在后金军击败明朝先后派来的诸路援军，困城两月余，城内人相食的情况下，祖大寿被迫投降，随后又以锦州相许，请求回城搬取家属。但脱身后，祖大寿虽未如约向后金献出锦州城，却仍与皇太极秘密往来书信。"辽东巡抚丘禾嘉知其纳款状，密闻于朝。庄烈帝欲羁縻之，因为用，置勿问"。将他投降甚至可能通敌的事情也搁置不问。

从明廷对祖大寿的处置，足见祖氏集团在辽东已形成一种不可动摇的势力，这种势力可以使朝廷对其忌惮，更可以左右辽东局势，正如时人所言："第明国京都，倚祖大寿为保障"。这使祖氏在辽东的地位更为显赫。

作为祖家女婿的吴襄，自然深得这棵大树的庇荫。清人笔记记载：吴三桂，"父襄，母祖氏，祖大寿之同怀也"。吴襄本是文人出身，关于投笔从戎的原因，他是这样解释的，"臣辽人也，与奴有不共之仇，投笔从戎，矢心惟知忠义，奋志惟有杀贼"。根据现有的资料，尚无法说明吴家与努尔哈赤的满族后金集团有着不共戴天的个人恩怨，但后金军对辽东地区的疯狂掠夺，无疑打破了吴襄及其家人的正常生活秩序，危及到作为辽人的吴氏一家，因而辽东的特殊社会环境与形势是吴襄投身军营的重要原因，而他与祖氏的姻戚关系也是其中一个要因。吴襄娶了祖氏，成为祖大寿的妹夫，同时又是祖大寿所统辖的关宁铁骑中的一员将领，隶其部下，这使他与祖氏集团结成不可分割的一体。靠着这种特殊的裙带关系，吴襄步入仕途不到十年的时间，即崇祯四年（1631年）便官至总兵，成为拥兵万余、镇守一方的高级军事将领。而吴氏家族也因此而纷纷跻入仕官行列，发展成不可小视的军事集团。

同祖氏一样，吴家也可称得了军人世家。吴襄共有三子，长子吴三凤，次子即吴三桂，三子吴三辅，兄弟三人随吴襄先后投戎，任职于祖大寿军中，担任大凌河、宁远等城守将。此外吴襄还有三千名敢战的骁勇家丁。崇祯十七年（1644年），据吴襄自陈，这三千敢战兵丁，系由其子弟、子弟的诸兄弟及亲属组成，他自己粗茶淡饭，粗布褐衣，而三千子弟却是细酒肥羊、纨罗纻绮，并皆有数百亩庄田。吴襄正是以此厚待，得其效以死力。

吴襄虽得依附祖家跻身显赫之中，但他的官运却几起几落。先是崇祯四年（1631年）八月，后金以数万军队包围了正在抢筑中的大凌河城，祖大寿率一万四千余人驻守此城，所部皆为精锐，且拥有大炮火器。皇太极鉴于以往强攻坚城屡屡失利的教训，决定长围大凌河。他令后金军环城四面掘壕，八旗兵按方位分守要地，断绝粮道，又命汉军总兵佟养性于城西当锦州大道而营，专为阻截锦州方面的援军，以围死大凌河。九月，明廷征调援兵，刚刚就任总兵的吴襄也奉命发兵宁远，与总兵钟伟在明太仆寺卿监军张春的统一指挥下，合兵四万直趋大凌河。可是明军援兵在接近大凌河、距城十五里处，后金军以二万精锐突袭援军，右翼冲击张春营，"营固攻不能入"，移攻吴襄营，"襄师溃南奔"，八旗兵趁势追击，以长于野战的优势，彻底击溃援军。是役，吴襄先自逃奔，保全了自身，但张春以下三十余将领被俘，大凌河也在援绝粮尽的情况下被后金夺得，祖大寿投降。因而，明军之败吴襄有无可推卸之责，他被降秩削职，令戴罪立功自赎。这年，吴三桂已二十岁，按照吴襄所说："臣每奉征调，父子俱入行间"的惯例，吴三桂亦当作为吴襄的部将随军参加此次入援之役，其父率先逃路，力求自保的作战原则，必然对吴三桂产生影响。

这次，吴襄被夺官的时间不长，登州参将孔有德的兵变给他提供了官复原职的机遇。

孔有德以追随辽东东江总兵毛文龙起家，毛文龙被杀后，孔有德任山东登州参将，郁郁不得志。后金围困大凌河时，孔有德奉登莱巡抚孙元化之命，率八百骑出师应援，行至河北吴桥，士兵因乏食哗变，孔有德趁势率众起兵反明，回师山东，一路大掠，诸城邑俱为所破，至翌年正月攻下登州。他自称"都元帅"，以千总李九成为副元帅，耿仲明等人俱为总兵官，整军设署，攻城略地，"为东省大患"。明廷十分震惊，急调保定、天津、昌平诸镇兵会剿，却也连连失败。崇祯五年（1632年）六月，在举朝一片不知所措之下声中，户部右侍郎刘重庆、四川道御史王万象并疏请用辽人平叛。于是崇祯帝下诏命辽东总监高起潜督率副将祖大弼、总兵金国奇等带领数万兵马驰赴山东平叛，"令吴襄从征立功"。

是役，辽兵不愧为劲旅，而吴襄更是一员骁将。崇祯五年（1632年）八月，他与祖大弼、金国奇协力，先败孔有德军于沙河，再败于白马，将孔有德军逐回登州，进而成围。孔有德接连两次突围，均被打退，副元帅李九成亦中弹而死。十二月初，辽东兵围登州已达三月有余，孔有德又组织了最后一次突围，却因计划泄露使明军有备，双方刚刚交战，便遭到金国奇、吴襄与祖大弼的协力攻击和堵截，迫使孔有德再度退回城中，于当夜从海上逃遁，随后投奔后金。

收复登州，辽东兵援山东之役宣告结束，吴襄由于作战奋勇，由辽东总监太监高起潜题请，官复原职，并奉命带领所属部伍并总兵金国奇之部伍。叙功时，又得授都督同知，允荫一子锦衣百户，并准世袭。

然而，好景不长，仅一年的时间，吴襄又一次丢掉了总兵官的职务。那是崇祯七年（1634年）夏，后金军入边袭扰宣府、大同等地，吴襄于五月得知情报，即自请入援，得到命准。明廷又征调张全昌、曹文诏、眭自强等自各路应援。但面对骁勇敢战的八旗兵，明军却颇多怯阵，致使"掳势批猖，直闯入山西太原等处，而宣云围困，应溯濒危"，最终又坐视其饱掠而归。援军主将吴襄与张全昌等一同坐失误军机、逗留不进之罪，特别是吴襄，因而被逮下狱，并革去了辽东团练镇总兵官的职务。这对吴襄是个不小的打击，他上疏自陈曰："今蒙部议，加以逗留不进，即死亦不甘矣"。"臣每奉征调，父子俱入行间，每负重伤不顾身家，为皇上保此疆土，恳祈皇上怜臣侦探最确，入援独先，且中后创虏之功未蒙叙及，招接难民之录未挂一名，近日哨斩多级，俱皆实绩，敕该部开一面之仁，功过相准"。

这份奏疏，通过吴襄之口说出他们父子在辽东的一些战绩和作为，其近乎乞怜的口气，可以看出吴襄已意识到自己的官运已成逆势，而此番丢官，能否再度复职十分渺茫。所以，他不肯放弃最后的希望，这希望就是朝廷能念及他们父子的战功，特别是他儿子吴三桂的战功，对他予以开释。故而在这份奏疏的最后，吴襄说："天地覆载之恩，微臣不能报，而臣子吴三桂世受国恩，亦必杀贼仰报万一矣"。吴襄有三子，而他独提到二子吴三桂，这一方面表明，吴三桂不但在吴襄的三个儿子中最为出类拔萃，且其才干也远远胜过乃父，因而吴襄把平生的荣辱，光宗耀祖的希望都寄托在吴三桂的身上了，厚望于此子。另一方面，也表明这时的吴三桂已作为关宁中的一员勇将而闻名朝廷。

武宦门楣的家世与家境，对吴三桂的成长自然有着重要的影响。父辈们整日厮杀于疆场，使他在血雨腥风中饱受战火烽烟的洗礼与熏陶，从小便开始关注着战争与时局的变化。

早年，吴三桂曾遵父命投拜于董其昌门下就读。董其昌为华宁人，明朝一代文宗，学识宏富，诗文书画样样精湛，且官至礼部尚书，望重一时。这种儒家文化的基础教育，为吴三桂日后的武将素质多了一份书卷气，他的"风流自赏"的仪表，"多谋"的思维方式，以及颇通音律，而后又"留意声伎、蓄歌童自教之"的雅好，都应该与这段经历有直接关系。只可惜这段经历的真实性，在保存不多的关于吴三桂早期的资料中属于笔记类的孤证，必然受到质疑。但无论怎样，从后来的结局可以确定的是，当时的吴三桂与其父一样，无意于科举功名，只醉心于习武。

武将家庭对吴三桂的熏染是可想而知的，吴三桂不乏父亲与舅父们的亲手赐教，但他的成功更主要得益于自身的天赋与勤奋。据吴三桂的

教生陈邦选说：吴三桂少时，"聪明自然超群"。他的姨表兄胡弘先也说："忆昔幼年把臂时，见贤弟聪俊绝人，曾以大成相许"。而事实上他尤为刻苦勤奋。据记载，直到晚年，吴三桂仍保持着"鸡鸣即兴，夜始就枕"的好习惯，且"终日无惰容"。这种健壮的体魄与他自幼坚持习武的经历不无直接的关系，由此也不难想象当年他闻鸡起舞、日以继夜刻苦操练的情形。他的这种勤奋，在那些膏粱子弟中实不多见。常言道，功夫不负有心人。正是这种艰苦的训练，吴三桂练就了一身武艺。在诸般兵器中，"长枪大剑，画甲雕戈"，无所不精，尤其喜欢大刀，由于他的刀法最得要领，大刀便成了他日后戎马生涯中的随身武器，现作为遗物保存在昆明历史博物馆中的一口大刀，加上长柄有一人多高，据说是吴三桂当年使用过的。

除了精于各种兵器之外，吴三桂还"膂力过人，娴骑射，好田猎"。这无非也是辽东特殊的生活环境所造就。辽东地连女真、蒙古，颇受其尚武精神的影响，而游猎民族的骑射本领，也在潜移默化中以种种不同的往来方式，流传于辽东的汉人之中，特别是这些武将世家。何况祖大寿的军中本来就有许多蒙古骑兵，可以得其直接传授，辽东兵被称作关宁铁骑，视为劲旅，其原因就在于辽东兵的骑射堪与蒙古、女真相较。吴三桂高强的骑术与箭法正是在这种环境中练成。据清人记载，康熙年间撤藩令下，吴三桂鼓动起兵反清，曾在演武场上操演军伍，并亲执刀戈以激奋人气，所谓"吴三桂披甲上马，扬鞭急驰发三矢皆中的"。当时吴三桂已是六十有二、年逾花甲的老翁，不无老眼昏花之嫌，竟仍然能在飞驰的马上百发百中，其骑射之精可以想见。

而在经常出入深山老林的狩猎之中，也练就了吴三桂的勇武和胆魄，培养了他不畏艰险的性格。所以青少年时代的吴三桂便小有名气，成为吴祖两家诸子弟中鼎鼎拔尖的人物，深得长辈的喜爱，视为将门虎子，从军也成了吴三桂人生之路的必然选择。

同乃父一样，吴三桂也以武举之功名起家，史载"吴三桂由武举随征阵"，由此开始了他的戎马生涯。其时在崇祯元年（1628年）前后，吴三桂只有十七八岁，为祖大寿军中最年轻的将领，即所谓"自少为边将"。有关吴三桂当时的官衔，各书记载略有差异。孙旭《平吴录》曰："大寿镇宁远，用桂为中军"。《清史稿》曰："吴三桂以武举承父荫，初授都督指挥"。《明季稗史初编·平西王吴三桂传》亦曰：吴三桂"幼试武举"，"以父荫得官，历都督指挥，积勋至大总戎"。综合起来看，吴三桂最初得官与父亲吴襄的军功有关。曾官都督指挥，而后又被祖大寿用为中军。可见，父亲与舅父给予吴三桂的影响是巨大的，特别是父亲吴襄可谓吴三桂成为武将的第一个老师，从军后又是每逢征战，父子同入行间，真所谓上阵"父子兵"。

仅从体魄和相貌上，似乎看不出吴三桂作为武将所应有的剽悍与骁勇。他生得健壮，个子却不甚高大，面带威严却又不失俊逸。如《觚賸》记载曰："延陵将军（吴三桂）美丰姿，善骑射，躯干不甚伟硕，而勇力绝人，沈鸷多谋，颇以风流自赏"。诗人吴伟业在《圆圆曲》中，则以"白皙通侯最少年"，把吴三桂说成是一位翩翩的美男子。

只是，这位翩翩美男子有一道"鼻梁伤痕，右高左低，中有黑纹如丝"，吴三桂每遇忤意难解之事，往往不由自主地用手抚摸鼻痕，似乎觉得有碍仪表。其实，正是这道疤痕为他赢得了数不清的赞誉和锦绣前程，成为他发迹的开始。那是他随军之初的事，一场出生入死的战斗令他一举成名，却也在鼻子上留下一道象征勇武的刀痕。

崇祯元年（1628年），明廷以袁崇焕督师蓟辽，擢祖大寿为前锋总兵，挂征辽前锋将军印驻锦州。为加强防御，每逢"秋高，恐盗边者，分兵巡哨"，以备后金掳掠。一天，祖大寿命参将吴襄率五百余兵丁出城"哨探"。不料，在离城数百里处与四万后金八旗兵不期而遇，众寡悬殊，八旗兵恃众，"藐视五百人，不战，但围困之，谓饥渴甚，三四日必降，可不血刃"。吴襄以人少势孤，急令突围撤退，但吴襄急奔，后金军急迫，吴襄缓奔，后金军缓迫，始终未能摆脱掉后金军的围追，至锦州城四十里处，吴襄所部还是被后金军团团围住。

这次吴三桂没有随父亲同行。时"祖帅凭城楼而望不能救，吾王爷（吴三桂）为祖甥，侍侧，沙漠一望，四十里间，见父被困，跪请祖帅救之"。可是，敌兵四万，守城兵不满三千，守且不足，何能救之？祖大寿回答说："吾以封疆重任，焉敢妄动？万一失利，咎得安归？"吴三桂三请而不应，便跪泣曰："总爷不肯发兵，儿请率家丁死之"。祖大寿似应似不应地"嗯"了一声，"以为必不能救也"。不料，吴三桂却跪地应声"得令"，随后起身下了城楼，率领二十余家丁冲出城门。

一行人中,"王(吴三桂)居中,左吴应贵,右杨某,分两翼,十八人后随冲阵"。

后金军正欲诱明兵出战,见城中闪出一支轻骑,人数无几,"疑之开阵,计纳而并围之"。但还未等后金军采取行动,吴三桂已率领他的轻骑突入阵中。吴三桂首当其冲,先"射殪两人",继"逐一骑射之,骑坠地佯死,吴三桂下马取其首,骑挥佩刀刃吴三桂,中鼻,血流被面,卒斩其首",又杀入阵中,"寻见襄,大呼'随我来'!五百骑遂拼命杀出"。

这一切都发生在短暂的瞬间,后金军被这突如其来的袭击弄得不知所措,疑其诱兵之计,"遂缺围,听其逸"。

一直立于城楼的祖大寿,先是为吴三桂孤军出城一惊,接着又为他舍身救父而喜,及见他勇猛无敌,冲突于后金的万马军中,如入无人之境,更是赞叹不已。祖大寿见后金之围已被吴三桂冲开,即命城上明军擂鼓呐喊,以助声威,并亲率兵丁出城三里许接迎。这时,吴三桂"面血淋漓",一见到祖大寿,下马跪泣不已,颇有死后余生之感触。祖大寿也是万千感慨,抚摸其背曰:"儿不忧不富贵,吾即请封拜"。而身为监军的高起潜也大喜曰:"真我儿也"。旋"上其功得优叙"。

吴三桂的地位和名望的显著变化,大约就是以此次闯围救父为转机的。他的这一壮举,被人们以"忠孝"之名而传颂着;他的"娴骑射"的高超技能,他那"勇而敢战"的无畏精神,他"沈鸷多谋"的韬略,都开始引起人们的广泛注意和重视。也就从这个时候起,吴三桂时来运转,步步晋升。他由中军升到游击,确切时间不得而知,但可以肯定,是在这次战斗后不久的事。因为他在崇祯五年(1632年)时,作为游击将官参加了山东"平叛"的战斗,所以,他的这次提升时间应在崇祯三年至崇祯五年之间无疑。这期间,他隶属傅宗龙。崇祯三年,傅宗龙总督蓟辽、保定军务,吴三桂的提升也与他有关。有一事,可以证明他们之间的关系。吴三桂在云南封王时,傅宗龙的儿子傅汝是吴三桂的部属,吴三桂待他如"亲兄弟",以报当年其父之恩。傅宗龙在辽任职时间很短,很快就被解职回家。

崇祯四年(1631年),由于父亲兵败而被削职,使家庭小有挫折。事情是这样的:

这年八月，皇太极发动了攻取大凌河（辽宁锦县）之役，他以数万军队包围了大凌河城，祖大寿率城内三万军民固守。皇太极采取围而不攻的战术，掘壕筑墙，四面以重兵把城围住，断其饷道，又于城西另驻一军，专截锦州方面的援兵，企图经过一段时间的围困，城内粮尽援绝，逼使祖大寿献城投降。

明朝识破后金的作战意图，不能坐视不救。辽东巡抚匠禾嘉督率总兵官吴襄、宋伟合兵四万余赴援。行至离松山（辽宁锦县松山乡）三十里许的地方，即长山与小凌河之间，与后金兵遭遇，双方展开大战，互有杀伤，明援兵撤回。九月中旬，后金兵一面继续围困大凌河城，一面又出击锦州，直抵城下，吴襄、宋伟率部出战，没有取得战果，便退入城中。二十四日这天，太仆寺卿监军道张春又会同吴、宋两军援大凌河。明军渡过小凌河，行五里，"筑垒列车营"。后金兵扼守长山，明兵不得前进。二十七日，皇太极亲率八旗骑兵，分作两翼，直冲明兵大营。明兵施放火器和弓箭，铅子如雹，矢下如雨。后金兵右翼首先冲入张春大营，明兵奋起接战，但抵挡不住后金兵的猛烈冲击，阵势混乱。"（宋）伟与（吴）襄又不相能"，吴襄等未经接战，先自逃奔。后金兵趁势从后面追赶，疾追三四十里，才收兵，吴襄及其部属早已逃脱。由于吴襄先逃，招致张春以下诸将三十三人都被活捉。吴三桂是否参加了这次失败的军事行动，史无明文，但据吴襄说："臣每奉征调，父子俱入行间。"看来，吴三桂必在军中，并与父亲一起脱逃。

明朝屡次增援大凌河城，屡次失败，损失一次比一次大，而以张春、吴襄、宋伟等这次增援损失最为惨重。自此，援兵断绝，祖大寿再也不敢出城突围，坐以待毙。败报传到北京，"举朝震骇"。在追究兵败责任时，给予吴襄以削职的处分。吴三桂是低级军官，不负败兵之责，自然还处分不到他的头上。

吴襄被削职，并没有给家庭带来根本影响。因为朝廷还允许他在军队中继续供职，戴罪立功自赎，而他也等待机会，以图东山再起。

就在吴襄被削职时，山东爆发了以孔有德、李九成为首的兵变。孔有德原任山东登州参将，后金兵围大凌河城时，受登莱巡抚孙元化派遣，率八百骑兵出关赴援。行至河北吴桥，"兵乏食，肆掠村堡"，继而哗变。孔有德与李九成等密议，宣布起义叛明，率军回师山东，连陷

临邑、陵县、商河、青城诸县城（今仍名，均在山东济南北）。次年（崇祯五年）正月，孔有德回师攻下登州（山东蓬莱），设官置署，他自称"都元帅"、李九成为"副元帅"、耿仲明等为总兵官。于是，整顿兵马，攻城略地，反明的斗争浪潮席卷山东。

山东近京师，关系甚重，孔有德起兵反明，使朝廷十分惊慌，急令保定、天津、昌平诸镇兵马会剿。官军连连遭到失败，朝廷一时手足无措。

六月初，户部右侍郎刘重庆、四川道御史王万象建议调战斗力顽强的山海关与宁远的辽兵来对付孔有德的"叛兵"。经朝廷重臣讨论，奏请崇祯批准。九日，崇祯下诏，命监视关宁总监太监高起潜督率副将祖大弼、总兵官金国奇等携数万兵马前往山东镇压。崇祯给吴襄一次立功赎罪的机会，特许以"戴罪立功"的总兵官随军出征。吴三桂以游击将军跟随父亲与舅父祖大弼参加"平叛"。

辽兵不愧为一支劲旅。八月十九日，辽兵与孔有德部首先战于沙河（山东掖县城西），将对方击败；三十日，推进至白马，双方大战，孔有德寡不敌众，被迫后撤，退守登州。辽兵乘胜前进，于九月一日兵临登州城下，迅速将全城包围起来。开始，孔有德遣兵将出城交战，企图打破明军的包围。到十一月，孔有德连续于二十一日、二十七日两次组织突围，结果都被逐回城中。副元帅李九成不幸中弹阵亡，兵士也多有损失。"叛军"处境越来越困难。祖大弼与金国奇、吴襄指挥明军严密围困，欲把他们困死于城中。

从明方的战报中看到，吴襄作战勇敢，往来冲杀，表现出色。关宁监军太监高起潜为他题请，朝廷当即恢复其原总兵官职务。

明军围城已经三个月了，城内士气低落，对于能否坚持下去，逐渐失去信心。孔有德决定再组织一次大规模突围，"决一死战"，以求得一条生路。不料十二月二日，一名叫洪成训的士兵，乘夜逃出城，投降了明军，并泄露孔有德将于三日夜从城西门出城突围。

总兵官金国奇得到这一重要情报，急与监军高起潜、吴襄等重要将领定计，分设埋伏，其余各营将士皆"披甲上马预备"，又调来三百名火器手埋伏于山前，专轰击孔有德的大队人马。

三日，天将黎明，孔有德悄悄率军倾城而出，计马步兵七八千人，分作三股突围。官军也分三路埋伏，准备迎击。金国奇与高起潜、吴襄率领副将以下，至千总、把总等大小将官40余员为其主力，挡住孔兵出城的要冲。吴三桂也在这众多将领之内，参加对孔兵的伏击。

孔有德完全不知道突围计划已被泄露，明军已作了围剿的准备。他率部放心大胆地出城，行至金国奇部的埋伏圈，明军立即挥红旗迎战，截住厮杀。顿时，喊杀声响彻黎明的晨空，枪炮声同时大作，震得大地不禁抖动起来……

金国奇、吴襄部刚一交战，祖大弼率部从东南方向飞驰策应。孔军抵敌不住早有准备的明军的四面堵截，无法突围出去，便拨转马头，向城内疾退。明军穷追至城下，力图一举破城，但城上"炮石如雨"，无法靠近城下。金国奇只好传令，举号收兵回营。

登州北面临海，官军无法围堵。就在兵败退回城的当天夜里，孔有德决定从海上逃走，率余部连同全部家属共万余人，分乘数百只船，航海辽东，投奔后金去了。

登州已是一座空城，很快就被明军占领。关宁援山东之役，历时近一年，就这样结束了。吴襄在这次战役中，总算没有辜负崇祯和朝廷的期望，实心任事，勇敢作战。所以，他不但恢复了原职，还于七月间被授为都督同知，荫一子锦衣百户世袭。吴三桂在上百员战将中，他是资望最浅、年龄最小的一个，地位不显。目前，还没有看到有关史料具体反映他在这次战役中的表现，但可以想见他一定不会放弃这个立功的机会，必能施展出他的敢战、冲锋陷阵的本事。特别是有他的义父高起潜监军，父亲在军中任高职，立功受奖，这就使他在明将中处于很优越的地位。不言而喻，吴三桂此次军事实践，为他以后的提升奠定了基础。

吴三桂在仕宦之途进展迅速，到崇祯八年（1635年），才二十三岁，就提为前锋右营参将；崇祯十一年（1638年）九月，他已是前锋右营副将，离总兵只有一步之遥。

第二章

松锦大战

吴三桂崛起之时，庞大的明王朝正处在急速崩溃中。天启七年（1627年），在陕西澄城县爆发了农民抗粮的武装斗争，它如星星之火，点燃了明末农民战争的燎原大火。崇祯初年，天下群雄并起，各路农民起义军已深入到中原腹心地区，他们活动在山西、陕西、河北、河南、四川、湖北等省，向明朝展开了猛烈的进攻。后来成为明末农民起义军主要领袖的李自成、张献忠等也在这时先后参加了起义，在斗争中迅速发展壮大。至崇祯九年（1636年）前后，全国农民大起义已成燎原之势，明朝穷于应付，它的将士疲于奔命，扑灭一处，另处又起；打跑一股，另股又出现在明兵面前。明兵防不胜防，打不胜打。明朝被声势浩大的农民起义拖得苟延残喘，它像一个久病的巨人，已临近精疲力竭，摇晃不定的可悲地步！

在山海关外，新建的满族贵族政权，在经历努尔哈赤开基立业后，皇太极大胆变革，已变得空前强大。皇太极于天聪十年（崇祯九年，1636年）四月在沈阳正式即帝位，变国号为"大清"，气象一新。他和他的兄弟子侄、文臣武将比任何时候都充满了夺取全国政权的信心。明朝仅凭借着宁锦防线，还在奋力挣扎着，勉强维持着辽西残局。

但是，曾在辽河两岸和这条走廊上同清（后金）兵激战、顶住它进攻的一大批将领、运筹帷幄的统帅，诸如杨镐、杜松、刘綎、袁应泰、熊廷弼、王化贞、袁崇焕、孙承宗、满桂、赵率教、何可纲、毛文龙等，就像夜空中的一颗颗流星一样，转瞬消逝了。他们或战死于疆场，或失意于官场而遭排斥，多数则死于党争，成了明末黑暗政治斗争的牺牲品。这时，在辽西惟剩祖氏一家和他们的亲兵家丁，始终坚持固守辽西，所幸朝廷不敢触动祖氏，故能保全而没有受到伤害。吴襄与吴三桂父子作为祖氏姻亲，命运所系，共撑残局，同度艰难。吴氏父子在明朝统治集团中政治与军事地位变得日益突出，终于一跃而扮演了辽西最后一幕的主要角色。

崇祯十二年（1639年）七月，提升的机会又一次降临到这位幸运的青年将领的身上。这年，吴三桂刚二十七岁，喜报传来；他被任命为宁远团练总兵。还在崇祯五年，他仅是个游击，而在此后的六年中，他很快由游击升到参将，再升到副将，由副将升到总兵，也只隔了两年时间。这个晋升速度，应该说，还是相当快的。对于吴三桂来说，可谓少年得志，平步青云。跟他同时代的所有辽西将领相比，以他这个年龄，竟升到总兵官这一要职，大概他是第一人吧！他的好友姜新大为感叹："仁兄廿七登坛，儒门出将，父子元戎，讵谓奇遘哉！"

自明清战争以来，特别是战事发展到辽西以后，宁远已成为明朝防御清兵的一大军事重镇，与锦州并重，是宁锦防线的重要一环。先有袁崇焕、孙承宗力主筑宁远，两次获得大捷，给清（后金）兵以重创。袁崇焕冤死，祖大寿继任守此，后又调到锦州驻防。吴三桂则继袁崇焕、祖大寿之后，驻防宁远，已显示出朝廷对吴三桂的倚重。关外八城，以锦州、宁远两城最为重要。监军、巡抚、道台等官都在此城设衙办公，吴三桂以总兵官驻守于此，也就提高了他的政治地位。

吴三桂升任总兵官要职，开始跻身于封疆大吏、朝廷显官的行列，这为他以后的飞黄腾达奠定了政治基础。他的锦绣前程，大约有两个方面的原因促成的。一是，应当承认，吴三桂确有才能，这在他的同辈人中已受到广泛称赞，在朝廷中也颇受赏识。人们都说他"才华出众""聪俊绝人""聪明自然超群"，自少年已"勇冠三军，边帅莫之及"，他的勇略使"夷夏震慑"，堪称是"智勇兼备之大将"。连清朝人也承认在明边将中惟吴三桂"敢战"。诸如此类的称颂，不无溢美之辞，但平心而论，吴三桂实为一将才，非是庸碌之辈可比。他就是凭借个人的才能，为自己获取越来越多的功名利禄。所以，不论来自哪些人的赞扬，并不都是毫无根据的吹捧。二是，他晋升如此之快，也是靠了内外交结，多方提携的结果。在那个时代，一个人的前程不完全取决于自己的才能，在很大程度上要取决于有后台的强有力的支持。就是说，要寻找一个或几个有权势的人物做自己的后台，就会保证步步高升。俗话说：朝中有人好做官。恰是说中了问题的要害。吴三桂的晋升的途径也不出这个范围。他有舅父祖大寿兄弟为后盾，加意培养，不断地给予他立功创业的机会，不时地向上司或朝廷为他请功、晋职。这一点，吴三桂的姨夫裴国珍看得很清楚。吴三桂提升总兵时，他说："贤甥登显职，皆由于祖镇台（祖大寿）。"不过，只靠祖大寿兄弟几人的力量是不够的。吴三桂与其父深通官场之道，他们并不惟祖大寿是赖，而是广交朝廷内外大员，建立起密切的政治关系，从而保证了他们父子仕途顺利，扶摇直上。吴三桂任总兵，就是由蓟辽总督洪承畴提名，约辽东巡抚方一藻共同推荐，经总监关宁两镇御马监太监高起潜同意，并由他向朝廷报告，经崇祯批准的。这三个人，地位相当重要。方一藻为辽东地区行政最高长官，洪承畴为一方统帅，而高起潜虽说是宫廷中掌管御马的太监，却是由皇帝"钦命"，位在诸将帅之上的"监军"。吴三桂与他们都有着特殊的关系。方一藻巡抚辽东时，吴三桂即"拜其门下"，与其子方光琛"缔盟为忘形交"。洪承畴以兵部尚书出任蓟辽总督，吴三桂"又拜其门下"。洪氏幕僚谢四新博学，深得其信用。吴三桂与之"纳交最厚"。高起潜对于吴三桂来说，更是一个强有力的后台人物。明末，宦官操纵权柄，凡为官为将的，如果得不到他们的支持，很难立足于朝廷。特别是皇帝信任宦官，派到各地"监军"，而"在边镇者，悉名监视"。高起潜"以知兵称，帝（崇祯）委任之"，"监视"宁远、锦州及山海关诸军。不论哪一级将官，他们的一言一行都处于"监军"严密监视之下，稍有得罪，不惟丢官，甚至有掉脑袋的危险。吴三桂拜高起潜为"义父"，他们之间的关系必定要超过同方、洪等人的关系，毫无疑问，会得到他们格外庇护，给吴三桂加官晋爵只是时间问题。这些权势显赫的人物都成了吴三桂的后援。所以洪承畴一提名吴三桂任总兵，正合高起潜心意，他亲自写"题本"，立即被批准，与吴三桂同时提名的还有刘肇基任总兵，却没有获准（至次年才通过）。洪承畴出关将"虚冒"钱粮的千总刘某处死。此千总为"高起潜私人"，高对洪大为不满，因此洪提名与高没有多少关系的刘肇基，高不予支持，即成罢论。可见高起潜权势之大！

由于有高、洪、方等三人的一致支持，吴三桂轻而易举地登上将坛，身挂帅印，达到为将者所企望的地位。吴三桂入选总兵，除了必不可少的社会关系，也是当时军事的需要。洪承畴原任陕西三边总督，同李自成农民军周旋十余年。当辽东军事时局日益恶化，明军防御吃紧时，于崇祯十二年初被调到这里，出任明军的统帅。他一到任，就检查各处兵士训练，兵力配置，及将领优劣等情况。他阅示山海关内外，发现明兵的训练不足。来自前线的侦察情报，使他感到"虏情紧急"，而明兵"必刻期"尽速完成训练，以应付同清兵的不可避免的战斗。此时，急需"选举辽东练兵大将"，"速图整练"军队，提高他们的作战能力。他与高、方等选中吴三桂，来负责"统练辽兵"，包括演习刺杀、熟练使用各种武器、布阵、进退方法、掌握战斗号令，等等，这对于每个士兵都是至关重要的，同时也关系到战役战斗的胜败。担任此项任务训练的人，不仅要有实战经验，而且应当通晓兵法，以此而论，吴三桂倒是一个很合适的人选。洪承畴提出一项练兵计划，业经高起潜同意，朝廷批准，即从现有辽兵中抽出一万，分驻中后所与前屯卫两处，正居关外八城的适中之地，责成吴三桂和监纪通判朱国梓"详审安插，分合操练"。吴三桂的部下辽人游击董永显，"管领内丁，胆勇超众，屡次建功"，也被选中，由游击提升到后勤中营管参将。洪承畴认为，宁远、锦州各有"总镇"（即总兵官）驻扎，再于各冲要之处布置劲兵，使宁锦一线首尾相应，八城不单虚，山海关则"益厚保障"。吴三桂即照其部署，与朱国梓分练辽兵。他"日日言练"，提出："不独练人，尤宜练（武）器，必人与器相合，器与人相合，而后可以言练。"他严格进行训练，兵士的战斗素质明显提高，仅用两年的时间，吴三桂与其他负责训练的将官已练兵三万，成为一支有战斗力的劲旅。

吴三桂任团练总兵，不限于练兵，同时也参加对清兵作战。

这是在吴三桂提升总兵的第二年，也就是崇祯十三年（清崇德五年，1640年）五月十八日，明兵与清兵在杏山（今辽宁锦县杏山）附近的夹马山发生一场遭遇战。原来，在杏山西五里台居住的蒙古多罗特部民，共有三十家，六十余人。他们秘密约降清朝，请求清兵前来接应，保护他们免遭杏山、松山、锦州等处明兵的堵击。正巧皇太极亲历锦州一带巡视，当即指令郑亲王济尔哈朗、多罗贝勒多铎、多罗郡王阿达礼等一批骁将率护军一千五百人前去迎接这批蒙古人。清兵为躲过明兵的阻击，便于十七日夜偷过锦州城，次日即十八日，天还没亮，顺利到达杏山西五里台。护卫蒙古人急速回返。黎明，被明兵发现。驻防杏山的辽东分练总兵刘肇基率军出城迎战。他于七日奉命率五千余精锐兵马自前屯卫起行，十一日赶到杏山"安插"。他闻警，即从所部五千人中抽调三千人马，从原驻守此城的明兵中调出七百人，共三千七百人，投入战斗。吴三桂在离杏山北十余里的松山附近驻防，一得到警报，立即出动三千人马，"长驱直过杏山"。锦州总兵祖大寿会游击戴明率马步兵七百赶来会战。很快，明兵集结七千余人马，进逼清军。清将济尔哈朗为避开城下明步兵，引诱其骑兵出战，便把所部撤退到离城九里的夹马山地方，扎住阵脚，明骑兵紧紧追随，至阵前，明百余骑兵首先出击，呼喊冲来。济尔哈朗纵兵还击，分队冲入。紧接着，济尔哈朗挥众将冲入阵中搏战，清护军皆系精锐，勇猛异常，更兼有济尔哈朗、多铎、阿达礼一批悍将，特别能冲锋陷阵。吴三桂虽然不示弱，表现了高超的战斗技能，却敌不住对方的凶猛攻击。清兵以他为目标，迅速把他围在中间，他拼命冲杀，"与贼血战"，却无法出围，幸亏刘肇基及时援救，才使他脱离危险。明兵且战且退，在杏山城下，清兵不敢恋战，乘机回兵，明兵亦不敢拦截，任其通过。此役明兵"失亡千人"，副将杨伦、周延州、参将李得位等被俘，当场斩首。吴三桂奏报：此役明兵"大获全胜"，不尽符合实际。从副将杨伦等人被擒，亦可看出明兵损失不小。清兵损失与明兵大致相当。六月十五日，皇太极从沈阳发来一万兵马增援；十七日、十八日又"发披甲兵"，虽说是"发兵换班"，确"因杏山上阵损伤故"。显见清兵为迎护蒙古多罗特部民付出了一定代价。

接着，在七月间，吴三桂又参加了两次战斗。

这时，皇太极正在积极谋划攻取锦州，早在三月间，已采取第一个实际步骤，派遣济尔哈朗与多铎为左右翼主帅，率部进驻锦州北九十里的义州，作为清兵进取锦州的战略基地。他们一面筑城，一面屯种；同时，不断向锦州地区出击，袭扰明宁远、锦州驻兵。锦州地区的军事形势变得日益紧张起来。明朝的战略家们对清兵意图已有所察觉，崇祯指令辽东督抚与各镇臣速筹应急方略。辽东新任巡抚丘民仰会同吴三桂、祖大寿、刘肇基等"昕夕商榷"，谋划战守之策。蓟辽总督洪承畴提出："今日筹辽非徒言守，必守而兼战，然后可以成其守；而战又非浪战，必正而出之以奇，然后可以守其战。"这就是，对付清兵不能单独防守，要守战兼顾，才能守得住；战又不能总是正面交锋，还要采取多种作战方式，如奇袭、打埋伏等，才能见效。这一方略，成为明兵作战的指导方针。

在这一方针指导下，明兵开始对清兵主动出击，展开各种形式的进攻。七月八日夜，吴三桂指挥马步兵五百自松山奇袭锦州附近的清兵镶蓝旗营地。清将贝子罗托等人仓皇率兵出营，双方在黑暗中展开一场混战。吴三桂的意图，是对清兵进行骚扰。当大批清兵出动时，便急速引兵撤退。清将一时不知明兵究竟有多少，害怕误中埋伏，不敢追赶。据清方报道：次日见战场留下八具尸体，马九匹。又据吴三桂给朝廷的塘报称："贼于初八日夜被我袭击，旋即移营。"从双方战后报道可以看出，明兵与清兵伤亡很小，战斗时间短促。如果吴三桂的报道属实，清兵真的移营，那么，这次小股夜袭达到了目的。

继八日夜突袭清军之后，蓟辽总督洪承畴会同吴三桂、东协总兵曹变蛟、援剿总兵左光先、辽东总兵刘肇基四镇统帅共议，组织了一次对清兵的新的进攻。另调山海关总兵马科率部助战。清官方记载，明出动马步兵四万至杏山。战斗在松山与杏山之间展开。根据明清战后的报告，我们可以窥见此次战役的大致情况。

十日夜，吴三桂、曹变蛟等各挑选数十员勇将"带领精锐马兵"，进至离杏山城十里地方，在山洼地埋伏起来，并各派出哨探在周围山上潜伏瞭望。

第二天（十一日）晨，吴三桂率领副将以下将官五十余员，"齐出杏山城，整列队伍"，令骑兵居前，便于冲击；步兵火器居后，以备堵击。明兵力多少，未见记载，但从吴三桂亲自出马，将官如此之多，可以判断明兵当在四五千人。这时，担任侦察的大拨都司张成报告，清兵两万余骑从汤河子向西南奔来。吴三桂闻讯，即亲统副将于永绶、张鉴等领骑兵飞驰至五道岭，与先埋伏在这里的明兵会合，准备迎击。清兵已发现明兵，便向五道岭疾驰，直抵张官屯。这支清军由善战的和硕睿亲王多尔衮、和硕肃亲王豪格、多罗饶余贝勒阿巴泰等统领，"蜂拥"般向明兵冲来。吴三桂一声令下，以逸待劳的明兵呐喊着冲上去，"跃马冲砍"。清兵退至夹马山，各镇官兵"飞驰夹击"。吴三桂挥军冲杀，

· 17 ·

兵士皆"胆勇倍奋,士气益鼓",又有炮火轰击,枪箭交加,激战数回合,清兵死伤甚多。吴军为争得功劳,纷纷下马割死伤清兵的首级。吴三桂发现山头还有大量清骑兵"密布",料定是接应前军的,他惟恐部属忙于割首级误事,下令:不许下马,只以"恶砍"为功。鏖战多时,清兵已感不支,逐渐败下阵来。在山头接应的清兵不敢出战,急忙保护驮拉"死尸",向北遁逃。在战斗进行时,坚守锦州的副将祖大乐率数十员将官出锦州三十里,与吴三桂等四镇兵汇合,以策应他们。因风沙蔽天,不便追剿,依次收兵,齐回杏山。此役明将士阵亡十一人,受轻重伤的,有六十五人,被射死的马五十六匹。清兵伤亡多少?明清官方皆不见载。多尔衮向皇太极隐瞒实况,只说:清兵"追至(杏山)城壕,掩杀之,获马七十匹"。也不提明兵伤亡情况。显见此次战斗虽说规模大,而彼此伤亡并不重,都在一定程度上各自夸大本军所取得的胜利。实际上,此战为明诸镇"合击",兵力占有明显优势,"凡三战,松山、杏山皆捷"。经此打击,清兵失利,"退屯义州"。

　　崇祯十四年(1641年)初,"自锦(州)城东、南、北三路,奴骑充斥,势殊猖獗",逐渐形成对锦州的包围之势。明将官担心锦州被围,一旦缺粮,就无法坚守下去。眼下,运粮比增兵更为急需。可是,负责运粮各官"惊心奴儆",不敢往锦、松、杏等前锋三城运送,仅运至宁远以西各城,致使宁远西各城储粮猛增至一万石,前锋锦州、松山、杏山三城各仓只存米二千石。从朝廷到前线将士都为此万分焦急。蓟辽总督洪承畴与辽东巡抚丘民仰(于崇祯十三年三月擢升右佥都御史,代方一藻巡抚辽东,驻宁远)、吴三桂等再三商酌,决定冒险向锦、松、杏三城运米,"以实根本"。正好赶上春节,他们便"以新年过节,出其不意"将粮运去。此项任务交由吴三桂完成。正月初二、初三两天,以牛骡驴车三千四百辆,装米一万五千石。初六日,吴三桂亲自"督运米车"出发。此计果然躲过清兵的监视,于次日中午,顺利到达锦州。当即卸车,至当天晚上二更时分全部卸完。八日,空车又安全地返回宁远。此次运米,往返"并未遇警,绝无疏失"。至初九日,清兵才有觉察,出动两万余骑分为四股追击,企图夺粮,遭到沿途守护的明军炮击,一无所获,"仍从原路北遁回营"。此次运粮成功,"俱蒙诸上台筹画周详,而更蒙(吴)练镇防护谨慎所致"。

吴三桂冒险督运粮食，显见他的胆略远在众将官之上。在人们视锦松等为险途而畏缩不前时，他却敢于承担责任，实心任事，一举成功，因而受到朝廷和周围将领的赞扬。由于锦州得到了给养的补充，更坚定了全城将士守城的信心，并长期坚持下去，虽被清兵围困，亦毫无所惧，这与给养充足有直接关系。

自从吴三桂被提升总兵官以后，效力朝廷更倍于前，"忠可炙日，每逢大敌，身先士卒，剿杀虏级独多"。朝廷给予他的这几句评语，不仅概略地反映了他在这一阶段的军事活动情况，而且把他的功绩置于所有将官之上，也可看出他的地位明显提高。朝廷表彰他勇敢杀敌，屡建战功，但最根本的是赞扬他对朝廷表现出无限的忠心，夸为"忠可炙日"。吴三桂得到明廷的信任和器重，其父亦身居显官，具亲属无不富贵，这自然使吴氏及与吴氏有血缘关系的宗族跟朝廷的利益紧紧地联系在一起了。吴三桂当然明白，只有忠实于朝廷才能得到他追求的功名富贵。因此，他凭一股青年人的锐气为朝廷效力，在他看来实属天经地义。他在升任总兵官前前后后的表现，都说明他在为保卫大明江山而战斗。就个人而言，如同历代那些有作为的青年人所怀有的志向一样，他要建功立业，获得他所追求的一切荣誉。这就是正在蓬勃向上，在前程似锦的道路上疾驰的吴三桂的基本思想。

崇祯十四年（清崇德六年，1641年）初，明清在辽西的交战频繁不歇，日趋激烈，终于导致明清兴亡史上又一次大战——松锦决战的爆发。

这次大战，首先由清太宗皇太极发起。

崇祯十四年三月，春风送暖，冰化雪消，辽东的黑土地上绽放出一簇簇迎春花。

清盛京崇政殿里，由皇太极召集的议政会正在进行。

"我大清先后几次进取中原，看到南朝贪官丛生，朝政腐败，民间疾苦异常，多有农民揭竿造反，扰得南朝不得安宁，此时，正是我大清进取中原的大好时机。但是，若占中原，必要占据山海关，取此关口，必要先攻下锦州、宁远。守锦州者，乃是先降我后又背我的祖大寿。此人武艺高强，手下兵多将广，久据锦州城，城内粮草丰盈，城上布置严密，而据守外城的是蒙古贝勒诺木齐，拥有强悍骑兵。但是，尽管如

此，朕已看出，南朝据守锦州，只能是垂死挣扎，他日必被我大清夺回。"

听到皇太极的圣言，站在左侧的和硕郑亲王济尔哈朗先行开口："皇上，南朝早在两年前就委任洪承畴为蓟辽总督，今已驻兵宁远，统领数万兵马，来势汹汹，当是我取锦州的一大敌手。"

皇太极轻蔑一笑："南朝已成千疮百孔的废物，只待咽气，无论谁也无法使其复生。洪承畴虽为一朝重臣，文武兼备，韬略雄才，高人一筹，但他手下的人呢，哈哈，只要汝等遵命协力，锦州城攻下，指日可待。"

当下，即下令和硕郑亲王济尔哈朗、多罗武英郡王阿济格、多罗郡王阿达礼、多罗贝勒多铎，统率马步军五万之众，向锦州进发。

二十天后，清军来到锦州外围，四面围困，每面立大营八座，绕营挖深壕，沿壕筑垛口，两旗之间，复掘长壕。决心长期围困锦州，以迫使城内粮草全无之时，自动来降。

看到如此阵势，守外城的蒙古贝勒诺木齐，心中甚感不安，当清军围困刚满月余，他便乘夜色，派亲信至清军大营，密约投降，经济尔哈朗准许并在万余名清军的严密监视下，蒙古贝勒诺木齐率将士及家属共六千二百多人，走出外城，全部降清。

不费一兵一卒夺得锦州外城之后，济尔哈朗异常振奋，命令清军，日夜巡逻，严密监视城中动静。

但守在城中的祖大寿兵士，并无危机感，每每看见清军巡逻兵士，则大声高喊："你等围城，枉费心机，城中的积粟三年也吃不完，还是快快退走吧！"

清军听后，便大声回话："我军围困四年五年，你还有何物可食？不如尽早学诺木齐，快快投降完事。"

更有清军小头目，环城故意高喊："祖大寿，不守信用。先被我大清俘获时，吾皇万岁，宽宏大量，不仅不杀，还授以高官，这小人不报恩泽，反而狡言要回，我皇万岁仍恩准放回，今日，还敢恃强为敌，没有心肝的小人，待他日再次捉拿你，看你还有何言相骗？"

被困城中的总兵祖大寿，手下虽有强兵、身边虽有粮草，但心中一直是忐忑不安。眼望城中的祖居豪宅，万贯家财，越发叹息不止，他知道皇上必会派兵解围，但他更知道，清军不会善罢甘休，他曾组织兵士数次突围，但每次都是损兵折将败退还城。万般无奈，他只能遥望南天，默默祈祷：

"万岁我主，快快发兵解围救困。"

崇祯帝的心里也是万分焦急。

当清军围困锦州之时，八百里快传的奏疏即刻送到他的御案上。围困锦州，攻占宁远，进取山海关，占据中原，清人这一步步野心勃勃的计划，崇祯帝心里十分明晓。

守住锦州，即能固我中原。

固我中原，方能保住明朝江山。

于是崇祯帝屡次下旨，要蓟辽总督洪承畴速解锦州之围，击退清军。

洪承畴接旨后，先期让吴三桂、曹变蛟带兵前去探查清军人马，自知手下兵将甚少，无法取胜，便急奏皇上，征得同意之后，下令调宣府总兵杨国柱、大同总兵王朴、蓟镇总兵唐通、榆林总兵马科，统兵达七万，急赴辽东助战。

从总督大人帐内走出来，吴三桂即带随从快马奔回家中。屈指算起，由于战事紧急，他已有数月没有回家。对高堂、娇妻、爱子的思念，使他不得不在百忙中抽出点空闲，回家看望。

他刚刚踏进府门，早有家丁传报，父亲吴襄与祖氏母亲便站在内厅大堂上迎候。吴三桂走上前，纳头大拜：

"父母大人在上，受不孝子吴三桂一拜。"

双亲连忙扶起儿子。吴襄看到儿子仍是赳赳雄风，心中自感快慰。母亲拉过吴三桂的手，言未出口，早已双泪涕零。吴三桂惊骇："母亲大人，孩儿不孝，只因战事频仍，孩儿有不尽孝心之处，尽管用家法处置。母亲大人，你、你为什么如此伤心？"

听到儿子言语，母亲更是泪流不止。

吴襄见此情状，也在一旁相劝："终日无事，怎么一见到儿子竟有这般神态？使其安心杀敌才是啊。"

太夫人擦去泪水，低声叹息一声，终于开口："儿啊，不见你还罢，见到你，我就想到你大舅啦。"说着又是一阵啜泣。

此言一出，三人顿时沉浸在一片无言的痛苦之中。

吴襄想起祖大寿，心中自有无限感激之情。是祖大寿把他从平民中拉进行伍，给他施展才能的机会，又是祖大寿看到他的非凡功力，大好前程，主动提出将妹妹嫁给他，使他有了一个欢乐美满的家庭。就是从那时候起，他身价日增，官位显赫，家财滚滚而来。今天，祖大寿被清兵围困，吉凶未卜，吴襄时时焦急念叨："朝廷何日才能出兵解锦州之困？"

太夫人一边啜泣，一边自言："从小最疼爱你的就是你大舅舅，他把你看得比亲生儿子还要亲。今天，你大舅身陷重围，你作何想？"

"父母大人在上，儿子一定谨记二位老人言语，解围锦州，儿必当先锋。"接着就把奉命侦察清军的情况向父亲叙说一遍。吴襄听了，沉吟片刻："清奴如此严密布围，亡我之心不死，争夺锦州，必有一场恶战。我儿自当小心为是。"

"国难当头，大战在即，孩儿只有以身许国，别无他路。请父亲放心，孩儿在战场，不战则已，战则必胜，一不当逃兵，二不当叛贼，为国为家，孩儿当能轰轰烈烈。"

这时母亲走上来，悄声道："你许久未回，先回房中看看孩子吧。"

吴三桂拜过父母大人之后，从厅堂左边，拐进一个跨院，刚踏进院门，儿子便口喊爸爸，飞奔过来，吴三桂掐腰将儿子举到空中，连着三起三落，儿子哈哈大笑不止。夫人在丫环婢女簇拥下，轻移莲步，至吴三桂面前，道了万福，复转身，陪吴三桂走进房内。丫环婢女纷纷退下。娇儿也被哄走。当房内只有夫妻二人时，张夫人一改妩媚笑脸，厉声询问："你多日不归，又迷上了哪个妖女？"

吴三桂内心发怵，急忙为自己辩解："战事紧急，终日训兵练卒，我何敢贪恋女色？"

"我不相信。你一个血气方刚的男人，一日不可离开女人，离别多日，如何熬得，你不要尽用官场言语来哄骗我！"

"夫人，总督洪大人与巡抚方大人均看重本官，又一次次擢升官位，我何敢辜负提携之恩，只想把部下训练成能征善战之旅，遇到战事，可一举获胜。贪近女色，岂不误了大事！"

"那你总兵大人今日到我房内，岂不犯了杀头之罪？"

吴三桂痛苦地摇摇头。

张夫人仍是一脸怒色："我在家里，终日侍奉二位老人，抚育儿郎。夜不能寐，思念官人。我整天守着空房，岂不成了守活寡？"

吴三桂无奈地慨叹一声："自古人言，忠孝不得双全。我身为朝廷命官，便要以国事为重，家中诸事，只有靠夫人张罗。吴三桂在此，深深感谢。"说完即行大礼。

"你不要尽用冠冕堂皇的话来哄骗我，今天，我就随你去军营，一起尽忠为国如何？"

"万万使不得，使不得，大战在即，我将浴血奋战，怎能兼顾你呢？"

"夫人的安危都不能保住，何谈夫妻之情？"

吴三桂无言。自入洞房之时，他就从内心惧怕夫人。但是，夫人美貌无双，令他神往；夫人温柔体贴，令他神怡，他只有对夫人百依百顺，从不敢有所拒绝。他一心要用顺从赢得夫人欢心。但是，此法儿越发把夫人宠得上了天，根本无法扭转了。

"官人此番回家，能过半个月吗？"

"不。见过家人，我即刻回营。"

"走吧，走得愈远愈好。回来就走，何必还要回来？"

"……"

"官人，为啥还不动身？"

听到夫人那几乎是发怒的斥责，吴三桂的心软下来了："我今儿不走，就在家里过一夜，夫人不知，我日夜都在想念你呀！"

在夫人张氏的威逼下，吴三桂只好在家里过了三天。

临走时，张夫人竟又一次打了吴三桂一记闷棍："官人曾三次派亲兵携重金入关，不知是否讨到一个天仙般的侍妾？"

"夫人有所不知，那是为了通融洪大总督，专门为其幕僚谢大人送去的银两，何来买妾之事？"

"你不要再来哄我。"

"夫人，你既能得知我送银两之事，为何不能探知我军营中有无侍妾之事！"

"不。你是买了妾，放在关内，金屋藏娇。"

"哈哈，我既藏娇，何不去关内逍遥？"

张夫人无话应答，只得把话锋一转："我可把话说在前头，你今天已是总兵大人，纳妾之事我也管不得许多。但有一条，你所纳之妾，必要比我美艳十倍，并且才华出众，国人皆知，如若不然，别怪我不依你。"

吴三桂从府上回到军营后，心中一直念念不忘父母叮嘱的话语，他苦思怎样单身入锦州城，去见舅父大人。

知道吴三桂的心事之后，方光琛首先提出异议："兄身为总兵，乃军中之帅，焉能为亲情只身赴险地。"

"此道理我非不知，但此情终日萦绕心头，挥之不去，无可奈何。"

"手下众将，个个武艺非凡，只消派一人前往，诸事皆可解决。"

"献廷（方光琛字），你看令何人去合适？"

"马鹏即可。此人轻功技艺超绝，非寻常诸将可比，入锦州城，非他莫属。"

二人正在计议，只见马鹏单身走进大帐，跪拜请命："末将马鹏愿入锦州城，请总兵大人准令。"

"啊……你……"

方光琛一笑："我昨日已将此事告知马将军，他欣然领命。"

吴三桂双手扶起马鹏，感激异常："马将军，入锦州城，绝非只为我个人家事亲情，而是要面见祖大人，让他在城内准备突围兵力，一旦大战开始，他即可与我配合，内外夹击，打退围城的清兵。"

马鹏点头："总兵大人，能否请你亲笔一书，以消祖大人之疑？"

"书信不必，你只要把此物带去，一切疑虑尽可释然。"

吴三桂从身上取下一块一寸见方的碧玉板，正面是二龙戏珠，反面是二虎相争。其色青中泛蓝，用手触摸，温柔可体。

"这是我周岁之时，舅父亲手给我的吉祥之物。我一直带在身上，从未丢弃。你见到舅父时，只将此物示予他即可。"

马鹏收下玉板，藏于胸口贴身之处。

"马将军，我可与你一道，走出五十里地，接近清军兵营时，你可独自向前。"

"谢大人，夜行者不需众人送行，以免人多暴露目标。我此番入锦州，一人即可。"

"不知马将军此次前去，何时归还？"

"五更鼓响，我必准时回营，否则，请大人去收……"

"快不要说那不吉利的话，我在营中坐等你如期归来。"

此时，夕阳余晖已尽。身穿紧身黑衣的马鹏，背插一把宝剑，腰扎钢索黑虎抓，外罩大麾，一双牛皮短靴，显得十分干净利落。

青灰的天幕下，马鹏再次向吴三桂叩首："总兵大人莫记挂，末将必能准时而还。"

说着，转身即逝。

马鹏轻身而行四十多里路时，正来到清军的防线上。他贴身伏在地上，圆睁虎目，静心观察周围的动静。不时有一队骑兵驰过，紧接着又是一队步兵，挑灯而行，其中间相隔仅有半里地。马鹏待又一拨步兵走过后，潜过路面，弓身悄然而走，不及半里路程，有一条深壑横亘，他身贴沟壁，轻滑而下，随手取来腰间的飞虎抓，上扬抛出，待抓地牢实后，他攀绳而上。爬上地面后，侧耳倾听周围动静，稍停，又立身直行，未及一里许，又一深壑拦路，他刚刚下到沟底，只听地面上传来急骤的马蹄声，燃烧的火把亮如白昼。马鹏全身紧贴在沟壁上，屏住气息，待巡逻的清军走远之后，又爬上沟沿。这时，他抬头观看，在黑暗尽处，有一道黑影横在面前，他知道这就是锦州城墙。心中一阵惊喜，脚下不禁加快，一心想一步跨进祖大人府第。

眼看就要走到城前，突然感到脚下之路异常松软，正要腾空跃起，为时已晚，只听轰然一声，他整个身子已经坠入一座深坑之中。黑暗中，他轻抚四壁，皆陡峭光滑，从腰中取出飞虎抓上抛，连着三次，抓不到沟岸，只好用匕首在陡壁上挖脚孔，掘出一个再用手脚抓蹬，贴壁艰难而攀，爬上地面时，已是筋疲力竭，一口气还未呼出，已被突然而至的十几个兵士死死摁在地上，七手八脚捆上之后，便被急急拉向城内。

马鹏不叫不喊，他知道自己已经落在自己人手中，心中感到泰然。

三更鼓响，祖大寿在府上亲自审讯被抓来的探子："你这清奴狗卒，何敢夜闯我防地？"

"请大人把我头上毡巾摘下。"

兵士摘下头巾，众人皆惊："啊，是大明将士！"

祖大寿还不放心，先令人解下绳索，收去剑刀、飞抓，令其坐下，刚要盘问，只听马鹏开口询问："大人莫非是锦州总兵祖大人？"

"你是……"

马鹏先是纳头大拜，被扶起后，伸手从怀里掏出一块小小玉板，双手奉上："请大人看过此物就知小人从何处而来。"

祖大寿接过玉板，细一观看，惊问：

"你是吴三桂派来的？"

马鹏点点头："正是。在下是宁远总兵吴大人手下副将马鹏，奉大人令，只身来锦州面见祖大人。"

"有书信吗？"

"吴将军未写书信，只让末将口传：今皇上已增兵宁远，不日即来松山前线，与清军决战，吴将军请祖大人即刻准备精兵，待战事一起，可于城内杀出，前后夹击清军，以解锦州之围。"

祖大寿惊喜异常，急撩衣袍面南而跪："吾皇万岁，祖大寿在此谢恩了。"

起身后急呼："上酒菜，我要与马将军痛饮！"

马鹏急忙阻止："谢大人。在下还有一事相问。"

"请直言无妨。"

"吴将军十分挂念祖大人身体。"

祖大寿欣然："回去转告吴三桂，我与家人身体无恙，切勿挂念。我军中将士，人人皆无畏惧之心，日夜严守，单等时机一到，即奋勇杀敌。好，请马将军入席。"

席上，马鹏只管食肉，而滴酒未喝。

祖大寿不解："马将军为何不饮酒？"

"我要连夜赶回，饮酒行夜路，有害无益。"

饱餐之后，祖大寿手书一信："回去亲交吴三桂即可。马将军一路保重。"

祖大寿要亲自带兵护送一程。马鹏坚辞不肯："祖大人，我来去一人悄然夜行，无有拘束，若众多将士随行，定会惹来争斗。"

祖大寿应允，亲自将其送出府门，由儿子祖泽润带亲兵送至城门，马鹏不从城门出去，而是登上城楼，缒城而下，涉过护城河，爬过沟坎，在黑暗中凭着记忆，摸索原路而回。

当他翻越最后一道沟壑时，黑暗中突有十几个兵士围上来。马鹏知是中了清军的埋伏，即刻挥剑，那些兵士根本不是对手，不一会儿全被杀死。刚转身，一个黑影扑来，在身后紧紧搂住他的腰，马鹏猛从靴中抓过匕首，朝那人一扎，黑影在身后软塌倒地。马鹏一个弓身，冲出二里地，抬头一看，四周火把齐明，清军战骑吆喝着围上来："不要放走奸细！捉活的！"

马鹏毫无怯意，立即从腰间取出飞虎抓，照准最近一匹马上的兵士，猛地抛出，用力一拉，那落马兵士正要起身迎战，已被马鹏飞剑刺入胸膛，他抓住马鬃，跃上马背，朝西南奔去，身后飞来的乱箭，有三支扎进了马鹏的双臂和右腿……

五更鼓响时，一匹嘶鸣的黑马跃进吴三桂的军营，焦急万分的吴三桂与郭云龙、杨珅等将官飞跑向前，从马背上扶下昏过去的血人……

五月，层层绿色掩盖住冬春时尽情裸露的黑土地，艳阳照天地，暖风醉人心。

春天，正是播种的大好时光。

春天，正是征战的大好时机。

接到朝廷的圣旨后，王朴、唐通、曹变蛟、吴三桂、白广恩、马科、王廷臣、杨国柱八位总兵先后赶来宁远，一一参拜总督大人洪承畴。

看到云集而来的十三万大军、四万匹战马，以及足够一年食用的粮草，洪承畴感到十分欣慰："吾皇万岁如此投入人力、财物，我必要血战，不拿下锦州，不驱尽清奴，誓不为人！"

夜间，微风习习。大营内外戒备森严，一场由八位总兵参加的军事会议正在进行。

总督洪承畴首先发话："各位将军有目共睹，大胆无耻的清奴，近年来屡屡犯我疆土，侵我中原，杀我臣民，掠我财物，使我天朝终日不得安宁。今又派重兵围我锦州，妄想从此南下，攻占山海关。今皇上颁旨，要本官率众将军同心杀奴，固我大明江山。各位将军尽可畅所欲言，献计献策。"

听罢总督大人的慷慨陈词，各总兵只是随声附和，有的竟说，我等均为应急调来的兵马，对辽东战事知之甚少，不敢无的放矢，胡言乱语。

这时，宁远总兵吴三桂直抒胸臆："锦州乃辽东重城，北疆大门，清奴觊觎已久。而总兵祖大寿，神勇异常，阻挡清奴，常战常胜。今日虽被围困，仍意志坚强。此次清兵来势凶猛，兵马强盛，我与之争锋，可用车营法，步步进兵，步步列营，使清奴无机可乘，最终逼其退兵出塞。"

吴三桂此言既出，立即得到众位总兵的认可。特别是王朴、唐通、马科等人，早被清兵吓破了胆，来此应援，只想依仗人多势众，绝不敢孤军而战。

洪承畴听了吴三桂的一席话，心中甚为高兴。此计，多与自己心中的策略吻合，而用他的嘴说出来，又受到众将的认可，比自己发令要好得多。

"吴将军良谋上策，我等须妥善行之。各总兵务要催督本部人马，保护粮饷辎重，由杏山输松山，再由松山输锦州，步步为营，并肩前驱，以守为战。"

洪承畴将作战方略下达后，又立即将其抄出，以八百里快传报于兵部。

万万没有想到，在京城坐镇遥控指挥的兵部尚书陈新甲竟完全反对洪承畴的决策：

"步步为营，以守为战，乃是畏惧清军不敢有所作为的下策。"

为了不失战机，他立即向洪承畴传达自己的作战方略：兵分四路，齐头并进；西路军出塔山趋大胜堡攻敌营西北；北路军出杏山抄锦、昌，攻其北；东路军出松山渡小凌河，攻其东；正面一路军出松山攻其南部。

洪承畴接到陈新甲的命令后，暗暗叫苦："依兵部大人的谋略行事，我军兵力分散，若有一路溃败，必满盘皆输，最终必败无疑。"

为此，他再次上疏，据理力争："我军兵分数路，力量必弱，敌可一一击破。如且战且守，步步为营，敌阴谋必破，我当可全胜。"

陈新甲接到奏疏后，心中甚为不快："洪承畴身为一军统帅，未战心已怯懦，如何取胜？"

　　为了更好地贯彻兵分四路的方略，他又派出职方郎中张若麒前往宁远，坐镇第一线催督出兵。

　　面对陈新甲的亲信、草率喜功的张若麒，洪承畴并不担忧，可是，当崇祯帝的圣旨传到军营，"刻期进兵"的密令，实令洪承畴不敢有半点怠慢。这位一直重用自己，对自己言听计从的万岁爷怎么又偏听谗言呢？

　　圣旨如滚滚沸水浇心，怀着矛盾、无奈之情，洪承畴在宁远誓师出征。他亲自统率六万军马为先锋，其余者，后继前进。

　　誓师出征前的夜晚，吴三桂独自求见恩师洪承畴。

　　自从那次军事会议之后，吴三桂一边加紧练兵，一边部署战事。他看到自己的谋划得到恩师和各位总兵的认可，心中尤为高兴。他暗暗下定决心，要在这场争战中，与清军比个高低，不仅要头一个冲进锦州城，把被围困的舅父大人解救出来，还要把清军赶到大凌河以外，让他们再也不敢轻易来犯。

　　但是，会议之后，总督大人再也没有部署传令的动静，各总兵只是训练，谁也没有接到出击的命令。他私下里悄悄找到谢四新，才知道朝廷的旨意和恩师大人的苦衷。

　　"你深夜来此有何要事？"正在灯下批阅公文的洪承畴对吴三桂急于求见颇感意外。

　　"大人，门生求见只想请战，并且争取做先锋，望大人恩准。"

　　吴三桂原想直接向洪承畴提出：兵部兵分四路的方略不可取。但是，那是军事秘密，说出来必会使洪承畴生疑。

　　"好。"洪承畴听了吴三桂的话，心中颇感振奋。虽说此次朝廷调遣四位总兵前来助战，但自己心中明白，真正能拼杀争战的除去自己手下的曹变蛟，就数吴三桂了。

　　"吴将军有此斗志，精神可嘉。但古来争战从不打无准备之仗，你尽可直言此战的攻战谋略。"

　　"以末将之见，首战要拿下松山，此城距锦州城十八里，为城南重镇，以此为阵，方可向北推进。"

　　"好。待拿下松山之后，又当如何？"

第二章　松锦大战

· 29 ·

"可迅速拿下乳峰山。"

"为何?"

"清军围困锦州,以义州、锦昌堡、乳峰山为阵地。乳峰山距锦州城仅五六里地,而锦昌堡距锦州城西二十五里,虽驻扎精兵,但对锦州威胁不大,独乳峰山最高,立于此地可扼诸城要塞,对锦州构成的威胁更大,若不夺下,我必被动。"

"好。吴将军谋略当为上策。但此两步争战必然十分险恶。"

"为官带兵,必要战于沙场,今与清兵短兵相接,当勇者为先,末将认为这正是为国效力之时,请让我打头阵,吴三桂至死不退。"

松山之战打得并不激烈。

作为先锋的吴三桂,率领本部人马走在大队的最前面,在距离松山三里路时,吴三桂即令布阵,面对城墙外围的清军,用大炮轰击,守将哈曼罗是多铎的部将,性情火暴,敢打硬仗。他看到外围的兵阵死伤严重,不是招人入城,而是顶着炮火冲出来,誓与明军死战。

吴三桂一面派吴应麒、孙文焕统部下与其厮杀,自己则带兵绕到城西、北,强攻硬夺,守城的兵士终被击败,待吴三桂率兵登上松山城头时,正在阵前奋力抵抗的哈曼罗才掉转马头,带领残部急速逃走。

吴三桂即刻带领兵马,在四周严密把守,同时,迎接总督大人洪承畴入城。自此,洪承畴即把中军大营驻扎在松山。

第二天,争夺乳峰山之战便打响了。

洪承畴没有让吴三桂部先上前线,而是让其稍作休整,令总兵杨国柱率兵先战。

看到明军攻来,清军一面抵挡,一面派援兵把攻山的明军又给围住。

杨国柱令部下接连攻了两次,均被守在山上的清兵用箭、炮给打下来。杨国柱并没有被吓倒,而是选精兵八百,自己亲自执剑,发动又一次进攻。

看到增援的清兵正要包围攻山的明军,洪承畴即刻令唐通、王廷臣二位总兵率军出战,全力对付增援的清兵。

后顾之忧暂时解除,杨国柱攻山的决心更大。当清兵用火炮轰击时,他与兵士躲在石坎下,清兵发射火箭时,他与兵士紧贴地面。见此情状，清军便杀出营外，依仗人多势众，一气把明军杀退到山下。这时，山下的杨国柱部下，看到攻下山的清军如此嚣张，便群起而战，又将清兵杀回山上。正当激战之时，一箭掠过，直扎杨国柱心窝。

眼见杨国柱率兵杀上山去，吴三桂再也沉不住气了："总督大人，清军在山上占据有利地势，对我不利，应快快接应杨总兵，不然，后果不妙。"

洪承畴知道吴三桂求战心切，当下正是出战的最佳时机，于是一声令下，吴三桂率兵杀向乳峰山。来到山下，吴三桂决定派出副将郭云龙、孙文焕、高得捷三人率精兵两千，速从侧面登山，抄后路，杀向清兵大营，自己率铁骑立于山下，摆开阵势迎战，同时令何进忠、吴国贵二人率步兵，从正面上山，援助杨国柱。正在这时，山上的明军纷纷后退，军中传言：总兵杨大人中箭身亡。

吴三桂马上命退下来的兵士后撤，并命手下步兵尽快抢占两旁道路，并用飞矢射杀冲下山峰的清兵。

杀了杨国柱，清兵如冲出堤岸的洪水，一泻而下，他们决心把明军赶回松山。

此时，骄阳似火。吴三桂手搭凉棚，见山上的清军如山洪滚滚而下，下意识地用手摸了摸那鼻子上的刀疤，旧恨新仇一起涌上心头，当清军冲到百米之地，他急令弓箭齐发，倒下的清兵并没有使后面的兵士畏惧，还是直冲向前。吴三桂又令火炮轰击，炮声刚住，如山崩地裂般飞驰而来的清军铁骑，势头更为猛烈，吴三桂把手插进靴中，抓出一只竹签，高声呼喊："李勇，上！张忠，上！"随之，身后的骑兵队伍中，跃出两队骑士，呼啸奔上，杀入清军骑兵之中。

原来，这是吴三桂亲自率领的铁甲先锋营。早在练兵之时，吴三桂经过反复观阵，感到训练铁骑还不够，应该从其中再遴选勇猛之士，单组一营。人数定为一千骑，分为二十队，每队五十骑，设一领骑，他将这二十位领骑人姓名刻在竹签上，插在靴筒之中，每遇紧急战况，便随手从靴中抽出一签，直呼其名，领骑即迅速率领本队，冲锋向前。这支千骑先锋营，自组成之日起，即由他本人亲自训练，出征时亲自指挥。今日上阵，便大显威风。铁骑冲进敌阵，即行穿插、分割，两骑挟一敌骑，奋勇砍杀。但见马壮人猛，风快刀利，敌阵一片大乱。当后面敌骑

涌来时，吴三桂又呼喊两队上阵。

当有十六队铁骑上阵拼杀时，清军的后阵一片混乱，步兵逃窜，骑兵躲避，所有清兵像无王的蜂一样，四散奔跑。乳峰山上的清兵营地，黑烟升空，火焰遍地。

吴三桂知道郭云龙已带人从山后攻上来，于是把令旗一挥，全军出战，把妄图逃跑的清兵尽力杀戮。

在吴三桂感到高兴的时刻，正是祖大寿万分沮丧的时候。

当距离锦州城六里地的乳峰山上传来阵阵炮声时，祖大寿知道洪承畴已经率兵前来解锦州之围了。他再也无法抑制内心的振奋，急忙号令城内三军披挂上阵，奋力杀出城外，与前来解围增援的明军会合，把清军赶走。

锦州的城门大开，祖泽润跃马挺枪率先出城，马步兵随后冲出，一股被久久阻拦的洪水，终于流泻奔腾。但是，刚出闸门，又被堵住，原来，当乳峰山上的炮声刚刚响起，清首领和硕郑亲王济尔哈朗就向多铎下了死令：带兵死围锦州，不许一人从城中逃出来。

多铎接令后，亲自上阵，布重兵，设严防，面对冲出城的明军，先用火炮，又用火箭，最后是用铁骑冲杀。明军士兵个个奋不顾身，争相冲杀，连破清军两道防线，当冲到第三道防线时，面对一道又深又陡的壕沟，战马无法跃过，士兵更无路可走，兼有清军连连发射弓弩火箭，众多将士倒地身亡，侥幸不死的也只好逃回城中。

祖大寿再次命令将士死死关紧城门严加防守。

"苍天呀，难道就让我在这儿困死不成？"祖大寿仰天长叹。

祖大寿无奈之极的时候，正是吴三桂万分喜悦之时——乳峰山最终被吴三桂攻下来，此役共杀死清军数百人，生擒王子、固山、牛录等武将二十余人。

当晚，洪承畴怀着激动心情向朝廷奏报松山、乳峰山之战的盛况，并为吴三桂请功。

就在这位平生谨慎的总督大人高兴之时，偏偏犯下了致命的错误：当时，必须乘胜追击溃败的清兵，连续进攻，一举解除锦州之围。但是，在夺得乳峰山之后，他竟下令："立栅乳峰，以图固守！"致使那些企图逃走的清兵，又在锦州城外扎下营地，得到喘息的机会。

在此时，兵部职方主事马绍愉曾向洪大总督多次进谏："总督大人，此时正当乘胜追杀，以解锦州之围，不给清兵喘息之机。"

洪承畴根本听不进去，他说："以守为战，步步为营，乃我方略，不可随意更改。"

又有大同监军张斗进谏："我大军在前，应抽出一军，驻守长岭山，以防清军抄袭我后路。"

洪承畴听了，嘿嘿冷笑："我带兵征战十二年之久，还不如你一介书生吗？"

因功被表彰的吴三桂并没有得意忘形，他一面亲自整训部下，一面自带亲兵赶到前沿探察军情。当听到马绍愉、张斗二人进谏之事，心中暗暗思忖："这二人所言有理，洪大人他为什么听不进去？"他回到大帐后，私下里把心思诉与方光琛。

"将军也想步他二人后尘进谏总督大人？"

"此二人言之有理，所言之事对我军有利，虽遭到训斥，只是个人脸面小事，我当上前再谏。"

"将军，你乃一总兵，只需尽心服从命令，胜了你有功，败了你无罪，何不拣大人喜欢吃的菜端上、大人喜爱听的话送进耳朵？"

总督大人钟爱的门生听了这话，猛然醒悟，立即打消了进谏的念头。

当洪承畴不听进谏，固执己见，坚持执行固守方略的时候，清军乳峰山失守的消息已传入皇太极耳中。当时，他正在后宫治病服药，看到前线传来的奏疏，大惊失色，玉碗坠地，鼻孔出血，晕倒在龙榻上。在御医、太后、皇妃的极力抢救下，皇太极微睁龙目，头脑中反复映现当年太祖率兵征战宁远时被袁崇焕击败的情形。

"难道今日是我的归天之期吗？不！我尚年轻，必报此仇。传朕旨意——"

皇太极强撑着坐起来，嘴里急促地喘着气，面色蜡黄。

御医、太后、皇妃一起劝阻："圣体欠安，还是治好病再出征不迟。"

"勿要多言。争战之事，不可耽误一日，令全国各户知晓：男子下起十三岁，上至七十岁，一律入伍参军，家有马匹者，无论优劣，尽皆献出，有敢违旨者，立斩不赦！"

仅两天工夫，一万三千名将士征集已毕，人人铠甲在身，刀枪在手，只待皇命发出，便可冲杀上阵。

皇太极见一切准备就绪，便拖着衰弱的病体，咬牙上马，未及坐稳，鼻孔又喷出鲜血。众侍卫刚要扶他下马，只见他把手一摆：

"既已上马，不获全胜，绝不回朝！"

无法，御医只好临时给他止住鼻血，勉强启程出征。

九声重炮轰鸣，万马飞出盛京，仅五日，便赶到锦州城下。身在前线的和硕郑亲王济尔哈朗、多罗武英郡王阿济格、多罗郡王阿达礼、多罗贝勒多铎等早早在军营外恭候迎接。皇太极刚到营前，身未离马鞍，立即带上这几位阵前的将官到前沿察看军情。

"我主万岁，千里奔驰，应稍事歇息……"

"汝等带兵来此，吃着俸禄，连打败仗，还有何心思歇息？"

众亲王、贝勒个个低首不语，僵立一旁。

"南朝今调来大军，看来是要解锦州之围，实是要灭我大清。汝等作何设想？"

和硕郑亲王济尔哈朗跨前一步，大拜而言："南朝连胜，皆为解锦州之围，我等宁愿丢弃乳峰山，也不肯丢弃锦州四周的营地。今皇上御驾亲征，必能大获全胜。"

皇太极没有回话，而是把手中的鞭子一挥：

"汝等随我到阵前观察敌情。"

烈日下，皇太极登上小山包，遥望乳峰山下明军的营帐，阵容严整，井然有序，不禁暗暗慨叹："人言洪承畴善于用兵，今亲眼观之，不由不信服。"

但是当他把整个阵势观察一遍之后，却仰天大笑。众将帅不解，一起望着皇太极。皇太极即用鞭遥指明营："洪承畴奉圣旨带重兵前来解锦州之围，为何不来城前，而在远处扎营？那是有惧我之心。惧则怯，怯可破也！"

众将帅听了皇上的一番话，心中才明白，乳峰山一战，我军败退时，他洪承畴为何不乘胜追来，反而止步的缘故。为此，个个精神抖擞，倾听皇上圣言："洪承畴兵营密布，阵容严整，但此阵无后守，此阵可破矣！"

他当即下令："各营皆通力合作，固守壕栅，不夺松山，惟相山势地形，凡通松山粮饷道路，或五六十里，或七八十里，险隘厄塞处，重兵据守！"

"援军从即日起，横截大路，深挖壕沟，切断松山后路。"

皇令既出，各部立即行动。

恭顺王孔有德，智顺王尚可喜，怀顺王耿仲明及都统石廷柱、马光远即刻率兵赶到松山城下，与守城外围的马科部下相遇，两下交战，不等城中出援，便把明军打败。扫清外围之后，孔有德便命令士兵连夜挖壕沟，断绝了松山城与外边的联系。明军唯一的运粮饷道也被截断。

与此同时，奉洪承畴之令，前去乳峰山增援的明军唐通部下也被清军杀退。

当端坐在军营大帐中的洪承畴得知此消息后，心中惶惶，速令探马侦察实情，当他从探马口中得知清皇太极率大军增援至此，顿时冷汗遍体，好半晌说不出话来，心中默言：

"难道他们是从天上掉下来的？"

清军作战之神勇让他胆怯。

清军援兵之神速令他惊骇。

眼下唯一可办的是：尽发宁远备用之兵，同解松山、乳峰山之围。

可是，传达军令的士兵在半路上被清军俘获，尽知军情之后，把传令兵放回。像一只诱饵，当援军行至距松山二十里地时，中了清兵埋伏，万人军马，几乎全军覆没。

此时此刻的洪承畴万般无奈，只好作两手准备：一是派员去清军营中议和，以求双方停战罢兵；一是固守松山寻机突围。

但是，要停战议和，必得报于朝廷，得到允许后才可行事。今四面受围，何以能派人去京师禀报实情？

经过再三斟酌，想出一条既能议和，又能避过之法：他私下里派出一盲人朱济之、一跛者周山蒙，给二人以总兵监事的虚职，让十位亲兵护送到清军大营去。

听说南朝派人来议和，皇太极心中颇有兴致，即下令把南朝官员带来大帐面谈。当看到所谓的总兵监军竟是一瞎一跛者，立刻怒容满面：

"用残疾人来议和，实为欺我大清，给我轰出去！"

议和的路已堵死，只好背水一战，奋起突围。但突围谈何容易？洪承畴举行的有各总兵参加的会议，从早上起，一直开到晌午，仍未有个决断。

开始，会场上一片沉寂，各人均安坐不语，心中惶恐。谁都明白，但谁也不愿意说出来：皇太极亲临前线督战，决不会善罢甘休。两军交战勇者胜，而明军将领人人自畏，无人能说出一个切实可行的作战计划。

沉默了一阵之后，有的提出再坚持一段时间，让朝廷发救兵解围；有的说突围后兵力不足，易被清军乘机攻杀。总之，都是摆出困难的，没有人提出一个"敢"字的。

眼望着垂头丧气的将官，洪承畴心中更感凄凉。身为主帅，率十几万大军到此，而又接连打了几个败仗，眼下弄到这等地步，让谁不辛酸？

"战事瞬息万变，难以预料，我等只有因势利导，把握战机。虽然眼下对我不利，但只要众将齐心，定可转危为安。今吾与诸公被围，如不突围，俱皆饿死于此，这样于国于己都是不利的。吾身为主帅，不可离此尺寸，只有待诸公率部分道闯出重围，然后整顿军马，重来解围反攻，里应外合，方可获大胜也。"

一直在一旁窥探恩师心思的吴三桂，此时心中已经十分明了：总督大人的话已发出，让其部下突围，自己便可表态了。于是，洪承畴话语刚落，吴三桂即倏然而起：

"兵法云，置之死地而后生。吾愿遵大人之命，奋勇当先，杀开一条血路，总督大人可率众随后，定能突破重围，扭转战机，万万不可在此坐以待毙。"

看到自己的门生在紧急关头仍然紧跟自己，让洪承畴颇感欣慰。随之他又轻轻地摇了摇头：作为带兵的主帅焉能追随部下逃命？就是能突出去，将来朝廷也会加罪的。

"吴将军勇气可嘉，突围定能成功。但吾身为主帅，断不能离开此地，只有待各位将军突围后再来解围。"

此议已决，各总兵先回营去了。只有吴三桂迟走一步，尾随洪承畴回到内帐。

"总督大人,门生决定不走,愿随大人在松山坚持到底。"

"不,你这样做恰恰违背我的心愿。你年轻有为,正该为国家出力,只想孤守的下策,不合我意。"

看到洪承畴意志坚决,吴三桂只好作罢,临走时,大跪在地:"恩师在上,受门生一拜,我回宁远后,即刻带兵来解围!"

吴三桂回到营帐,立即召集部将会商突围大计。

"献廷,你可拿出妙计,保我军旅不受埋伏堵截之困?"

"和议不成,清军料我军必要突围。他们早已占据各处要道,突围必艰巨异常。愚以为此次我军突围,决不可走小路。"

"其故安在?"

"小路易于埋伏,不利于大军迅速撤退。"

吴三桂点点头:"我军宜于什么时辰突围?"

"总督大人已经下令,越早越好。愚以为今夜即可。"

吴三桂遂下令:各将士轻装准备,马备鞍,人枕戈,听命待发。

初更时,云布天空,夜风乍起,凉意侵骨。

洪承畴坐于大帐前,忽有亲兵来报:总兵王朴已带兵突围。

洪承畴颇感惊讶,原定在五更前动身,为何提前突围?

又有亲兵来报:总兵马科、白广恩、李辅明随王朴总兵突围!

兵败如山倒,眼下只是战略突围,他们便一个个自行其是了。

这时,总兵曹变蛟大步跨进帐内,叩首请命:"总兵大人,我即率兵突围,如有捷径,定来接应大人,请大人早做准备。"

洪承畴微微一笑:"突围乃是拼命求得一线生机,只要能出去,万不可再回头护我!"

见总督大人坚持守城,曹变蛟只好回营,点兵派将,奋力杀出。此时,城外已传来阵阵杀声,黑暗中彼此不分。曹变蛟带兵自寻静谧处行走,正感到侥幸,突听炮声震天火把齐明,清军四下里杀上来。曹变蛟见自己已中了埋伏,只好带兵迎刃而上。这支队伍是洪承畴的直系,在西北剿杀农民军而成为无敌之师,颇具战斗力的,在接连冲过三道壕堑之后,迎面而来的是正黄旗的铁骑,火光映照下,但见一群战将簇拥着一匹高头大马,上面端坐的正是皇太极。

奋力拼杀，左突右闯，终不能逾越刀网枪丛。清军阵中又传来扰乱军心的喊话：

"大清皇上有旨：凡南朝将士归降，官升三级，凡士兵来降，皆为官员，敢于顽抗者，格杀勿论！"

喊话果然起到了动摇军心的作用，明军中有的竟想摸黑偷跑去投降。曹变蛟知此地不可久留，立刻下令撤兵。紧随其后杀来的王廷臣也只好随着一起退回松山。

亲兵接连来报，各总兵已带部下相继突围，吴三桂却仍在大营中端坐。外面的拼杀喊叫，隐隐传来，方光琛走到吴三桂面前小声说："将军，此时可以拔营突围了。"

"仍走大路？"

"大道危险小，决不能变更。"

"郭云龙、杨珅，你二人率兵为前部先锋，择大道奔宁远。孙文焕、何进忠，你二人带兵为后卫，绝不许一兵一卒掉队。其余各将官紧随铁甲先锋营，如遇战斗，皆听命行事。"

黑暗中，吴三桂部如一支冷箭，独自穿行在大道上。

吴三桂率兵一连冲过三道封锁沟堑，突闻一声牛角号响，清军，如一堵墙一样，将前面的大道卡堵严实。

火把映照处，多罗贝勒多铎立马横刀，冷笑道："来将莫非宁远总兵吴三桂？本王爷在此恭候多时了，还不下马归降！"

郭云龙、杨珅二将军也不答话，拍马挥刀迎战。两员清军一交手即被砍下马来。吴三桂接报后，亲自驰前，早见郭、杨二将被四名清将团团围住，杀得不可开交。吴三桂自不答话，指挥铁甲骑兵尽力上前厮杀。如突遇一股飓风，清兵阵营大乱，趁此时机，吴三桂又命弓弩齐发，终于杀开一条血路。大队人马刚行十里地，前面又被堵住，后面追兵尾随，前后夹击，危在旦夕。

吴三桂在黑暗中用手抚摸了一下鼻子上的伤疤，长吸一口气，大声呼喊："怯者死，勇者生，只要冲过这道防线，即可生还，上！"

吴三桂挥刀跃马冲上去，铁甲先锋营的兵骑紧紧跟上，清军被杀倒一拨，一拨又围上来，越聚越多。吴三桂愈战愈勇，他刀剑并用，弩弓齐发，将士们在他的感召下，无一人后退，皆奋勇争先，忘死拼杀，就在追兵将至时，前面堵截的清军终于被杀败，吴三桂及部下冲破刀丛箭网，夺路急逃。

追兵是在御兵营皇太极的督战下赶来的，前后相隔不到二里地。听到吴三桂逃走的禀报，皇太极不禁慨叹：

"好一个吴三桂，果真是条汉子，此人若能归降于我，天下将唾手可得矣！"

沉沉红日，拨开重重乌云从海面升起时，从松山至宁远的大地上，到处是明军的尸体、战马，丢弃的兵器，燃烧殆尽的旌旗。海面上，漂荡着一具具尸首，海鸟在空中盘旋，低吟着凄惨的悲歌。

冲出包围圈，总兵王朴、唐通、马科、白广恩等，先后赶到宁远，手下的兵丁几乎损失殆尽，只有吴三桂部损失不大。

各位总兵见面，默然无语，惨败的余悸依然烙在心中。当吴三桂提出要集合兵将，杀回松山援救总督大人时，除总兵白广恩外，其余人皆摇头："我等新败残兵危如累卵，何敢再去与巨石相撞？"

一听此话，吴三桂心凉如冰，长叹一声走开。总兵白广恩紧跟上前道：

"吴将军留步。"他紧走两步，来到吴三桂身旁，低声道："吴将军，我愿随你同往松山解围。"

吴三桂不禁感慨："人，如无情无义，还算是人吗？当时在洪大人面前信誓旦旦，今日毁言弃行，这还算是大丈夫吗？"

白广恩劝道："这也难怪，突围之后，兵卒大损，他们哪里还会有心思救援？"

吴三桂不想再说难听的话。他回到大营，即刻召部将会商解围之事。

方光琛知道吴三桂的心意：恩师对自己不薄，擢升、封官、奏请皇上嘉奖，一直十分器重自己，今天，恩师被围焉有不救之理？

"吴将军，此去凶多吉少啊。"

"献廷勿要阻拦，今去松山，就是前去送死，我吴三桂也在所不辞。"

看到吴三桂如此坚决，几员部将均拱手道："我等愿随大将军同往。"

吴三桂摆手，示意各将军坐下："胜败乃兵家常事，洪大人作为一军之统帅，以大局为重，昨日突围，坚决不同行，为的是在松山站稳脚跟，以求日后反攻。我等突围虽然辛苦异常，但毕竟活着回到了宁远，今天，我等岂能见死不救？汝等虽然官小职微，但与那几位总兵相比，真可谓义薄云天，你们的行动给我增添了信心。我命令：杨珅、孙文焕、高得捷三人与我同往，其余人在营中固守。"

此时，只听大帐外传来一人喊叫声："我愿与吴将军同往松山！"

在众将官注视之下，帐前走来一人，七尺身材，腰阔臂长，虎步迈动，威风凛凛。

吴三桂一看，原来是自己的表弟、祖大寿之子祖可法。见礼之后，只见祖可法未语泪先流："表兄，我一定要随你上阵，痛杀清奴……"

吴三桂连忙阻止："表弟心情我理解，为解锦州之围，大军前往，不想兵败而归。今天我们先去松山解围，不杀退清奴，我吴三桂誓不为人！"

当天夜里，吴三桂会同白广恩，组成一支四千人的队伍，令孙文焕、杨珅、高得捷、祖可法四人率兵同往。

吴三桂跨上战马，方光琛快步走上前，小声叮嘱："吴将军，两军交战时，遇有小股清兵，万勿穷追，切记。"

吴三桂、白广恩率兵急驰，黄昏时来到塔山近处，即驻兵歇马，埋锅造饭。初更时分，吴三桂让白广恩守大营，令孙文焕、高得捷率兵一千，夜袭高桥敌营。自己带杨珅、祖可法并两千兵马，趁敌与孙文焕交战时，越过壕堑，杀进松山。

当高桥的清军与孙文焕、高得捷部接战时，围困松山的清军大营，皆以号角传闻，一处吹响，四下皆动。吴三桂乘机出兵，但迎战的清兵不与其正面交锋，而是且战且退，吴三桂顿悟，急令收兵，但为时已晚，退路已被多铎的部下围住。

吴三桂长叹一声："恩师呀，门生无能，实无力解围。"遂率兵迎上，在最前面开路的正是吴三桂的先锋营，铁骑奔驰冲杀，无人可挡。多铎的部下知道又遇上吴三桂的大军了，多人胆怯后退，只听清营中有人大喊："凡后退者，斩无赦！"刚刚退下的清兵又潮涌般围上。吴三桂心中怒火燃起：本想前来解围，不料自己又被围上，难道昨日突围生还，今天却要抛尸荒野不成？激愤之下，他大喊一声："杨珅、祖可法断后，先锋营横列拼杀！"

铁骑营得令，如狂潮从天而降，清兵遂被切割包围。正当又一拨清兵围上来时，只听远处有人大声呼喊："吴将军，白广恩来矣！"

见援军从清军背后杀来，吴三桂与将士更添三分勇气，一阵砍杀，队伍顺利越过壕堑，两路军马会合后，一同向南奔去。

围困的清军只在背后呼喊，再也不敢追赶。

此次解松山之围，吴三桂损失兵马数十人，无力继续深入，只好率兵退回宁远。

被围困在松山城的总督洪承畴，自从昨日突围之后，一直放心不下。他知道，清军在皇太极的亲自指挥下，绝不肯善罢甘休，突围的兵士必是凶多吉少，能有多少人顺利到达宁远，又有多少人肯带兵前来松山解围呢？吴三桂，只有我的门生肯冒此风险，但能否成功呢？深夜里，他猛听到城南处有交战之声，心情陡然振奋，即回大帐，令曹变蛟、王廷臣速整顿兵马，等前来解围的明军杀到，即开门会合一处，杀出松山。

不料喊杀之声持续一段时间后便杳无声响了，洪承畴刚刚热了的心遂又变得冰凉。

皇太极击败解围的明军后，又令部下紧紧包围松山，绝不许城内明军一兵一卒出城外逃。

在加强军事攻势的同时，皇太极也紧抓政治攻势不放。他先是派出使者进松山城，致书洪承畴，明确指出：

"今尔锦州、松山援兵已绝。尔等宜自为计，如以为我军只围松锦，其余之城未必即困，殊不知时势至此，不惟六城不保，即南北两京，明亦何能复有耶？朕昔征朝鲜时，围其王于南滩山，朕诏谕云，尔降必生还，及朝鲜王降，朕践前言仍令主其国。后围大凌山，祖总兵来降，亦不杀之，尔等所素闻也。朕素以诚信待人，必不以虚言相诳，尔等可自思之。"

洪承畴当着部下的面，将书信撕得粉碎，掷于地上："我乃堂堂天朝的重臣，率兵前来剿灭清奴，虽暂遭围困，但我军士气高昂，皇上必派重兵来解围，一时胜负难定终局，今想趁此机会来诱降于我，真是欺

· 41 ·

人太甚！"

当天夜里，洪承畴决定组织突围。

他令曹变蛟为前部先锋，率三千兵马，先冲过壕沟，夺取要道，王廷臣带大军随后杀出，一举冲出重围。

然而，突围的将士刚出城不到三里地，即遭到清镶黄旗军的阻击。明军在曹变蛟的指挥下，拼命争斗，镶黄旗军只好且战且退。正在此时，清正白、镶白二旗军闻讯赶到，与镶黄旗兵合击曹变蛟，明军无法取胜，只好退回松山。

洪承畴极力安慰入城的兵士："突围乃战事中最为艰巨者，不易一举成功，今一战能先取胜，已属不易，待休整后再作图谋。"

寒冬来临，松山城中的兵士无粮无衣，情绪异常低落。洪承畴决定再次组织突围。

出发前，他对将士道："朝廷已派兵前来解围救援，我等趁此良机，奋力冲杀，与解围的大军里应外合，一举打退清军。"

士气低落的明军士卒在总督大人的鼓励下，再次鼓起斗志，奋起突围，但仍然是刚出城门，就被清军杀回来。又一次惨败，使本来就情绪低落的兵士更加心灰意冷。

皇太极不失时机，再次派人送来劝降书。洪承畴接过之后，连看也没看，就撕碎丢掉了。

此后一连数日，每当洪承畴合眼入睡，耳边总响起千军万马、地动山摇的喊杀声，但见吴三桂跨马执刀，率兵冲入敌阵，围困松山的清军不是死在刀下，就是抱头鼠窜。看到此情此景，洪承畴立命兵士大开城门，快步走上去迎接吴三桂。每当这时，更鼓扰耳，寒风袭面，睁开双目的总督大人才知是空喜一场的梦。

"这梦为何接连数日重复出现呢？"

"难道吴三桂将军他突围时已遭不测？"

寒冷，像剥皮的利刃；饥饿，如刮肠的钢刀。饥寒交迫中，洪承畴与将士们一直苦撑到第二年二月初，副将夏成德暗通清军，约定里应外合，届时突然大开城门，清军如潮水般涌进来，洪承畴、丘民仰、曹变蛟、王廷臣等率兵奋起抵抗，终因寡不敌众，有的被斩杀，有的被俘获。松山城被清军占领了。

与松山仅隔几十里地的锦州城，在祖大寿率兵固守下，清军屡攻不下。自从上次突围不成，祖大寿即耐心等待外援。由于围困甚严，祖大寿一直不知总督大人的方略战术。他心中常感困惑的是：为什么等了几个月还不来解围呢？难道松山城也被围住了？难道援兵都被杀戮净尽？

一日，清军使者来到城下，高挑使节牌，示意要入城见祖总兵。

守城兵士得到允许，把使者带到祖将军大帐，只见那使者递上一封信：

"祖总兵，大凌河一别十年有余，当年汝山穷水尽，朕予以接纳，高官厚禄，供奉其身，汝仍不甘于我麾下，穷思出逃之计，我仍宽大为怀，放汝南归。汝不该忘当年所言：'若违心背盟，殃及其身，死于刀箭之下。'今日大势已去，总督洪承畴所率十三万军马，已被击溃，洪承畴及其部下均被我擒获。恃一锦州孤城，还能撑到何日？今汝已战守计穷，惟有诚心归降才是出路。朕仍不计前嫌，虚怀纳之。如再执迷不悟，惟有粉身碎骨，城破人亡。"

祖大寿脸色由红变白，颓然坐倒在地上。

祖大寿心乱如麻。皇太极的信，如一支利箭，射中他的心窝。数十年来，为了大明江山，自己率儿子、妹婿、外甥，在疆场冲锋陷阵，不料到头来却落得如此下场。

"为何大明的兵将如此不堪一击？我主万岁真的是要……"

他不敢再往深处去想。当年被清军捉去后归降，施了诈降计，又逃回来，我主万岁仍委以重任，并不嫌弃。今天若再被俘，他皇太极真会像信中所说的那样对待我吗？就是不投降，又能苦撑到何日？如若投降，我身家性命将会保住，万贯家财仍为己有，如若我为皇上尽忠，这一切都将失去，空有忠君的名声又有何用？

生命财产，利弊好坏，种种思虑心中翻滚。

第三天早晨，祖大寿令兵士大开城门，心甘情愿地归降了。

唯一让他挂念的是：妻儿家小均在宁远城，如果皇上加罪于我，是否会受牵连？让他感到宽心的是：外甥吴三桂仍在宁远，有他支撑，家人财产当不会有损失吧。

准备二三年，历时一年有余的松锦大战，以明军全面失败，清军彻底胜利而结束。清军夺得锦州、松山、杏山、塔山四城。松锦之战获

第二章 松锦大战

· 43 ·

胜，为进一步攻打山海关打下了坚实的基础。

吴三桂率兵赴松山解围失败后，垂头丧气地回到宁远，早有方光琛带人到城外相迎。

"献廷，何必多此一举，莫非羞我不成？"

吴三桂看到前来迎接的人个个面露喜色，心中甚为不快。

"吴将军休要多疑。我等能见到将军平安回城比凯旋而归还要高兴。"

"何以见得？"

"清军以重兵围困松山，我军当然不能轻易突破，将军前去解围，必有一场恶战，战虽失利，但我军并未大伤，将军又安然归来，我等岂不欢喜？此其一。其二，将军与总督大人分手时，有言约定：回到宁远，定当率兵前来解围，其余各总兵一一拒绝，独有将军你不负前约，虽然未能取胜，但问心无愧。如此说来，我等岂不高兴？"

听罢方光琛一席话，吴三桂长叹一声："只可惜我兵力微弱，不能杀进松山，救出总督大人，心中有愧呀！"

"战事发展，千变万化，令人难以预料，我等只有顺应时势，方能逢凶化吉。对于此役功过朝廷必有定论，我等须快快安置下一步，切不可错过时机。"

吴三桂回城后，再召方光琛密议：

"献廷，时局至此，我该如何处置？"

方光琛坦言："愚以为，将军可先派人携重金进京晋见义父高公公，让他观察朝廷意向。将军此时，万不可灰心丧气，而要重整兵马，潜心训练，使朝廷上下看到将军败而不馁的雄心，以期再受重用。"

"献廷所言极是。不过，朝廷真要加罪于我，我将如何……"

方光琛轻轻摇头："将军放心，朝廷即使降罪于你，也不会重罚。"

"此话怎讲？"

"将军武艺高强，手下拥有重兵，又是关东望族之戚，常年与清人交战，忠心不二，今一战虽败，但责任并不全在将军你身上。想想看，如果真要将你置于死地，又有谁来固疆守边？又有谁能像将军你这样忠勇可嘉呢？"

吴三桂点头称是："但愿事实能如献廷所料。你所言二事，我即刻办理。"

未及一月，朝廷圣旨到：

"大同总兵王朴，于大战紧要关头，不思竭力杀敌，而是临阵脱逃，动摇军心，罪大恶极，着锦衣卫立即押解到京。

"宁远总兵吴三桂，随王朴溃逃，本应重罚，但念回城后，又重组兵马，前去解围，虽未取胜，但有悔过之心，又有践约之实，故从轻处罚，降官三级，仍留总兵之位，以观后效。"

其余各总兵也一一处罚后，仍回各本部营地，戴罪立功。

然而，仅隔数日，崇祯十四年（1641年）八月二十六日方才逃回宁远的吴三桂，于惊魂未定中接到崇祯帝诏加提督职衔的谕旨，并命"主客援兵皆听提调"。

鉴于明军溃围者散奔各处，明廷命以白广恩收拾曹变蛟与王廷臣二镇之将领。时曹、王二人随洪承畴被困松山，但"曹变蛟下西丁精锐尚多，王廷臣辽丁出围亦多"，而命李辅明收拾其原属怀标残兵，并王朴所领部属，"而总以归吴三桂，上紧整顿"，吴三桂由此位居诸总兵之上。这种违反常理，于获罪后不加以处罚，反而升迁的处置，令朝廷内外许多人大惑不解。

更令人惊诧的是，数月之后，当朝廷中有人就松山溃围造成的重大损失追究责任，"首请大彰法纪，以肃将来"时，受到惩处的只有王朴一人。王朴被逮入狱，而吴三桂仍命提督辽东军事驻守宁远。为此，朝野舆论大哗，御史郝晋发上疏曰："六镇罪同，皆宜死"，以朝廷同罪不同罚而不满，并责问曰："吴三桂实辽左之将，不战而逃，奈何反加提督？"其言掷地有声，不无道理。

然而，明廷复议的结果，仍是"（王）朴被诛，而吴三桂仅镌秩"，得到的是罚不当罪的降三级的处分，仍命以总兵之职镇守宁远，负责辽东兵的训练，时在崇祯十五年（1642年）五月。同时受到处分的还有李辅明、白广恩、唐通等，均被贬秩，充为事官。马科立下再败处以死罪的军令状。此外，监军张若麒亦随后被处死，马绍愉被削籍。可见，在对众人的处置中，亦独轻吴三桂。

实际上，崇祯皇帝不治吴三桂罪，反而委以重任，是有其不得已的特殊原因。

自即位以来，朱明王朝即已面临土崩瓦解之势，内忧外患使之惶惶不可终日。虽然崇祯皇帝一心想振兴祖业，并为此宵衣旰食，苦心孤诣。可是当他如履薄冰般地度过了他统治的十几个春秋后，所面临的仍是东西交迫的困境。中原地区波澜壮阔的农民起义愈演愈烈，日呈问鼎中原之势的满洲后金（清）政权也形成了对明的严重威胁，而长期的战争，明廷早已是兵困饷乏，国库如洗了。为了摆脱这足以令朱明王朝毙命的困境，崇祯皇帝便把赌注押到了松锦之战上，企图一举获胜，解除外忧，好腾出手来全力对付农民起义军这一心腹大患，因而他不惜动用了"王牌军"。

　　明朝自永乐迁都以来，军事力量的重心便开始北移，到崇祯时期，更是形成了"敢战官兵皆在北而不在南"的局面，而在这些敢战的官兵中，又以三边的"塞上之兵"为最强。松锦之战，崇祯皇帝抽调的正是这批北边精锐。可是他万万没有想到，仅十余天工夫，这些军队便丧亡于这场大溃逃中，对于摇摇欲坠的明王朝来说不啻是一致命的打击。崇祯皇帝自然是痛恨不已，以他刚愎自用而又猜忌嗜杀的个性，他恨不得将这次败阵的六镇将领一一拿来问斩。然而，时事周章，人才脆薄，堪任辽东之守的洪承畴、祖大寿已被围城中，成困势。这期间，李自成与张献忠两支农民起义军又趁明军东顾之机再度蜂起，攻克洛阳、襄阳等地，在中原地区把明军打得落花流水。西边有警，明军自然无暇东顾，而数年以来始终镇守辽东的祖氏家族中，如今只剩下这位以骁勇著称的吴三桂了。于是，崇祯皇帝不得不把拱卫辽东、解救松锦、扭转败局的重任，寄托在吴三桂身上。为此，他压下了心中的怒火，只下令处死战绩平平、而又胆小怯阵的王朴，为免遭物议，才降了吴三桂三级。可见，大明王朝日薄西山的命运，不仅使吴三桂免遭杀身之祸，且把他推到了更显赫的位置，由一个区区武将，一跃而成为身负国家兴亡重寄的栋梁之才。

　　事实上，崇祯帝用心之苦并非没有道理。由于明朝再也无力投入新的兵力解救松锦，故而只能依靠这逃出的六镇将士，而在这六镇当中，以吴三桂、白广恩、马科敢战，为最强，唐通、李辅明次之，王朴最不得力，所以，崇祯帝只能拿王朴开刀问罪，杀一儆百，使其余五人在恩威之下甘为其用。

于是，崇祯帝用马科守山海关，调唐通守宣府大同，而以吴三桂、白广恩、李辅明训练辽东兵马，以解救松锦。崇祯十四年（1641年）九月，兵部颁发募练救辽之令，命吴三桂、马科、白广恩、李辅明"乘时募练，相机前进，协谋并筹，转败为功，以赎前愆，不得玩视以干罪戾"。十月，兵部又下令，通州"总兵杨德政、张汝行各选兵马三千，亲自统领刻期出关，俱听督臣调度，并与吴三桂等协力解围，不得延却"。足见明朝已将解救锦州、松山之围的重任完全寄托在吴三桂的身上。

其时，启用吴三桂解救辽东危局的做法，在朝廷中不乏赞同者，当时奉旨赴辽任事的锦衣卫南镇抚司指挥同知祖泽溥曾疏请，"欲专吴三桂提督之权，不欲掣其肘，至领兵官亦令吴三桂自拣得心应手之人"，并"请挑选关蓟各边就近辽兵赴吴三桂总统"等。宁前道石凤台也认为，在溃围后，吴三桂"丁尚多，还能整搠兵马，誓拯封疆"。这些呼声表明了时人对吴三桂堪负国家重任的一种共识。

对于朝廷的不杀之恩，吴三桂自是感愧交集，涕泪满颐。而无功受赏，获罪反而被超擢，更令他诚惶诚恐。明廷于他恩同再造，他又怎能不感恩图报呢？为了挽救松锦之战的败局，洗刷自己临阵溃逃的耻辱，吴三桂领命招集流亡将士，悉力镇守宁远。他一面训练官兵，一面征集粮饷，作好出援松锦的准备。

但是，真要收拾辽东残局，又谈何容易！

崇祯十四年（1641年）十月，松山溃围两个月后，新任辽东巡抚叶廷桂上疏指出，明朝在辽东的兵力已趋衰竭，虽有"新召新练，一旅偏师"，但却无法重新组织一番攻势。他说："以今日兵力言，吴三桂兵一万内，有马仅五千匹，白广恩兵五千内，有马仅二千五百匹，李辅明兵五千内，有马仅七百余匹，此见在可以调度者。关门马科兵一万，据报止六千五百，马止二千四百，阳怀通保一万，此皆未经调到者。即尽数调到，合计兵力不过如此，今且自锦而松而杏沿海遍地莫非虏营兵力"。也就是说，当时合辽东三镇可以调动的兵力二万人，七千五百匹马，加上山海关与阳怀未调到的不足二万兵、二千余匹马，总共不过四万余兵，万余匹马。这仅仅是此前洪承畴所集八镇十三万人马的三分之一尚且不足，而此时明军不但要解锦州之围，且要解松山之围，双方力量的对比已成逆势,吴三桂虽能用命练兵,却无回天之力。

面对清军的不断进攻,明廷已多次下达了令吴三桂出击的命令。

然而,此时明朝已成积重难返之势,再也无力组织起一支新的援辽大军,因而,解松锦之围,"挫狂锋,伐狡谋"不过是明朝的一厢情愿,就明清的军事力量对比而言,主动出击不过是以卵击石、自取灭亡之举。所以,吴三桂始终不敢言战。

崇祯十五年(1642年)初,吴三桂对辽东的整训已历经四五月之久,其所集聚的"主客堪战马兵约足一万一千之数,主客堪战步兵约足二万五六千之数"。于是,他与巡抚叶廷桂、监军张若麒商讨进兵日期,提出"誓师进剿当在三月之初矣"。

吴三桂要对清军发动进攻的奏报并非谎言。这年三月初,吴三桂与白广恩等率兵四千余人进驻塔山,并分出两千人马前至高桥,与清军哨兵相遇拒战,围困杏山的主将多罗武英郡王阿济格立即派出两翼前锋兵,分别从大路与后面进击,但未等交战,吴三桂又率兵退回。很显然,这是一次带有侦察性的出击,侦察的结果则是松山的沦陷和锦州的危殆,这也是吴三桂不战而退的原因。

原来,就在明军消磨于不得已的练兵之际,崇祯十五年(1642年)二月十八日,被困半年的松山守城副将夏成德开城投降,松山城陷,洪承畴被俘。三月八日,祖大寿于锦州闻讯亦出城投降,至四月,塔山、杏山也相继落入清人手中,关外八城仅余其四。至此,明王朝苦心经营十余年的宁锦防线终于被清军攻破。

洪承畴和祖大寿的降清,对崇祯皇帝来说,确有失臂之痛,但对吴三桂来说,却未尝不是他官运腾起的又一次契机。锦州、松山、杏山和塔山四城的失陷,使宁远成为明朝在关外最重要的城堡,作为明宁远守将的吴三桂也成了辽东地区最令人瞩目的人物。这时,如果吴三桂降清,辽西走廊的大门就将全然为清人打开,八旗铁骑便可轻而易举地直取山海关、进军北京。而吴三桂在明,明朝虽失重镇,边关却依然可守。因而,这时的吴三桂已处于历史的天平上,在明清这场激烈的争夺中处于举足轻重的地位。

受命于危难之际的吴三桂,深知欲同满洲铁骑抗衡,没有一支过硬的军队是不行的。因此,他在集结松锦之战幸存散兵的同时,又将当地

· 48 ·

民众堪战者集而团练,把宁远变成了一个雄壮的练兵场。经过一段时间的训练,吴三桂拥有了一支精兵四万,辽民八万的精锐部队,使素负盛名的关宁铁骑更加骁勇善战。

皇太极听到宁远练兵固城的消息后,第一个想法是不能坐观其成,必须乘其未成而拔除。因此,他立即调兵出征宁远。可是,这次出征,素以强悍骑射闻名天下的八旗兵,竟然在宁远城下连吃败仗,一筹莫展。为此,皇太极焦心眩目。明朝降将张存仁上疏,建议劝降吴三桂。

皇太极采纳了张存仁的意见,便分别致书与吴三桂同守宁远的总兵白广恩和柏副将,希望二人"开导吴大将军同心协谋,举城归顺。"又命张存仁、吴三桂的舅父祖可法、姨夫裴国珍、兄长吴三凤、表兄胡弘先,以及他过去的一些挚交好友邓长春、陈邦选等分别致函吴三桂。

张存仁曰:"洪制台(洪承畴)以专阃重任尚知审天时度人事,……冲幼如台台(吴三桂)何为坐俟祸及乎?大厦将倾,一木难支,纵使苟延日月,不过拥兵自卫。"

裴国珍曰:"前者贤甥(吴三桂)在阵逃出,大兵尽丧,总督文武官俱陷,贤甥独存,罪将安归?窃恐功名富贵必不能常保,而身家性命又不知作何结局也。"

吴三凤曰:"久别贤弟,十有余年,贤弟拜将,门户生辉,幸甚幸甚,愚兄蒙我皇上仁爱豢养,解衣推食逾于他辈,仰承皇上爱屋及乌,实叨贤弟之光。"

这些人大都于当年大凌河城破时降清,十余年来他们顺势而为,甘为清人任事,所言虽在为其新主,却也切中利害,不无道理。

然而,吴三桂仍然没有回复清人。面对如此强大的政治攻势,他虽表面上保持着沉默,内心也是感触百般,心绪如麻。首先,身为明朝重臣的洪承畴没有殉节,反而投降了清人,使他震惊不已,他不能不更加忧虑明朝人心思异的国势。其次,三位舅父、十余表兄弟尽皆归清,更令他惊恐不安,甥舅至戚,自己又怎能摆脱这同舟之疑呢?况且又罹松山溃围之罪,多疑的崇祯皇帝当真会既往不咎吗?还有更为重要的是,松锦即下,杏山、塔山不保,宁远便完全暴露在清军的攻势面前,而明朝的军事力量又今非昔比,时势之乖违若此,吴三桂自然了然于心。但是即便如此,他仍不甘心束手降清。

吴三桂的毫无反应，使清人大失所望。皇太极不得不把进取燕京的计划往后推迟，静待吴三桂的回音。是年（1642年）十月，皇太极在派遣贝勒阿巴泰为奉命大将军由北边深入明境的同时，又一次寄书吴三桂进行招降。书曰：

"大清国皇帝敕谕宁远城吴大将军。

今者明祚衰微，将军已洞悉矣。将军与朕素无仇隙，而将军之亲戚俱在朕处，惟将军相时度势，早为之计可也。"同封还附有祖大寿的亲笔，"使大寿书招宁远总兵吴三桂"。

祖大寿在这封信中说："宁锦间隔，不相通问者岁余矣。春时，松山、锦州相继失陷，以为老身必死无疑。不期大清皇帝天纵仁圣，不但不加诛戮，反蒙加恩厚养。我祖氏一门，以及亲戚属员皆霑渥泽，而洪总督、朱粮厅辈亦叨遇优隆。自至沈阳以来，解衣推食，仆从田庐，无所不备，我已得其所矣，幸贤甥无以为虑，但未知故乡光景何如耶？以愚意度之，各镇集兵，来援辽左，未一月而四城失陷，全军覆没，人事如此，天意可知，贤甥当世豪杰，岂智不及此耶！再观大清规模形势，将来必成大事。际此延揽之会，正豪杰择立之时，若率城束归，定有分茅裂土之封，功名富贵不待言也。念系骨肉至亲，故而披肝沥胆，非为大清之说客耳。惟贤甥熟思之。虎骨靶小刀一柄，是贤甥素常见者，故寄以取信。"

这回，吴三桂没有沉默，三个月后，即崇祯十六年（1643年）正月，他复信于祖大寿，"答书不从"，又一次拒绝了清人的招降。而他拒绝清人的态度，早已从一次军事行动上表现出来。

那是崇祯十五年（1642年）十一月初，据清朝豫郡王多铎于是月十一日奏报：几天前，"明宁远总兵吴三桂率马步兵出战，我军击败其骑卒，获马七十二，甲三十七，弓三十九，撒袋十七，腰刀二十五。"表明吴三桂在接到祖大寿的劝降信后，仍无投降之意。

对于吴三桂的执拗，祖大寿亦深感意外，为了兑现他先时说降吴三桂的承诺，他于崇德八年（崇祯十六年）正月上书皇太极，提出取关外五城，逼降吴三桂的主张。他说："宜乘此时，或收抚或征讨，先攻取中后所，收吴总兵家属，吴襄必为之心动，吴三桂亦自然扰乱，其余中后所、前屯卫不劳亦自得矣。至中前所一过可平也，破山海更易于破宁远",山海一破,"宁远何以支持?"

然而就在此时,祖大寿的建议提出不过数日,吴三桂派出的蒙古兵索内持其书信送到祖大寿的手中。信的内容即如上述所言,"答书不从",表明其忠君仕明的态度。但他拒绝清人的言辞却颇为婉转,而且,或许由于祖大寿乃其至亲的缘故,吴三桂还流露出其无可奈何的矛盾的心情。所以,皇太极说他"将军之心犹豫未决。"

对于吴三桂的这一态度,皇太极不免有些愠怒,他在第三封招降敕谕中声称:"今我军围困宁远,不知更有何处援兵以解将军之厄耶?若不乘此急图归顺,勉力功名,傥我国蒙天眷佑,南北两都皆为我有,蕞尔宁远,岂能独立乎?逮至糗粮罄绝,贴危待毙之际,将军悔不可追矣!"

事实上,吴三桂在事隔三个月后方复信于清人,表明祖大寿的信对他震动匪浅。吴三桂素日最敬祖大寿、亦最信祖大寿,睹祖大寿之旧物,思祖氏之言,吴三桂不能不为之心动,特别是祖大寿对明朝人事及国运的肺腑之言,并自称"已得其所",都对吴三桂构成不小的震撼,这正是他犹豫徘徊的原因所在。虽然他拒绝了清人,但是他的这一矛盾心理已流露于纸笔之中。

宁远能否固守,又能守至何时,他无从得知。清人对他的厚爱乃至裂土分茅的许诺,也是不小的诱惑。而尤其令他心绪不宁的还是清人的警告……,降?还是不降?这时的吴三桂正徘徊于人生的十字路口上。

这时,祖大寿派人遭至宁远欲接走祖氏夫人,却被夫人拒绝。这使吴三桂那失去平衡的心理得到了些许抚慰,妇人尚知名节,大丈夫岂能辱国。

清人毕竟是"夷狄",千百年来所形成的"华夷之辨"的传统观念,在汉人的头脑中已根深蒂固。明末以来,降清者不乏其人,但文臣多为失意之士,武将多为被俘之囚。祖大寿当年在大凌河受困数月,食尽而降,但被放归后,仍然复为明守,继续与清人对垒。此番二次降清,也是迫于无奈。吴三桂自幼听其教诲,受其濡染,祖大寿的思想行为及其对清人的态度,必给吴三桂以深刻的影响。而在儒家文化熏陶下长大的吴三桂,也必以忠君报国自励。更何况,此时的吴三桂正深得明帝的重用,擢升提督全辽大将军之职,已位莅显要。明王朝虽已风烛残

第二章 松锦大战

年，但对仅据东北一隅的清政权来说，依然不失君临天下之势，在这场争夺天下的斗争中，鹿死谁手还远远未见分晓，因而不便轻举妄动。至于祖氏降清，是否会株连于己，吴三桂虽不能尽释狐疑，但他反复思索，权衡再三，还是偏向了明朝一边。

自崇祯十二年（1639年）升任总兵以来，吴三桂便奉命镇守宁远，宁远作为明朝关外八城中的两大重镇之一，与锦州遥相呼应，吴三桂由此成为辽东军事集团中仅次于祖大寿的重要人物。

松锦战后，明朝苦心经营、坚守二十余年的宁锦防线已被打破，继松山、锦州的失陷，塔山和杏山也于当年（1642年）四月先后落入清人手中，宁远成了关外剩余四城中最为重要的前沿城堡，为清军的下一个进攻目标，而吴三桂也因身系辽东大门安危的重任更加为明朝器重。

自明廷以松山溃败治罪降秩三级以来，吴三桂虽不复有提督辽东的职衔，但事权却丝毫没有被削弱，明廷依仗吴三桂收拾辽东残局，重整封疆的方针没有改变，这正是吴三桂久已期待的，但严峻的形势却又不容他有些许的乐观。

是时，清军已在宁远城外沿大路布下兵马，严阵以待。而宁远城内同样是剑拔弩张，驻扎着吴三桂、白广恩两总兵及巡抚叶廷桂等主要军事力量，也就是说，除了李辅明驻守前屯卫外，明廷的其余文武官将均驻于宁远。但是，对于吴三桂而言，面临的局面仍是今非昔比。首先，明廷以白广恩与李辅明协助吴三桂练兵的计划并非尽如人意。崇祯十五年（1642年）四月，新任辽东督师的范志完说：在崇祯十四年（1641年），兵部"内议蓟督练兵三万，辽督练兵二万，奉有明旨在案。数月以来，奴患孔亟，臣以为抽练定有头绪矣。乃臣受事之始，察阅主客兵文册，问其辽督练兵二万何在？止有李辅明一万之额，其实仅数千耳！其余一万竟归乌有"。也就是说，明军初议练兵五万，但实际练兵的状况根本无法足其额。至崇祯十五年（1642年）年初，明廷能够抽调的辽东兵力，马兵一万一千，步兵二万五六千，合计三万六千余人，表明明朝再也无力组成一支新的援辽大军。而凭此兵力，守且乏力，更无法言及进攻，一旦清军再度围困宁远，其结果便会完全如皇太极所言，"不知会有何处援兵以解将军之厄耶！"其次，明廷在松锦战后，以吴三桂、白广恩和李辅明三镇总兵收拾辽东残局，从而形成以吴三桂为首的新的辽东军事体系。但三总兵的情况又各不相同，李辅明"欲而不刚，懦而怯战"，所部又多系新练散兵。白广恩虽勇，却于崇祯十五年（1642年）被调往镇压农民起义军，致使辽东原本不足的兵力再度削弱，吴三桂所部成为明朝拱卫辽东的实际兵力。吴三桂作为将领虽然勇略兼蓄，但是当他面对清军的十万铁骑时，显示的仍是以卵击石的军事对峙。

然而，就是在这种处境中，吴三桂视清朝裂土分茅的诱惑而不顾，多次拒绝了清人的招降，坚守宁远。随即又因斩敌立功在明朝的地位更加醒目。

那是崇祯十六年（1643年）的事情。其时，由于吴三桂坚守宁远，辽东前线仍然处于暂时的均衡状态。四月，奉命率军深入明境饱掠中原达半年之久的清军，在统帅阿巴泰的率领下捆载北归，途经京畿。时大学士周延儒奉命督师，集八镇兵于螺山（北京怀柔区北）阻截清军。不期明军"徘徊不战"，只有风尘仆仆由宁远赶往京师勤王的吴三桂，与山海关总兵马科及唐通等人率军与清军交锋，且获小胜。据彭孙贻记载曰："惟吴三桂入关数战，斩一头目，杀伤略相当，白广恩、唐通时有斩获"。其时，由于明廷屡遭败衄，闻警即伏，故吴三桂等虽小有克捷，却举朝为之眷注，崇祯皇帝又以其"屡有斩获"，于崇祯十六年（1643年）五月十五日特宴吴三桂等人于武英殿。立时，吴三桂威名远扬，朝野视之为国家干城。吴三桂是在一片赞扬声中重返宁远的。

此时的辽东仍然保持着战前的平静，但吴三桂却不敢稍有疏怠，他始终密切关注着形势的变化。崇祯十六年（1643年）八月，清帝皇太极刚刚过世，"九月十四日，辽东总兵吴三桂差兵丁六百名，渔舡二十号往三岔河打听四王子（皇太极）果否已死情形"。随后他又立即密奏明廷。而这封密奏如同给垂危待毙的明王朝注入了一针强心剂，崇祯皇帝兴奋已极，他于十月发布上谕，指示吴三桂等乘清廷争立内乱之机，"选募入窠，或诱致陷将，离间贼党，或就中定计，歼渠来归，一应机宜听便宜行，不必瞻顾，事成不靳通侯爵赏"。

但是，事态的演变使崇祯帝的计策落空。清朝因皇太极而死所出现的诸子争立，很快以年仅六岁的皇太极幼子福临的继立得到了解决，并且新任摄政王的睿亲王多尔衮与郑亲王济尔哈朗于皇太极死后一个月，即九月便作出出兵宁远的决策。

崇祯十六年（1643年）九月十一日，郑亲王济尔哈朗亲自统领军队由沈阳出发，直奔关外诸城而来。而此时的吴三桂却还在关注着皇太极的死讯，因而对清军的这次出兵并无准备。是时，清军来势凶猛，但采取的作战方略却是避开坚城而就其弱，九月二十三日，清军绕过宁远抵中后所，二十四日傍晚移军城北，填平壕堑，以云梯、挨牌接近城墙，开始轰击，至二十五日城坏，清军攻入中后所城中，擒斩明游击吴良弼、都司王国安等二十余人，马步兵四千五百余人，俘获四千余人。九月二十九日，清军进抵前屯卫，十月一日以大炮毁坏城墙，入城斩杀总兵官李辅明、袁尚仁及副将、参将等三十余人、兵四千余人，俘获二千余人。随后，乘胜进攻中前所，明总兵官黄色闻风弃城而逃，清军再克中前所，俘获千余人。接连的胜利，使清军士气大涨，转而围攻宁远，但却在宁远城下遭到吴三桂的猛烈抵抗，未能得手。这次宁远之战，在清朝官书上不见记载，或许是为了掩饰清军在宁远城下的这次失败吧！

清军以雷霆之势一举攻克三城，终于形成关外四城仅余其一的局面，宁远成了关外孤城。所谓，宁远"孤悬二百里外，四面阻敌，防御极难"。

面对险恶的形势，吴三桂开始忧虑焦急、惊恐不安。是坐以待毙，还是撤离宁远？自关外三城被攻破后，吴三桂无时不在考虑着这个问题。此时，明廷正在为日益迫近京师的农民军惊恐不安，已无力顾及辽东，吴三桂只能孤军奋战，他又怎能不会想到皇太极在给他的最后一封信中的"忠告"与"质问"呢？那就是"今我军围困宁远，不知会有何处援兵以解将军之厄耶？"

孤守宁远的结局只能是死，为忠君报国而死。然而，人到死时，求生的欲望总是最为强烈的，吴三桂不甘心于这样白白等死。他召集部众集议，将士们意欲撤离宁远的意图是不言而喻的。

对于将士们欲弃险入关的想法，吴三桂十分清楚，但他的回答却是否定的，"王（指吴三桂）曰：'守土者擅弃封疆，律无赦，吾不可去'"。

就在吴三桂的处境最为危殆绝望的时候，崇祯十六年（1643年）

十一月，经蓟辽总督王永吉之请，崇祯帝诏"给吴襄俸廪"。自崇祯七年（1634年）大同之役以来，吴襄因逗留观望之罪被罢官，而后一直闲居在家，已达十年之久。这突然的给俸，无疑是官复原职，或者是升迁的暗示，对吴家来说是一特大的喜讯。果然，两个月后，即翌年正月初，诏命吴襄提督京营、携家眷入京。这对一直以效死疆场自誓的吴三桂来说，无疑又是一种激励，他此时已决意为国而死。于是，他给崇祯皇帝上书表达了自己的这一志向，并为乃父乃弟乞恩。故而，读过他奏疏的吏科给事中吴麟征说："边臣不可令有惧心，尤不可令有死心。臣读吴三桂疏，言切情危，若有格格不忍言之意，臣知其有惧心，始以裹尸自任，经为父弟乞恩，知其有死心"。

可见，在宁远成为孤城，危伏四起之际，吴三桂决心尽忠报国的心情还是比较明显的。

第三章
降　清

崇祯十六年（1643年）九月末，就在清军大举进攻关外诸城之际，李自成率领农民军也在汝州大败陕西总督孙传庭，灭明军四万余，致其全军覆没。十月，李自成乘胜进占西安，声势大振，翌年元旦，李自成正式建国西安，国号大顺。正月初八日，李自成又统率百万大军自西安出发，以破竹之势，东渡黄河，分两路向北京进军。

这时，明朝的精兵良将已经丧失殆尽，吴三桂手下的三刀关宁铁骑成了最后一张王牌。正月十九日，崇祯帝在德政殿召集大臣，正式商讨调吴三桂入关事宜。这其实是饮鸩止渴的一步棋，吴三桂入关，就意味着撤去了满洲人面前最后一道屏障：大明朝用吴三桂挡住了前胸，同时也把后背裸露给了敌人。面对这个难以决断的问题，大明朝的官僚系统最后一次典型地表现了它的低效性。先是，在皇帝焦急的注视下，满朝的文武大员面面相觑，因为怕承担责任，谁都不敢发言。后来，还是内阁首辅、大学士陈寅打破沉默，老丞相毕竟阅历深厚、老谋深算，他首先慷慨激昂地打出"一寸山河一寸金"的旗号，坚决反对弃地，同时又认为调兵势在必行。老丞相慷慨激昂了半天，却等于什么也没说，可是满朝文武却大受启发，纷纷按这个调子发言，结果调兵之事一议再议，迁延了一月有余仍然没个结果。

李自成却不必等待廷议的结果。这一个月之中，他的大军已逼近畿辅。北京的陷落看来只是时间问题了，只有到这个时候，朝廷才下了最后决心。三月初，崇祯帝诏封吴三桂为平西伯，命其入关勤王。

面对平西伯这个尊贵的头衔，吴三桂感觉不到一丝兴奋。在等待朝廷决议的这一个月时间里，他的心情应该比北京城内那些官员更为焦虑。如果假设在这一个月内吴三桂曾经多次失眠，也许不会离历史真实太远。因为他的性格里缺乏逆来顺受的因素，所以面对绝境，他的心理挣扎应该比常人激烈得多。有足够证据表明，在朝廷做出决定之前，吴三桂已经做出了某种决定。现在，皇帝的诏命已下，大明朝的最后一个柱石之臣立即行动，简阅步骑，带兵上路。

从宁远到山海关，距离是一百二十公里。在现代交通条件下是两个小时的车程，在当时，按正常行军速度，两天内可以到达。可是不知为什么，这样短短一段路，吴三桂的大军竟然走了八天。是由于队伍过于庞大以致影响了速度还是出现了什么特殊情况呢？这成了明清易代史上的一个谜团。

俯视一下当时的情势，这个谜其实并不难解。此时，大明朝的腹地已成渔烂之势，大半领土已在起义军的控制之下。李自成的军队连战连捷，士气正旺。吴三桂的关宁铁骑能挡得住李自成的步伐吗？根本不可能。吴三桂也许能在北京城下阻挡李自成几天，但却没有能力力挽狂澜。作为受恩深重的军官，他应该与大明朝共存亡、相始终。问题是，现在只有终，没有始；只有亡，不能存。如果天下势仍有可为，他有可能做个中兴名将，拯大明于危难，扶大厦于将倾，不论有多少艰难险阻，他也不会却步。可如果只是单纯地送死，他实在没有必要那么兴冲冲地自投罗网。

吴三桂接到这圣旨，很有点左右为难。他已从父亲的家书和来往京师的使者那里知道了朝臣们对弃地勤王的激烈争论。崇祯本人虽然鉴于李自成大军势如破竹、情势危急，有弃地之想，但又犹豫不决。这在非常情况下所做的非常之事，难免今后不会有什么反复。万一今后追究他的责任，那就有口难辩了。

可是，圣旨既下，谁敢违抗？因此吴三桂决定：缓缓撤兵入关，弃地而不弃人。

吴三桂于三月初旬、约在十日左右，离开宁远的时候，起程的日期先是晚了，而他率领着五十万余人组成的兵民混杂的队伍，自然无法速行。从宁远到山海关，总共只有二百里的路程，正常行军，骑兵可日行一百二十里，日夜兼程急驰一日即达，可吴三桂到达山海关已是三月十六日了。二百里路整整走了五天左右，于明廷令下之日约过了十天。三月十九日，当吴三桂还辗转在勤王的路上时，李自成率领的大顺农民军

第三章 降清

已一举攻占北京，崇祯皇帝吊死于煤山，明朝灭亡了。

他哪里知道，当时的京城，自皇帝百官乃至乡绅士子，人人都在期待着他的到来，就在十九日早上，京师还盛传"吴兵昨夜已到城外，今始可保无虞"的消息！

三月二十日，吴三桂赶到距京城数百里的丰润，由于未得到确切情报，他没有贸然行动，分兵驻扎于昌黎、乐亭、滦州、开平等各处。两天以后，吴三桂得知京城陷落、帝后殉难的消息，惊愕之余，他调转马头返回山海关，"顿兵不进，犹豫未有所决"他面临着前所未有的艰难而又沉重的选择，而作何选择，他一时无法得到答案。

明朝的灭亡已是无可挽回！但是谁能取明而代之呢？是正在筹备登基大典的大顺农民军？还是雄踞关外、虎视眈眈的大清政权？在昔日亡明的斗争中，这两个为了各自利益而对准同一目标进行攻击的军事集团，必将在彼此之间决一胜负。大顺农民军兵多将勇，八旗兵强悍无敌。大顺军以他最后的一记铁拳取得了军临天下的优势，清人妒火中烧，也借范文程之口喊出了，"我朝虽与明争天下，实与流寇角耳"的肺腑之言。可是，在这场争夺天下的斗争中，谁能取得最终的胜利呢？这是吴三桂最最关心的问题。

命运常常迎着强者走去，但偶然的契机也会改变命运的安排。退守山海关之后的吴三桂又一次被推到了历史的天平上，成为一颗重要的砝码。

以往，明廷总是把攻防的重点放到关外，而山海关则持天险，不设精兵防守。如今吴三桂带着三四万号称"关宁铁骑"的劲兵来到山海关，与原有的戍卫合兵一处，实则如虎添翼。而吴三桂掌握了具有万夫莫开之势的关城，也就犹如掌握了京城的东门锁钥。如果他投降大顺农民军，便可以阻止清军入关，使大顺这个刚刚奠都北京、还处于襁褓中的农民政权赢得巩固、建设和发展的时间，从而完成它取代明王朝的历史使命。倘若归清，清军则可以长驱直入，以最快、最猛的步伐进攻北京，加入到这场争夺天下的斗争中，将胜利的果实夺为己有。因而，吴三桂的举手投足，便成为明清之际的一次至关重要的选择。

当然，我们都知道，后来的结局是吴三桂降清了。这就不能不让人想起一个几乎家喻户晓的故事："冲冠一怒为红颜。"

"鼎湖当日弃人间,破敌收京下玉关。恸哭六军皆缟素,冲冠一怒为红颜。"这是明末清初著名诗人吴伟业所作的《圆圆曲》中的名句。诗人以鲜明的立场,鞭挞了吴三桂为秦淮名妓陈圆圆而降清,尽丧名节而又不忠不孝的行径。由于《圆圆曲》辞采绚丽,寓意淳深,又带有浓郁的传奇色彩,吴三桂与陈圆圆的故事也随着《圆圆曲》不胫而走,几百年来盛传不衰,脍炙人口。相传由于"吴梅村(伟业)得其真,当日梅村诗出,吴三桂大惭,厚贿求毁板,梅村不许,吴三桂虽横卒无如何也。"故而,这篇佳作得以流传下来。

然而,吴三桂的降清果真仅仅是为了陈圆圆吗?数百年来,它始终是一个争而未决的"悬案"。

在封建社会,女子历来以弱为名,然而陈圆圆这个弱女子,却在明清之际风云变幻的历史中,起到了所有男人起不到的作用,她使历史天平上的砝码失去了平衡,重重地偏向了一方。

也就是说,纵然吴三桂的降清,有着一千条、一万条原因,直接导致他调转马头的还是那个陈圆圆。

那么,陈圆圆究竟是怎样一个人呢?吴三桂何以对她如此"痴情"呢?事情还得从头说起。

陈圆圆,名沅,字畹芬,江苏武进奔牛镇人。明末苏州名妓,与顾寿、董小婉、李香君等齐名。据记载,陈圆圆出生于一个普通的穷苦人家,《武进县志》曰:"圆圆,金牛里人,陈姓氏,父业惊闺,俗称陈货郎。"李介立《天香阁笔记》记载:"平西王次妃陈氏,名沅,武进奔牛人,父好歌曲,倾资招善歌与居,家居常数千人,日夜讴歌不辍,以此破其家",父死,失身为妓。

可见,家境的贫寒和父亲的挥霍,使陈圆圆从小便领略了人生的艰辛与多变,而生活的无靠,把她由一个良家女子推向烟花柳巷的深渊。父亲死后,陈圆圆被卖到了苏州,成了一名歌妓。明朝末年,中原大地虽因争战频仍,满目疮痍,饿殍载道,江南却仍是一派民物宴安、歌舞升平的景象。士大夫狎妓侑酒之风盛极一时,风光旖旎的秦淮河畔更成了纸醉金迷的风月场。

流落到苏州的陈圆圆隶籍梨园,其时,她正当豆蔻之年,凭着她那"蕙心纨质,澹秀天然"的典雅之美,很快赢得了众星捧月之宠。由于

第三章 降清

她自幼生活在"父好歌曲"、家中"日夜讴歌不辍"的环境中,所以,很快以擅演南戏,跃居"梨园之胜",艳名远播。

南戏是剧中的曲目之一,因用南方语言和曲子演唱,故称南戏。在明末,南戏风靡一时,上至官僚士大夫、乡绅,下至市井百姓,皆以做戏为荣、为乐。在这种时尚与风气下,陈圆圆以"声甲天下之声,色甲天下之色",博得了不少文人士子的啧啧称羡。陈圆圆虽然有着甲天下的声色,过着客如云来、门庭若市的宠妓生活,但她和所有的风尘女子一样,无法摆脱低贱的社会地位。因而在追欢卖笑之余,她常常陷入红颜薄命的感伤,并把这一腔悲怨倾注于纸笔中。陈圆圆曾经留下了这样的诗句:"自笑愁多欢少,痴了!底事倩传杯,酒一巡时肠九回。推不开!推不开!"

这发自心底的绵绵愁情,表达了陈圆圆不甘屈从而又无奈的心声。但在封建社会,一个歌妓如同泥中弱絮,朝不保夕,又如何能把握住自己的命运呢!她常常被当作物品购来赠去,甚至遭人抢劫。

先是崇祯十四年(1641年)秋,有"窦霍豪家"指名强占,吓得陈圆圆东躲西藏,直到另一名妓被误作陈圆圆抢走,她才敢回到家中。但是,陈圆圆却是劫数难逃。

崇祯十五年(1642年)春,国丈田弘遇奉旨到南海普陀山进香,返抵苏州。他一到苏州,便指名采买"色艺兼绝之女子",而以陈圆圆、顾寿等价最高。为了能够买陈、顾二人,田弘遇派出"门下客"四处搜寻,最后在其女婿锦衣卫千户汪起先的帮助下,以重金将陈圆圆聘去。

是年六月,陈圆圆随田弘遇到达北京,适逢宫中传来田妃病笃的消息。不久,田妃故去,这对田弘遇是一不小的打击。据说,他苦思冥想,决计先把陈圆圆送入宫中,以延续与皇家的裙带之情。只是崇祯帝却因忧于国事,而无心于寻花问柳,陈圆圆很快又被带回了田府,从此便成了田府中的一名歌妓。正所谓"夺归永巷闭良家,教就新声倾座客。"

田府是个典型的骄奢淫逸的权贵府第,家中养着人数众多的歌女,供其寻欢作乐,达旦宴饮。陈圆圆以她那天生丽质,很快便在这"侯门歌舞出如花"的环境里争魁夺艳,被誉为"金谷园里的绿珠",深得田弘遇之宠。

但是，国丈的赏识，田家的富有，并没有使陈圆圆感到快慰。她常常沉浸在那深沉的古乐中去寻找自己的天地，而她尤其喜欢"高山流水"一曲，每每歌之，如泣如诉，倾吐着她内心的幽怨、不平和渴望爱情的心声。她茫然地期待着，不知"一曲哀弦向谁诉？"

然而，命运终于安排她与吴三桂邂逅相遇。

崇祯十六年（1643年）五月，奉命驰援京畿的吴三桂以"屡有斩获"完成了对清军的阻击，正要北归，却突然接到要他进宫入觐的谕旨。这时的吴三桂已被举朝视为国柱，崇祯帝在武英殿大摆宴席，为其庆功洗尘，诸文武大臣也纷纷称贺。这使吴三桂好不得意，他已成为朝野倾慕的"豪杰"。只是，他还没有料到，这次入京，除了皇帝的宠眷而外，还有节外生枝的艳遇。

其时，由于农民军的日渐逼近，京畿危在旦夕，满城的权臣贵戚们早已惴惴不安了。田弘遇是个善于见风使舵而又趋炎附势之人。他见吴三桂已被倚为国家干城，便萌动了结纳之心，以为一朝有事，可引以为援。于是，田弘遇邀请尚且逗留于京师的吴三桂前往田府"视家乐"。

国丈的"盛情"已经使吴三桂惬意不浅，且可一睹名声在外的田家歌舞更令他兴奋不已，但是最让吴三桂喜不自持的是，他已预感到可以藉此见到那个倾国倾城的陈圆圆。

吴三桂不仅有武将的英气，而且流露出士子的风流倜傥。也许，正是这一"非分"之想，使他对远在江南却以声色闻名于天下的陈圆圆产生了渴慕之情，欲得到陈圆圆的冲动，使他不顾辽东形势的恶化，不顾弥漫的战火硝烟，于"崇祯癸未岁（1643年），总兵吴三桂往聘之。"遗憾的是，"已先为田畹（田弘遇）所得。"吴三桂空忙一场，自然是怏怏不乐。因而，此时田弘遇的邀请，又重新燃起他对陈圆圆的激情，却又碍于情面，故作矜持之态。所谓"吴欲之，而故却也"，直到田弘遇"强而可"。

有关吴三桂在田府与陈圆圆相见的情形，陆次云的《圆圆传》记载颇详。当时，吴三桂"戎服临宴，俨然有不可犯之色。畹（田弘遇）陈列益甚，礼益恭。酒甫行，吴即欲去，畹屡易席至邃室，出群姬调丝竹，皆殊秀。一淡妆者统诸美而先众音，情艳意娇，吴三桂不觉其神移心荡也。遽命解戎服,易轻裘,顾谓畹曰:'此非所谓圆圆耶?洵足倾人城矣!公宁勿畏而拥此耶?'畹不知所答,命圆圆行酒。圆圆至席,吴语曰:'卿乐妙甚!'圆圆小语曰:'红拂尚不乐越公,矧不适越公者耶!'吴颔之。酣饮间,警报踵至,吴似不欲行者,而不得不行。畹前席曰:'设寇至,将奈何?'吴遽曰:'能以圆圆见赠,吾当保公家先于保国也。'畹勉许之。"畹长叹无如何也。"

可见,吴三桂对陈圆圆早已是垂慕之至,此番更是一见倾心,只要能够得到陈圆圆他可以先保田家后保国。为了陈圆圆,他把在皇帝面前侃侃"以忠贞自诩",用命于社稷的雄心壮志全抛到了脑后。

对陈圆圆而言,吴三桂不失为她托付终身的最佳人选,其时,国难当头,社稷危殆,田家还能歌舞到几时呢?据说,当陈圆圆得知吴三桂曾慕名派人往江南聘她的消息后,"以不得事吴怏怏也。"如今,在田家见到的吴三桂又是那样英气勃勃,朗眉俊目,和田弘遇那龙钟老朽之态形成鲜明的对照。这使陈圆圆不由得对吴三桂一见倾心,不时暗送秋波,眉宇传情,"歌珠累累,以兰馨并发"。她唱出一曲哀婉的《飘零怨》:

"侑酒承欢,豪筵彻夜;歌扇舞衣,消磨无价;似这般飞逝了少女年华,咨嗟!谁怜我禁闱巷永,横塘路赊。蓦传呼:少年客乍到豪家,未少竟终身有托,祸福凭他。算来身世飘零,思忖也心魂惊怕。罢!罢!罢!只恐宿缘注定,无错无差。"

歌中句句流露出陈圆圆欲挣脱田家樊笼的强烈愿望,流露出她对新生活的渴望和对吴三桂的期待。所以,吴三桂称赞她所唱"甚妙"时,她所问非所答地说道:"红拂(隋朝人)尚不喜欢越公(杨素),何况不如越公的人呢!"这一番话足以使吴三桂意乱情迷,心驰神往。

但是,吴三桂的美梦被不时传来的警报所打破,崇祯"帝促吴三桂出关",且"限迫即行"。吴三桂"未及娶也","分千金为聘",便返回了宁远。陈圆圆暂时被留到了田弘遇家。后来田弘遇死后,由吴襄把陈圆圆接到吴三桂家中。

回到宁远后,吴三桂调兵遣将,以精锐断后阻止清军追击,尽力动员当地人民随军入关,浩浩荡荡的军民联队逶迤西行,五天后才入关。吴三桂将民众安置在昌犁、乐亭等地,自己率大军继续西行。三月二十日，当吴军抵达丰润时，前方传来消息，李自成已于三月十九日攻克北京。吴三桂听到此消息，惊呆良久，一时不知所措。

当吴三桂在丰润徘徊之际，李自成适时派人来招抚他，并带来了一些银钱粮草犒劳吴军，缓解了他匆忙弃地入关的窘迫处境。同时清军也已尾追而来。同清军势不两立的吴三桂权衡再三，决定投降李自成。

已经投降李自成的原明大同总兵唐通接管了山海关，吴三桂便率兵五万，进京朝见李自成。四月十六日，行至玉田。遇到从北京逃出来的吴襄小妾和吴府家人。吴三桂详细询问了农民军在北京的作为，最后问及家事，得知父亲被农民军扣压，陈圆圆被刘宗敏强占。

吴三桂听到这里，勃然大怒，意识到自己的投降是很大的失策，农民军将不能长守天下，更何况还有倾家夺妻之仇。于是立即回兵，大败唐通，重新夺取了山海关。

吴三桂袭取山海关，李自成立即意识到了问题的严重性，再次派人招抚吴三桂。此时，吴三桂其意已决，斩杀来使，以示与李自成彻底决裂。吴三桂深知，李自成是决不肯罢休的，定会发大兵征讨。此时清军也正在迅速逼近山海关。形势已把吴三桂推到一个前门虎啸后门狼嗥、进退无路的窘境。敌众我寡，腹背受敌，他真有些一筹莫展了。

吴三桂彷徨无计，谋士胡守亮，密友方献廷呈献了请清兵入关，共歼李贼，事成则重酬之的计策。他欣然采纳，立即派郭云龙等人持书函往见清军主帅、摄政王多尔衮，请求增援。

几天后，多尔衮回信了。他在信中避开借兵一事，只是劝吴三桂归降满清。此时，李自成的大兵已向山海关杀来。吴三桂虽然不愿投降，但也作了极大的让步，再派人送信与多尔衮联络。信中仍有不降之意，但又有"何事不成"之类的模棱两可词句，使多尔衮可以左右理解。

四月二十日，李自成兵临山海关，双方进行了一些零星的战斗。

吴三桂处境十分危急，他见多尔衮迟迟不出兵，决定亲自出关谒见多尔衮。二十一日，这两位同年所生的当世枭雄相会于欢喜岭上的威远台。

多尔衮率先提问："明朝文臣素无信义，将帅只想建立大功。我们出兵助阵当然不是难事，但是成功之后，不知将军置之何地？"

吴三桂听出了多尔衮的弦外之音，现在若不作让步，恐怕多尔衮是

不肯出兵的,但降清又于心不甘,于是就耍了一个滑头,对多尔衮说,"我们父子受朝廷厚恩,现在君后都惨遭杀害。吴三桂食君之禄,焉有坐视之理?有人说不怯死而后名,忠臣不先家而后国。吴三桂今日誓死报国,虽肝脑涂地,亦在所不辞。"

多尔衮见吴三桂虽求助心切,但始终不肯就犯,或许再加胁迫,大事可成。只见他挥了挥手说道:"将军先休息一下,明天再议吧。"

吴三桂未借到兵,心急如焚。山海关传来的阵阵炮声更加剧了他的焦虑。他彻夜未眠,思考对付多尔衮的策略。

次日清晨,天色微明,吴三桂披麻戴孝,复见多尔衮。多尔衮见吴三桂的装束,就知其为君父报仇的决心。明智的多尔衮见状,知道再胁迫下去,也难以捞到油水,反正到时一入关,就由不得你吴三桂了。岂不闻请神容易送神难么!

于是便不再费口舌,两人立誓为盟,达成了借兵的协议。

四月二十二日,清军入关,山海关战役全面打响。

山海关坐落在层峦叠嶂的群山中,为河北临渝县的东门,古称临渝关。明朝在这里设立山海卫后,改称山海关。山海关肇端于万里长城之东,它向南延伸八里,即为长城的起点,俗称老龙头。而山海关所以闻名,主要在于它那天然的险势。它东临浩瀚的大海,北边有覆舟山和兔耳山,涛涛海水伴以陡峭的山峰,使这座山海相依的关隘浑然增添了几分气势。明朝又依险在这里修筑了坚固的防御体系,以关城为主体,四面各有辅城护卫,东西称东罗、西罗,南北称南翼、北翼,城墙连同附近的长城、城堡、墩台和关隘形成一体,万夫莫开,不愧有"天下第一关"的称号。

四月二十一日凌晨,李自成率领农民军比多尔衮率先抵达山海关,于是,一场激战首先爆发于石河。

对于农民军来说,这是夺取北关锁钥,挡住清兵进路,巩固在北方所建立的统治政权的关键一战,而对吴三桂来说,也是决定生死存亡、性命攸关的背水一战。因而,双方皆拼死力战。

战斗自早上开始。在这场攻击战中,大顺农民军显然具有相当的优势,他们很快突破了石河防线,开始攻城。先是西罗城告急,大顺军以一支精骑,由西北角山"飞奔透阵,至西罗城北,方欲登城,守城兵用炮击之，又遣偏将率兵还剿"，才挡住农民军的攻势，使之"不复来战"。与此同时，北翼城外的抢夺战也相当激烈。据当时吴军守城将领副总兵冷允登叙述说："当王师（清军）之未至，正流寇之突关，亲王（吴三桂）领兵当锋，派臣守北城。奈此城通山受敌，贼欲联络直下，故独日夜狠攻"。"贼势蜂拥，竟扑边城直上，臣只率亲丁尽力死战"，并请吴三桂调兵增援，方守住此城。而"东罗孤当贼冲，危急劳瘁，倍于两城"。可见，山海关的几个辅城均已险些被农民军攻破，吴三桂是作了最顽强的抵抗。但是，如果再战，吴军势必抵挡不住，而就在这紧要关头，清军进抵关外，吴三桂立即派人往请。

多尔衮几乎是刚刚到达山海关外，便得到"吴三桂哨旗来报，贼已出边立营"。于是，他率清兵精锐马不停蹄地向前疾进，于一片石击败李自成派出的由城外西北向东包围关城的唐通所部，打通了山海关外的道路。二十二日早上，清军继续前进，直至威远堡。这里距关城还有二里路，多尔衮命令清军"驻营于欢喜岭，高张旗帜，休息士卒，遣使往吴三桂营觇之"。直到此时，多尔衮对吴三桂仍未尽释狐疑。据朝鲜世子讲，其时，清军"披甲戒严，夜半移阵，骈闐之声，四面沓至，关上炮声，夜深不止"。正是这轰鸣不绝的炮声使多尔衮提高了警觉。

吴三桂见清兵坐观城外，"复遣使往请，九王（多尔衮）犹未信，请之者三，九王始信，而兵犹未行。吴三桂遣使相望于道，往返者凡八次"。奉命充当使者的佘一元、吕鸣章、冯祥聘、曹时敏、程邱古五名乡绅曾以诗歌的形式，真实地记下了往请多尔衮的情形。其诗曰：

> 清晨王师至，驻旌威远台。
> 平西召我辈，出见勿迟回。
> 冯吕暨曹程，偕余五骑来。
> 相随谒摄政，部伍无喧咴。
> 范公来致意，万姓莫疑猜。
> 煌煌十数语，王言实大哉！
> 语毕复赐茶，还辔向城隈。

由此可见，吴三桂此时已如涸辙之鲋，处境已十分艰难。多尔衮虽

对吴三桂的使者颇为友善，却仍然陈兵不动。其用意，在谨慎之余，也不排除其欲使吴三桂陷入穷途末路后，再迫使其俯首就范的目的。

事实证明，多尔衮的拖延时间确实有利于其对局势的控制。在农民军的强大攻势压力下，吴三桂终于沉不住气，他亲自带领二百名亲军，在城上炮火的掩护下，向东北方向突围出城，驰往清营求助，随后，在清军的大营里完成了明清之际最具影响的一次谈判。

这次谈判，实则有关吴三桂是否降清以及如何降清的问题。然而遗憾的是，有关谈判的内容，官方没有留下可靠的记载，而私家著说又多有歧异。较有价值可言的如《谀闻续笔》曰："桂念腹背受敌，势不得全，乃与清帅约云：'从吾言并力击贼，吾取北京归汝，不从吾言等死耳，请决一战'。问所欲，曰：'勿伤百姓，勿犯陵寝，访东宫及二王所在，立之南京，黄河为界，通南北之好。'清帅许之，攒刀说誓，而以兵若干，助桂击贼"。《甲申传信录》曰：吴三桂"驰入满洲壁中，见满洲九王（多尔衮）。九王曰：'汝约我来，我来何用炮击？'吴三桂曰：'非也。闯兵围关三面甚固，又以万骑逾边墙东遏归路，故用炮击之使开，可得间道东出也'。九王曰：'是也。然无盟誓，不可信，且闯兵众，关内兵几与闯同，必若兵亦剃发殊异之，则我兵与若俱无惮矣。'吴三桂曰：'然。然我固非法也，徒以兵少止数千。使我有万骑，则内不患寇，外犹可东制辽沈，我何用借兵于若为？今兵少固然，剃发亦决胜之道也'。于是，与九王（多尔衮）共歃血。吴三桂即髡其首以从"。此外，民国年间所修《临渝县志》则记载了多尔衮的态度。多尔衮当时表示说："汝等欲为故主复仇，大义可嘉，予领兵来，成全其美"。

上述记载，差异很大，但却仍然可以找到一些共同之处，借以理清谈判的大致情形。能够肯定的是，当时，吴三桂仍然站在明朝臣子的立场上向清人借兵，且并无奴颜婢膝之色。他提出酬谢清人的筹码仍是裂土以酬，即取北京归清，黄河为界，南北通好。而附加的条件为二：一是访明太子立于南京；二是勿伤百姓、勿犯陵寝。清人的态度是"许之"。也就是说，清人同意了吴三桂提出的要求。但这仅仅是事情的一半，多尔衮老谋深算，软硬兼施。在谈判过程中，他满口答应出"仁义之师"，接受了诸如"立明太子""黄河为界、南北通好"之类的要求。

需要注意的是，在清人接受吴三桂条件的同时，也提出要吴三桂剃发作为交换条件，而名义上只说是与农民军分出殊异。谈判的双方当是在此基础上达到了一致。在这种情况下，吴三桂不可能拒绝清人，形势的危急，也不容许他作更多的考虑。因而，吴三桂接受剃发，是当时唯一可能的选择。也正如他自己所言，"剃发亦决胜负之道也"。而接受了剃发，又是他走上降清道路的开始。

清人惯以剃发作为顺逆的标志，凡投降归顺的汉人都必须剃发。自天命三年（1618年）努尔哈赤第一次伐明，袭取抚顺，这一政策就推行到被俘的汉人中，游击李永芳并"抚顺被虏军丁八百余人，尽髡为夷"。此后，无论是孔有德、耿仲明航海来归，还是洪承畴、祖大寿战败投降，都要首先剃发。入关后，剃发令通行全国，明令剃发者为民，逆命者为寇。在招抚大顺农民军及南明余部时都以剃发为根本条件。如顺治二年（1645年），清朝总督八省军门、统辖文武的佟养和谕令大顺将领李过、刘体纯曰："我朝新制度，剃发为一统。倘不然，而不剃，是溺之也"。"若能剃头，当即允抚"。可见，剃发与否，所关重大，它是降顺与反叛的分水岭。因而，吴三桂接受剃发，即是他投降清人的标志与证据，尽管他出于迫不得已，但至少在形式上他已成为清朝统治集团中的一员，并开始接受清人的调遣。

就在吴三桂与多尔衮盟誓时，"忽报北翼城一军叛降"。多尔衮立即反客为主，命吴三桂先行，告以"尔回可令尔兵各以白布系肩为号，不然同系汉人，以何为辨？恐致误杀"。

吴三桂自清军大营返回关城后，立即加强防守，同时命令全体官兵剃发，一时不及者，以白布斜束项背。然后，"吴三桂开门迎降。我军遂从南水门、北水门、关中门入"。"九王（多尔衮）受拜礼于阵中，进兵城中"。

清军入关，这一重大的历史事件，就在四月二十二日早上，十分仓促地完成了。清朝统治者在短短的瞬间，不费一兵一卒，便实现了多年梦寐以求的夙愿。清军入关与吴三桂的降清，改变了力量的对比。首先是解除了清军的后顾之忧。如果按照清军原有的计划，自京都北部密云等处入边与李自成争战，则前有京城雄师，后有山海关精锐，清军有腹背受敌的危险。其次，击农民军于无备之中。由于吴三桂的降清，清军与农民军的首次交战在山海关展开，清人可谓知己知彼。

是日，"大风扬尘，咫尺不见"。李自成已将十万大军在石河西岸一字排开，"自北山横亘至海列阵"。他自己率领少数扈从人员并偕崇祯太子及吴三桂父亲吴襄等人，立于西北角的一个高岗上观阵。

经过一天的交战，李自成已目睹了吴军顽强的战斗力，其英勇善战确非其他各镇明兵所能相比。他意识到这是一场决定农民军成败的关键一战，而要想取胜，又绝非轻而易举。因而，他改变了战略，以山海关易守难攻，准备诱吴三桂出城决战、歼于野外，故而停止攻城。

多尔衮久经沙场，足智多谋。观阵后，他对诸将说："尔等毋得越伍躁进，此兵不可轻击，须各努力，破此则大业成矣！我兵可向海对贼阵尾，鳞次布列，吴三桂分列右翼之末"。决定集中优势兵力，突破城南石河口一带的薄弱环节。这里不仅离李自成的大帐最远，且东南临海，地势开阔，便于发挥骑兵的优势。但多尔衮因未曾与农民军交战过，十分谨慎。多尔衮已经意识到，在两强相斥中，要想击败农民军，绝非轻而易举。而洪承畴也曾对他进言曰："流寇十余年来，用兵已久，虽不能与大军相拒，亦未可以昔日汉兵轻视之也"。以故，为了保存八旗兵的实力，多尔衮"不肯先与自成轻战……使吴三桂为先锋"，"一以观吴三桂之诚伪，一以觇自成之强弱，欲坐收渔人之利"。部署完毕，吴三桂率先冲出阵来，一场生死存亡的大战在石河一带展开。

吴三桂以清军为后援，有恃无恐，他"与贼死战，自辰至酉，连杀数十余阵"。其搏战之激烈，彭孙贻在《平寇志》中描述曰："吴三桂悉锐鏖战，无不一当百。自成益驱群贼连营进，大呼伐鼓震百里。吴三桂兵左右奋击，杀贼数千。贼鳞次相搏，前者死，后者复进。贼众兵寡，三面围之。自成挟太子登庙岗观战，关宁兵东西驰突，贼以其旗左萦而右拂之。阵数十交，围开复合"。魏源在《圣武记》中亦称："吴三桂军人人血战，冲荡数十合，呼声震海峤"。

正当吴三桂又一次陷入重围、情势危急，而农民军也已力战多时、锐气大减之际，先时"蓄锐不发"的八旗兵，由阿济格、多铎统领，"白标为号"，分左右翼，"以二万骑，自吴三桂阵右突入，腾跃摧陷"。战局急转直下，先时还处于优势的农民军，反而陷于清军与吴军的两相冲击中。

其时，农民军却对清军的参战茫然不知。正按辔于高岗上观战的李自成，"见白旗一军绕出吴三桂右，万马奔腾不可止，自成麾后军益进。有僧跪于马前曰：'彼旗而白者非关宁兵也，大王急避之'"。始由一僧人口中得知满洲兵杀入阵来。"白旗所至，风卷潮涌，皆披靡莫能当。自成鞭马下山走"。先时还在拼死厮杀、"莫敢进退"的农民军将士，对于阵上突然出现的辫子兵也大为骇然，在一片"满兵来矣！"的惊呼声中败下阵来，顷刻间阵势大乱，"贼众奔溃，坠戈抛弓矢，自相践数万人"。"一食之顷，战场空虚，积尸相枕，弥漫大野。骑贼之奔北追逐二十里至东海口，尽力斩杀之，投水溺死者亦不知其几矣！""自成狼狈遁，虽刘宗敏勇冠三军，亦中流矢，负重伤而回"。"尸横八十余里，马无置足处，所弃辎重不可胜计"。是役，清吴联军"阵斩贼大帅十五人，杀贼兵数万"。

这就是震惊一时的山海关大战，它以清军的胜利和农民军的惨败而结束，从而使中国的历史开始书写清朝的年号，而清人定都燕京，一统之基业实始于石河一战。在山海关之战结束后的十天，多尔衮便率领清军进入了北京城。

列宁说过这样一句话："历史喜欢作弄人，喜欢同人们开玩笑，本来要到这个房间，结果却走进了另一个房间"。李自成出兵山海关本为收降吴三桂，却使吴三桂投降了清人；吴三桂欲借兵清人，却反被清人所用；多尔衮原想自北边入京与农民军决战，却在山海关一举获胜。尽管他们都没有达到自己预期的目的，但却"融合为一个总的平均数"，从而导致了最终的结局。而这最终的结局就是清人入主中原。这也正如恩格斯所言："历史是这样创造的，最终的结果总是从许多单个的意志的相互冲突中产生出来的，而其中每一个意志，又是由许多特殊的生活条件，才成为它所成为的那样。这样就有无数互相交错的力量，有无数个力的平行四边形，而由此产生一个总的结局，即历史事变"。

在这次历史事变中，尽管清人获胜的原因是多方面的，但却不可忽视这样一个事实，即吴三桂降清的重要作用。可以说，吴三桂是在清军与农民军两大势力势均力敌的情况下，投降了清人。他的降清，使历史的天平一下子偏向了清人一方，从而直接加速了清王朝奠都北京、统一全国的历史进程，使清人成就一统大业的理想变成了现实。也正因如

第三章 降清

此，清人不计前嫌，不吝爵赏，在山海关之战结束的当日，便封吴三桂为平西王，所谓"即日承王制，进吴三桂爵平西王"。

对于吴三桂降清的是非得失，时人乃至后人有过种种不同的评说：

江南名士夏允彝在《幸存录》中写道："吴三桂少年勇冠三军，边帅莫之及。闯寇所以诱致之者甚矣，吴三桂终不从。都城已破，以杀寇自矢，包胥复楚，吴三桂无愧焉！"而后，其"借东彝而东彝遂有我中华，岂吴三桂罪哉？所遭不幸耳！"

史家谈迁也认为："吴三桂孤旅，又无一人佐其谋，前门趋虎，后门进狼，至不暇顾"。"吴氏既不能分身以应，又不能先事以防。天未厌祸，蒙羞左衽，虚五日之期，成九州之痛。寡助之至，未可独责吴三桂，而揆以春秋责备之义，吴三桂又安所辞乎！"

他们在肯定了吴三桂借兵复仇乃为迫不得已的同时，对所形成的清人窃取中原的后果并不怪罪吴三桂。

然而，对吴三桂的降清，诟病不齿者亦不乏其人。而且，随着时间的推移，持此议者越来越多。

如杨仕聪说："吴三桂西不能讨贼，东不能守关，姑潜匿焉以徐观鹬蚌之持，亦未为大失也。乃束身东降，予以复仇之名，一战再战，贼虽西遁，而京师非我有矣。且东宫、三王祸不旋踵，吴襄被戮，殃及全家。揆之忠孝，有何当焉？坊刻不察，而沾沾吴三桂之功，吾不知其何功也？"

《甲申传信录》的作者钱某认为："陈沅身价千金，皆有司敲朴万民之膏血也。遂以杀吴襄一家，不血刃而易中国之天下，其果倾城何如？"

又有刘生亦曰："自古不子不臣之人，鲜有如吴三桂者。当自成薄城日，假令自成虽迫死君亲，而不图夺其妾，吴三桂固已卷甲归之矣。徒以嬖妾故，与闯争床笫之私，然后效申胥之泣。乞王师，剿巨寇，彼彼发于面，悬首于蠹者，曾何足系吴三桂之心耶？厥后受封于王，又复地僻生恃，鼓浪潢池，而论者固仅诛其晚节，而犹称其复仇事，以是知吴三桂之一身固始终一不忠不孝之人也哉！"

由此可见，在时人的眼里，最初以忠孝、勇武闻名的吴三桂，终因降清变成了不忠不孝之人，而他降清的原因，尤为传统的礼教所不容。

时人的评价，有其时代的标准，我们不能尽云古人所云。但我们同样不能脱离当时的社会环境与时代去评价古人。面对社会鼎革与改朝换代，作为先朝的封建官僚，他们或者为故君尽忠殉节；或者以天祚难回，遁迹于残山剩水之间；或者以天命所归，向新朝顶礼膜拜。吴三桂的幸与不幸都在于他选择了后者。他虽成了新朝的新贵，却以失德留下千古骂名。

再说，吴三桂对农民军穷追不舍一直追到永平。农民军节节败退，这才意识到吴三桂在乱世中举足轻重的地位。农民军稍微站住阵脚，李自成就派军政府尚书张若麒前往吴三桂营请和。

吴三桂集众将商议，大多数认为不能议和，而应一鼓作气消灭农民军。也有人认为应当议和，山海关之战消耗太大，亟须休整，否则，没有实力，恐后计难为。他思虑再三，认为当今之计，和为上策。于是他召见张若麒，提出吴方的议和条件是："归还太子、二王，速离京城，然后罢兵。"

李自成同意了。双方盟誓之后，吴三桂撤退了包围永平的军队。四月二十六日，李自成兵回北京，即匆匆准备登极正大位。面对清、吴联军即将兵临城下的紧迫形势，遭到惨败的农民军，士气低落，无法再固守偌大个孤城北京。自成在出师山海关前，已有了回关中的想法，而如今在兵败之后，便决意放弃北京，向关中撤退，再图固守。他找来牛金星商量，心情忧郁地说："北兵（指清兵）势大，城中人心未定，我兵岂可久屯于此！即十个北京，不敌一秦中险固。今为之策，不若退处关西，以图坚守。"牛金星表示赞成，说："大内（指皇宫）金银搜刮已尽，但皇居壮丽，焉肯弃掷他人！不如付之一炬，以作咸阳故事（指西楚霸王项羽焚咸阳）。即使后世议我辈者，亦不失为楚霸王之英豪。"自成点了点头。有关撤退大计，就这样决定了。此时，自成本无心即位，但受到部下的一再催促，考虑到有利于今后的斗争，他还是同意了。

从农民军扬眉吐气地进入北京，天下唾手可得，到兵败之后即将退出，前后不过一个来月。时局变化如此之大，后果又是这样令人沮丧，这一切，难道不是吴三桂勾引清军造成的吗？自成对吴三桂痛恨已极，不能有半点宽恕，他要使吴三桂的叛变付出血的代价。二十七日，他把

吴三桂的继母祖氏、弟弟、妹妹及其族人共三十四口全部处死，尸体丢在王府二条胡同。昔日的吴氏大家族遭到了灭顶之灾，仅吴三桂和他的一个哥哥吴三凤幸免。正是：

　　全家白骨成灰土，
　　一代红妆照汗青。

　　清、吴联军大败李自成，"已得破竹之势"，而吴三桂事先已给至北京沿途各州县发去通告，令他们归降，不得阻碍。这些州县无力抵抗，乖乖听命。清军一路顺利，所过之处，无不迎降。

　　二十八日，吴三桂率所部进至近畿，传檄远近，通告人们，他的"义军"不日就要进入北京，他要求"降贼诸臣反正自赎"。城内城外，人心更加惶惶，那些士绅们暗暗高兴，盼望吴三桂早日入城。原先他们提心吊胆，害怕抢掠轮到他们身上，纷纷逃出京城南下，吴三桂的檄文使他们镇定下来，停止出走，只等吴三桂来。已降农民军的明朝官员也准备摇身再变，向吴三桂投靠。

　　北京局势呈现混乱状态。李自成不愿因吴三桂的逼近而打乱他即位的计划，命刘宗敏、李过、李岩等出城拒战，唐通为先锋，合各军连营十八座，阻止吴军入城。吴三桂挥兵进击，后有清军陆续赶到，兵锋甚锐。两军接战，农民军又遭失败，连失八座营寨，据称：伤亡二万人，唐通被刺落马，刘宗敏等败退入城。

　　二十九日，这是农民军在北京的最后一天，也是农民军入城的第四十天。清、吴军的先头部队已经进入北京郊外，李自成毫不理会，毅然即位，在武英殿举行即位典礼，追尊七代祖妣为帝后，由天佑阁大学士牛金星代行祭天礼。时间紧迫，即位仪式草草结束，立即着手撤退。令全军整束行装，收拾宫中尚未运完的宝物，随军带走。午后，用马骡驮薪木运至内殿，用车辆把大量硝磺、桐油等易燃物散放在薪木之上。接着，发出通告，令百姓出城。霎时，城内到处人喊马叫，一片混乱。约到夜里十时左右，自成下令放火、发炮。硝磺、桐油一见火，腾地一声，转眼之间，星星之火已变成烈焰，被引着的薪木发出劈里啪啦的声响。炮弹击中宫殿，倒塌声震天动地。宫城九门雉楼及大部分宫殿笼罩在火海之中。城外草场也被点燃,火光熊熊,与宫中大火相映,火光烛天,照耀得如同白昼。

三十日,天蒙蒙亮,宫中大火继续在燃烧,李自成挟太子、两王从容出齐化门,刘宗敏等继其后,撤出北京,留原降将左光先及谷大成率万名骑兵殿后。

农民军刚出齐化门,忽见烟尘滚滚,眼睛被迷得难以睁开;马蹄相撞,坐骑不稳,又听得不远处喊杀声,人马受惊,队伍一阵大乱。原来,吴三桂见城中火起,侦察到农民军将要向西撤退,便在西山设疑兵,搜求数千个酒罂,里面装入石灰,乘夜埋在齐化门外的大道上,每隔数尺埋两个酒罂,上面覆盖浮土。李自成毫无察觉,当大批骑兵路经此处,马蹄踩中酒罂,陷了进去,惊得马匹乱踢,后边的马也跟着乱踢起来,一下子踢得石灰飞扬,人马被石灰呛得睁不开眼,埋伏在西山的吴军只虚声呐喊,结果把农民军队伍搞得大乱,互相挤压、撞击,在慌乱中争先逃命⋯⋯

李自成和他的广大战士,如一过客,来也匆匆,去也匆匆,他只作了北京的新主人不过四十一天,才当了两天皇帝,便带着终生的遗憾去了。

吴三桂欲乘农民军混乱之际,拥兵进城。多尔衮不同意,据当时传闻:"吴三桂与多尔衮力争,不令其众入城",只许各将领与吴三桂保护明太子入城。这都是谣传,实际情况是,吴三桂并未入城,明太子也未被吴三桂控制,他受多尔衮指令,率部"绕(北京)城而西",随同阿济格、多铎追击农民军去了。

吴三桂及其所部作为先头部队,先到北京,多尔衮却不准他入城,令他去追农民军。表面看,军情所急,似无疑问。但稍作分析,这里面大有文章。清朝日日夜夜梦想夺取北京,当北京唾手可得时,多尔衮宁可虚城以待,却不让吴三桂夺取。照理说,他已知道农民军弃北京西撤,城内情况如何?是否有可能被他人占领?在这种未卜吉凶的情况下,他本来应让吴三桂率部先入城,探虚实,肃清农民军余部,为后续的清军廓清进城的道路。这对清军是有利的。还有,多尔衮也明知吴三桂的家属都在北京,吴三桂入京心情甚切,是人之常情。多尔衮从笼络汉人出发,可以体恤吴三桂先入城的。但事实正好相反,他把北京留给自己去占领。这里就提出一个问题：多尔衮不准吴三桂先入城，到底出于何种动机？各书都载吴三桂坚持要明太子、永王、定王。目的是扶植太子即帝位，重建大明政权。这当然是清朝所不能允许的。多尔衮看得很明白，谁先入北京，谁就会占优势。如果吴三桂先入京，成了新主人，"建房将不复纳矣"，即使清兵随后入城，那么，就将清兵置于"客兵"的地位，它就难以实现很早就确定的政治目标。这又使我们联想到，吴三桂与多尔衮在山海关威远台谈判时，已约定吴三桂拥立明太子为帝，划黄河为界。足智多谋的多尔衮不便明显反对，便借口农民军势大，急需追击，就把吴三桂打发走了，他自己却从容进城，从而把北京牢牢控制在自己手中。

吴三桂自山海关出发，向北京进军时，曾发布文告，要求京城百姓摆香案、穿素衣，为崇祯发丧。这一消息，不胫而走，哄传吴三桂在山海关大战中夺得太子朱慈烺，进京后，就把他嗣立为新君。都人于久乱之中渴望得到安定，所以对吴三桂拥太子入京抱有某种期望。这时，人们还不知道吴三桂已降清，对他请兵报君父之仇无不怀有感激之情。为讨好吴三桂，米巷的商人们自愿出资，凑集在一起，联合为吴三桂家办丧事，共购买了三十四口棺木，壮年以上的，每棺价值百余两白银，小孩所用棺木，每棺值三四十两白银。又给死者每人置衣衾，穿戴整齐入殓，总共花费数千两白银。这个数目，相当可观，吴三桂对商人此举，一定感到高兴。

从自成退出北京，到多尔衮进城，其间三天，北京真正成了无主之城，于是明旧官纷纷出来维持社会秩序，在朝阳门预备法驾，迎接太子朱慈烺。

五月二日，都中士民出朝阳门外，跪伏道旁，迎接东宫太子。谁料，从辇中出来、换乘肩舆的人，却是"胡服顾身"，根本不是东宫太子。来者不是别人，正是摄政王多尔衮！"臣民相顾失色"，不胜惊讶时，多尔衮所辖满洲正白旗兵已在部分关、宁兵的引导下，傲然入城，城头各处遍插白旗。有些还有点气节的官员，骇愕之中悄悄溜走，有一部分官员将错就错，把多尔衮迎接进宫。

宫中大火已被昨夜一场大雨浇灭，剩下的是一片残垣断壁，烧焦了的宫木，散发出一股焦煳的刺鼻气味。整个宫城，正阳门楼、大明门及东交民巷尚未烧及，宫内只有太庙和武英殿还算完好。宫殿虽然残破，仍不失神圣庄严，进居于此，政权他人莫属。江山易代，主人更替。从这一天起，中国历史进入以大清为标志的新时代了。八月二十日，顺治帝自沈阳出发，正式迁都北京，九月十九日进城，登上金銮殿，成为清朝君临天下的第一个皇帝。

吴三桂眼巴巴地看着北京却不能入城，心中不无烦恼。他最惦记的就是陈圆圆，下落不明，一想到她，那绝代佳人的美貌就出现在眼前，入城之心尤为急切。王命不可违，只得从命。但想到对农民军的深仇大恨，又驱使他毫不迟疑地去追赶，必欲置农民军于死地而后快。他忍住内心的隐痛，于五月一日迅速渡过卢沟河，疾驰追击农民军。途中，吴三桂还在想着陈圆圆，命人回京师、替他寻找。

农民军出京时，用骡马载驮大量物资，行军速度缓慢，才出城三十里，他们的殿后部队就被吴三桂追上。农民军回避交战，丢弃金银财物和无数妇女，都被吴三桂夺走。农民军丢弃的仅是很小一部分，携带过多的财宝已成为他们的巨大负担，每天行军不过数十里，吴三桂从后边穷追不舍。农民军不得不继续抛弃大量金银财物和辎重物资，减轻负担，轻装快速撤退。从卢沟河至固安百里，所弃"衣甲盈路"，都被吴军收去。

李自成率部离京经畿南地区，计划走陕西，奔向西安。但他处境日益艰难：后边有吴三桂与清兵的追击；前边有已降农民军的原明朝官员与地方的地主武装纷纷倒戈，拦截农民军撤退。农民军被迫前防后堵，两面作战，伤亡、溃散、逃跑，使农民军大量减员，实力不断遭到消耗。

五月一日上午，李自成及其将士才到达北京南一百二十余里的涿州。在这里，原明官员冯铨等人纠集地主武装，占据涿州，阻击农民军。自成大怒，挥军攻城，激战达半日，城未攻下，农民军却是"尸横遍野"。自成无奈，被迫弃而不攻，继续向南撤去。这一战误了时间，使清军、吴军迅速赶了上来。

二日，农民军退至保定。由于仓皇撤离北京，连日行军，屡遭袭击。广大战士已是口干舌燥，饥肠辘辘，人马皆疲。进保定府时，虽说钲鼓喧天，但部伍不整，骑兵无行列，漫无秩序。农民军没有饭吃，就用宝物向当地百姓换些食物充饥。

吴三桂兵已追到，农民军奋起迎战。已受到饥馁折磨和过度疲惫的农民军经受不住清、吴军的凶猛攻击，又失败了。农民军不能立足，迅速撤离保定。为了赢得撤退时间，延缓清、吴军的追击，农民军把从皇宫内带走的锦、绮等御用织物都缠挂在树上，把重新烧制成的金、银块抛置在路旁，目的是诱使追兵争抢财物，可以稍缓追击，而农民军加快行军速度，日夜兼行三百里，把追兵抛在后头。

吴三桂与清将领自然懂得农民军的意图。对于一向以掠夺财物为目的的清军来说，财宝不能不要，却不容许因取财物而误了时间。他们很快又从后面追了上来。

三日这天，清、吴军追至定州北十里清水铺，已远远望见农民军正在向前赶路。与此同时，负责断后的李自成部将谷大成也发现后面尘土飞扬，渐渐地显露出骑兵飞奔的踪影，知道追兵已到，便勒转马头，传令部众停止前进，排成阵式，等待与追兵交战。不一会儿，吴三桂兵赶到，立即发起攻击。农民军已连日奔波，归心似箭，无意恋战。两军刚开始接战，农民军后阵先乱，谷大成厉声呵斥，对临阵逃缩者即以军法处置，挥刀连斩数人，仍然没有制止住部众的骚动。吴三桂看出对方破绽，驱兵大进，农民军阵势顿时大乱。在混战中，谷大成不幸阵亡。部众见主帅被杀，掉头奔溃，自相蹂践。吴军趁势猛攻，农民军死伤累累。李自成部将左光先率部来救，后继的清兵一涌上阵，举长刀，砍断他的马足，马当即扑倒，左光先从马上跌下来，腿跌断。护卫给他换了一匹坐骑，扶他上马，他痛得连马也不能骑。兵士们就把他扛起来，慌忙退出战场，逃走了。余众都往西北方向逃去。此战，农民军死亡数千余人，追兵夺回被带走的妇女两千余人，还有金、银砖七百二十块，以及骡马、器械不计其数，都成了吴军的战利品。清兵又追杀十四五里，然后收兵返回定州屯驻。但见：

骷髅尽是良民骨，
日暮沙场化作灰。

定州的地主武装擒斩大顺政权的州牧董复，把头颅献给吴三桂。吴三桂为他的父亲设灵位,特割下谷大成首级,放在吴襄灵前祭祀,"泣血尽哀"。所获辎重财物都赏赐给他的将士。吴三桂召集溃散的农民军,两三日之内,集万余人,收为自己的部下。吴三桂以喜悦的心情,向摄政王多尔衮报捷。

大约就在这个时候,陈圆圆回到了吴三桂的身边,经过一场生死的磨难,他们终于团聚了。

陈圆圆如何在兵荒马乱之中投入到吴三桂的怀抱,却是有一段难以说清的经历。根据可靠的记载,李自成撤离北京时,刘宗敏将占据的田弘遇府第搜掠一空。当他们出京后,街民涌入田府,宅里空无一人,偌大个府第,到处是遗弃的酱醋食物、生活用品。田氏家的人,包括陈圆圆在内都不知去向。田家女眷、"妾殊美者",都被刘宗敏等分占。在农民军撤离后,田宅忽然不见一人。一种可能是藏于民家;一种可能是被农民军带走。如果刘宗敏把她们遗弃在田府,她们自不必藏于百姓之家。最有可能的是,她们被农民军带走了。从北京至定州途中,吴三桂已从农民军手中夺得大量财宝,数千妇女。在这些妇女中,田家女眷当在其中。李自成杀吴襄一家时,陈圆圆没有被害,亦证明陈没在吴家,或是因她的姿色不肯加以杀害,而把她保留下来。所以,刘宗敏撤走时,是不会不带走她的。在农民军被吴军与清军追杀紧迫,且被战败之后,于混乱之中,陈圆圆随同其他妇女也就被遗弃在路上。陈圆圆知道追兵系吴三桂所部,便找上门去,两人于战场上重逢,喜悦之情是不言而喻的。有诗为证:

若非壮士全师胜,
争得蛾眉匹马还?
蛾眉马上传呼进,
云鬟不整惊魂定。
蜡炬迎来在战场,
啼妆满面残红印。

如果不是"壮士"(吴三桂)打了大胜仗,怎么能重新夺回圆圆"匹马还"?吴三桂得知她归来,急不可待传见。由于受到惊吓,途中颠沛,她的美丽的头发凌乱不整。看得出来,她惊魂未定,心有余悸。迎来她的时候,正是在战斗刚刚结束的战场上,蜡烛、火炬通明,照在她那喜泪流的脸上,留下了淡淡的一道道红印。

短短几句诗,就把一个经战乱的风尘女子的形象,劫后幸存的喜悦心情描述得惟妙惟肖。虽说是经艺术加工的诗句,却是真实而生动地再现了吴三桂与圆圆久别重逢的动人情景。吴三桂重得圆圆,夙愿以偿,心满意足,不必细叙。又有诗为证:

> 武安席上见双鬟,
> 血泪青娥陷贼还。
> 只有群亲为故国,
> 不因女子下雄关。
> 取兵辽海哥舒翰,
> 得妇江南谢阿蛮。
> 快马健儿无限恨,
> 天教红粉定燕山。

定州之役,是李自成南撤后遭到的第一次重大挫折。此次战役表明,农民军的士气与战斗力在继续下降,已成惊弓之鸟,使人很难相信它会重新振作起来。吴军、清军士气仍处在最佳状态,战斗力不见毫减。名为清、吴军联合追击,但从战斗实况来看,吴军却是充当了开路先锋和追击的英雄,它一直冲战在前,清军基本上充当了后援的角色。据后来有人揭发,与吴三桂一起追剿李自成的豫郡王多铎,在庆都激战中,"潜身于僻地",躲避在一旁,尽量回避与农民军交战。

自定州败后,农民军于五月四日退至定州南的真定(河北正定)。这是一座不大的城邑,大街小巷都充塞了农民军战士。自成也退居此城暂息。自从四月二十二日山海关大战以来,在不到半个月的时间,农民军遭到一连串的失败,这使他陷入深深的痛苦之中。还在四五个月前,他挥数十万之众,渡过黄河东征,直趋北京,所遇多少险关、劲旅,无不摧枯拉朽,所向无敌,长驱数千里,未尝一败!不意遇到吴三桂这个劲敌,屡战屡败,所得金银财物多被他劫夺,这还不算,如今又被他撵得无立足之地，仅仅几个月，局势变化之大，几如天壤之别！这究竟是为什么？他左思右想，不得其解。他从一系列的失败中感到自己蒙受了奇耻大辱，而将士们也因他的失败渐怀二心，产生了不信任的情绪，他们一向崇拜的"闯王"，已失去了往日的光彩。自成把这一切后果都归于吴三桂的无耻叛变。因此，他把愤怒都集中到吴三桂一人身上，恨得咬牙切齿。他不想在追兵面前显得自己怯弱，应当给吴三桂一次教训，表明他有能力敢于击败任何强敌！于是，他决定亲自同吴三桂一战。他挑选精锐骑兵、率领他们北上出击。正驻营于定州的吴三桂发现农民军驰来，迅速指挥布阵，张开两翼迎战，从东西两个方向展开进攻。很不幸，农民军又被击败了，损失万余人，自成眼见自己又败在吴三桂手下，心中愤懑已极，但无力挽回败局，忍痛抛下躺在战场上成千上万的农民军战士的遗体，拨转马头，跑回了真定。

次日，李自成调集大队兵马，督率诸将，要与吴三桂决一死战。在阵前，自成厉声高呼："今日亲决死斗，不求人助，乃为豪杰耳！"他指的是吴三桂不许借助清兵，与他决一胜负，才是真本领。吴三桂根本不予理睬，指挥吴军冲阵，清将固山额真谭泰、准塔、护军统领德尔德赫、哈宁噶等率前锋兵参加战斗。双方纵兵大战，从上午一直激战到傍晚，互有杀伤。忽然，东风大作，黄沙蔽天，农民军阵中旗帜或被刮倒，或被折断。自成感到难以取胜，担心农民军久战有失，急下令收兵，撤离战场。当他正要回营，一流矢飞来，恰射中他的肋下（一说中其肩），从马上跌落下来，护卫及诸将忙把他救起，奋力疾驰还营。清、吴军也已力竭，没有追赶，返回营地休息。

这天，农民军陆续撤出真定，据当时在城外目睹实况的边大绶写道："自北而南，尘土蔽天，然皆老幼参差，狼狈伶仃，十'贼'中夹带妇女三、四辈，全无纪律。"李自成受伤后，没有进城，暂驻玉皇阁，正要吃饭，听说吴三桂的追兵将到，就顾不得吃饭，拔营西走，将携带不方便的辎重都烧毁，轻装疾驰。他们经获鹿（今仍名）、井陉，于六日出固关，退入山西境内。

随着农民军主力和自成本人退出河北，京师以北，居庸关内外各城，以及天津、真定等处都投降了清朝。但是，李自成不会就此甘心失败，他要重整旗鼓，掀起新的波涛，向他的仇人吴三桂和其主子清朝统

治者发起新的冲击！他进入山西境内，先屯平阳（山西临汾），布置兵力，分守山西各战略要地，堵截迫兵，不得入山西。然后，他北上太原，回到西安，重新筹划他的恢复计划。

且说吴三桂，在真定一战大获全胜，让将士们略作休息，又传令进军，尾随农民军之后，跟踪追击。五月七日，当农民军已过平定州西的时候，追兵已到核桃园（固关北侧），直抵固关前。李自成调后营人马返回关上防守。此关居山西与河北之间，为一战略要地，易守难攻。吴军与清军自山海关至固关，长驱数千里，不间断地行军，常常是昼夜兼程，据朝鲜人报道："自北京至保定府凡七日程（此为朝鲜人的计程方法），八王（阿济格）疾驰三日才及于保定，马困人疲，不能远逐云。"特别是在途中，屡经激战，更是形神皆疲，在险关面前，不堪再战，急需休整。吴三桂到此决定班师。

五月十二日，吴三桂与英亲王阿济格等出征将领还京。多尔衮派大学士范文程等出城迎接慰劳。入城后，即谒见多尔衮。

吴三桂在短短的两个多月中，借助清兵的支持，连续击败农民军，夺取了京师，将农民军主力驱逐出河北，巩固了京畿地区，为清朝统一全国取得了牢固的立足之地。吴三桂及其将士的这一功绩，得到了清朝统治者的肯定和高度评价。吴三桂在给兵部的文件中详述他和他的主要将领的功绩，写道：

本藩忠义激昂，誓不与贼俱生，父母身家举置度外，不待言矣。仍多方鼓舞联络，幸辽镇文武官兵同心僇（努）力倡之于前，而关门各将士并能协和鼓励应之于后。四月二十一、二两日战，守者均矢肝脑涂地之心，用能摧坚破垒，净扫妖气。此一役也，立肇造大定之基，揆厥勋劳，原非浅鲜……

文件还具体提到立有大功的将领的事迹，如总兵何进忠，"捐驱突阵，血功特懋"；再如副将杨珅、游击郭云龙、参将孙文焕"效力最多"；还如监记同知童逵行、陈全国"摧锋借箸，以文史而兼武弁之劳，其功更难泯灭"；再有游击鲁登，副将陈时登、夏登仕、胡亮"保关御寇，宣力并著"，特别是夏登仕、胡亮"当关门抚道投贼求生之时，独能同仇战守，忠义可喜"。这四个人"智勇兼资，俱属有用之材"。这些有功人员，有的"格外酬异"，有的"优加京衔"，有的"破格升赏"，有的"优补"重要官职。

在另一份文件中，就山海关与真定（或为庆都）两大战役作出这样的结论："我国家应天顺人，定鼎燕京，不期月间，率土来王，已成车书一统之治。揆厥始基，实肇造于关门之一战，而庆都（或为真定）之追剿，独暑星驰，摧锋陷阵亦不可泯之劳勋。"

吴三桂"已叨王爵"，请求给他的有功将吏晋级赐赏。吴三桂说：

> 查辽镇文武将吏诸生千有余员，其间有同谋归命者，有远请王师者，有当先迎驾者，有陷阵前登者，有效死守堞者，又有以一人而兼数劳者，虽功有大小，秩有崇卑，其归命投诚以宣力于朝廷，策勋于开创，则一也。……查当日同谋归命，又兼督战守者则同知童逵行也，前册另款开列矣。又，远请王师兼任战守者则副将杨珅、郭云龙、孙文焕也，前册亦另款开列矣。此前，册开之总兵、副将、参、游、都、守等二百四十八员，同知、参谋三员，则皆顺天归命，先登血战，应居首功者也。至云某月日，某地战守，此在摄政王（多尔衮）目击，亦贵部之所心悉，本藩（吴三桂自称）不敢赘陈琐屑……
>
> 当日明祚斩绝，本藩总统两镇，值人心皇皇，靡定之秋，其与本藩同肝胆而归顺清朝，舍性命而悍御逆闯，倘非动以望外之功名，万不能有济。今追溯成功之机，全赖此著。本藩又不得不申说明白，仰邀同仁之视也。总之，关门、庆都之役，人人用命，战系实战，功系实功，既开首功，又与寻常战守之功大有区别。破格升袭，赏一劝百，关系重大。贵部必能见及于此矣。……

吴三桂力陈他的将吏功勋卓著，为他们邀功请赏，连续上奏疏，编定文武清册两本，要求按功劳"撰给敕书者，即与世袭敕书；文职应超等擢用者，即与转咨吏部超等擢用"。

清朝正当巩固已取得的胜利，并需进一步向全国发展之际，多尔衮比谁都需要吴三桂及原明将吏的合作与支持。因此，他加意笼络吴三桂和他的将士，招降更多的汉官参加清政权，举凡所请，绝大部分都予满

第三章 降清

足，这使他们感恩于清朝，拼命效力，更踊跃于前。这些，都不在话下。

此时的明朝政府，也在忙着给吴三桂赐封。

当三月十九日，李自成进北京时，明朝的陪都南京一无所知，还是一派歌舞升平的景象。迟至二十九日，始传京师陷落，但人们仍然半信半疑。南京方面引起警惕，开始戒严。以南京兵部尚书史可法、户部尚书高弘图等人为首的大臣们感到事态严重，便集合起来，联合发布公告，"号召天下臣民起义勤王"，捐献资财，佐助国家讨伐农民起义军。他们还蒙在鼓里，根本不了解北方的情况，更谈不到星驰赴援，不过发发号召罢了。

四月十二日，北京陷落、崇祯殉国的消息终于传到南京，百官无不震惊，相顾失色，预感到大难临头！国不可一日无君，他们意识到必须赶快拥立新君，才能稳定局势。

崇祯诸子都落于农民军之手，生死未卜，无法迎立，只能在明宗室中物色合适的人选。这时，明宗室诸王纷纷逃向南京，其中福王朱由崧、潞王朱常淓已到了淮安（江苏淮安）避难，受到淮扬巡抚路振飞的保护。南京诸臣想在这两王之中推戴一人。因为事先没有思想准备，一时拿不准该立谁。再说，一些重臣不在南京，如参赞机务兵部尚书史可法正在浦口督师勤王，所以不敢贸然做出决定，他们议了一次，不了了之。

潞王朱常淓是隆庆穆宗帝之孙、简王朱翊镠之子、万历神宗帝的侄儿。福王朱由崧是万历神宗的孙子、福恭王氏子。崇祯十四年（1640年），李自成率农民军攻入河南，将其父福恭王处死。十七年二月，农民军攻陷怀庆（河南沁阳），朱由崧逃到卫辉（河南卫辉），与他的母亲邹氏失散，仅带内侍数人，辗转逃到淮安。论血缘关系，潞王是福王的叔辈，但福王跟崇祯是近支。若论人品，潞王贤明，为众臣所看重，而福王品行恶劣，他在藩地时，荒淫不法，早有恶名。比较两人，诸臣多数愿立潞王为君。兵部侍郎吕大器、都御史张慎言、詹事姜曰广等人联名给史可法签发一份文件，明确表示反对立福王，指出他有"七不可立"：不孝、虐待下属、擅权干预政务、不读书、贪鄙、淫乱、酗酒。真是五毒俱全！这样的人，当然不该立为君。他们认为"潞王贤明"，可以信赖。史可法赞成他们的意见，说："非英主不足以定乱！"

握有重兵的兵部侍郎兼右佥都御史、凤阳总兵马士英另有企图，欲乘此拥立新君的机会把持朝政。为达到这一目的，他选择了昏庸的福王，一心夺居"拥戴之功"，以取悦于福王。他抢先秘密派人去淮安，向福王朱由崧传递他的拥戴之意，并授意路振飞为福王备舟急速来南京。同时，他又致书史可法、吕大器等人，反对立潞王，极力主张立福王，声称论亲疏，论贤能，没有一个人能比得上福王。史可法、吕大器表示反对。马士英阴谋内贿操江诚意伯刘孔昭，外结总兵黄得功、刘泽清、高杰、刘良佐等手握重兵的将领，发兵护送福王至仪征（江苏仪征），以造成既成事实，向诸臣施加压力。接着，串通诸臣开会，压他们表态支持立福王。可是，谁也不敢提出自己的想法。吕大器负责执掌礼、兵两部印，迟迟不到会，给事中十九人联名送帖，令其速来，吕大器这才从容而至，不旨附和立福王的意见。会议从黎明开始，一直议到中午，还没议出结果。给事中李沾厉声说："今日有异议者，以死处之！"刘孔昭怒气冲冲，当面大骂吕大器，不得出言惑众！韩赞周大叫："快取笔来！"吕大器在他们的威胁下，再也不敢说话。与会诸臣心怀恐惧，不敢持异议。史可法得知情况，无可奈何，被迫同意立福王。立新君的大事几经周折，在马士英等人策划下，就这样定了下来。福王朱由崧已到了仪征，南京方面派出礼部官员前往迎接。

崇祯十七年五月十五日，福王朱由崧在南京即帝位，以次年为弘光元年。

朱由崧一即位，马上封赏百官。以史可法、马士英为兵部尚书、张慎言为吏部尚书、高弘图为礼部尚书。史、马、高三人俱为东阁大学士。其他各官都得升授新职晋爵：进黄得功为靖南侯、左良玉为宁南侯、高杰为兴平伯、刘泽清为东乎伯、刘良佐为广昌伯。史可法提出，分长江以北地区为四镇：命刘泽清辖淮海，驻于淮北，经理山东一带军事；高杰辖徐州、泗州（安徽泗县），驻于泗州，经略山东、河南开（州）、归（德）地区的军事；刘良佐辖凤（阳）、寿（州），驻于临淮（安徽凤阳东、淮河南岸），掌管河南陈（州）、杞（县）一带军事；黄得功据滁（州）、和（州），驻于庐州（安徽合肥），经理光（州）、固（始）地区的军事。各镇设额兵三万，所需额粮钱，由各镇自行征取。

各辖区军民，州县各官均听本镇节制。设督师一人驻扬州，节制四镇。这四镇大都与农民军所占地区接壤，设置的目的，就是以四镇阻挡农民军南下，并以此作中兴计。史可法说得很清楚："国家设四藩于江北，非为江左偏安计也，将欲立定根基，养成气力，北则为恢复神京之计，西则为澄清关、陕之图，一举而遂归全盛耳。"

马士英果然以拥戴之功格外受重用。朱由崧下达旨意："马士英保障东南，肤功更著，着加太子太保，荫一子锦衣卫指挥佥事世袭。"本来，他应出外督师，诸臣也希望他去，把史可法留在南京，主持大计。但马士英根本就不想离开南京，企图把持朝政，就对史可法虚情假意地说："您的威名素著，军士们都钦佩您。您能经营于外，而我居中，各帅听令，一切事都好办。"史可法明白他的意思，也想避开他，就说："居者守，行者御，莫能偏废，敢辞难乎！"向朱由崧请求到扬州督师。南京城士民听说史可法要出镇扬州，舆论哗然："为何夺我史公？"太学士陈方策等人上疏："淮扬，门户也；京师，堂奥也。门户有人而堂奥无人，这能行吗？"朱由崧正倚重马士英，不愿他出镇督师，拒绝了舆请，下达旨意："辅臣可法，身系安危，朝廷鉴知已悉。"批准史可法去扬州督师，特加太子太保衔，令百官至郊外饯行。

朱由崧即位一个多月，说话谦和，处事谨慎，待人平和，拘拘守礼。他听从各方面的建议，选贤任能，部署军事，判定施政措施，宣布实行"国政二十五款"，颇有一番维新的气象。人们对"中兴"大业抱有希望。

但是，这一切都不过是表面现象。从弘光政权成立时起，就已经重开党争，党同伐异，而且愈演愈烈。以马士英为首，结党营私，排斥异己。他起用崇祯钦定的"逆案"（指魏忠贤案）中在册的人物阮大铖，进而加剧了这一斗争。像正直的大臣大学士张慎言、高弘图、吕大器、姜曰广等先后被排挤出朝廷，史可法在外督师，受到孤立。马士英操纵朝政，"浊乱国是"。弘光朱由崧变改初衷，原形毕露，他"深居禁中，惟渔幼女，饮火酒，杂伶官演戏为乐"。他大兴土木，修兴宁宫，建慈禧殿，靡费了大量资金，开宴、赏赐无度，已使国库"匮乏"。

且不说弘光政权如何腐败，在面临战争这个关系命运存亡的问题上，也是举足失措。他们天天讲"讨贼"、喊"中兴"，报君父之仇，把主要危险和敌人看成是李自成和张献忠等农民军，以全力防御。其实他们对北方的情况一点也不了解，还看不到威胁南明存亡的已不是农民军，恰恰是清政权。六月间，史可法在《款清灭寇疏》中，还强调："目前最急者，无逾于办寇矣。"事实是，农民军已被清、吴军击败，退到陕西后，一蹶不振了。而清已据有北京及其畿辅地区，正在准备南下。史可法及南明决策人还不以为意，说："但清既能杀贼，即是为我复仇。予以义名，因其顺势，先国仇之大而特宥其前辜，借兵力之强而尽歼其丑类，亦今日不得不然之着数也。"他们把清入京看成是帮助明朝复仇的友好举动，主张继续借用清兵全歼农民军。在此之前，马士英先自提出："若可羁縻专力办贼，亦是一策。"他认为，崇祯末，授意陈新甲与清议和，当时是"下策"，而"今之上策也"。与清议和，实行"联虏击寇"的方针，是举朝一致的意见，已成为南明一项国策。殊不知清朝岂能满足于北方数省之地！他们对清抱有不切实际的幻想，不久就被冷酷的现实所打碎。

　　南明统治集团对吴三桂抱有同样的幻想。当他们陆续得到吴三桂战败农民军的"捷音"时，无不兴高采烈，"举手加庆"，简直把吴三桂看成了大救星、大英雄！太仆少卿万元吉盛赞吴三桂"惟凭忠义，当闯百万，遂能屡挫贼锋，凯奏收京，功成勒鼎"。南明群臣都捧他，把他比作中兴唐朝名将郭子仪、李光弼，与郭、李"同功"。还有的甚至说："吴三桂克复神京，功在唐郭、李之上！"大学士马士英向朱由崧奏报吴三桂战败农民军的事，朱由崧大夸"吴三桂倡义讨贼，雪耻除凶，功在社稷"。他们以为，有吴三桂的累战累胜，又有清兵的援助，感到明朝中兴有望。于是，纷纷建议要同吴三桂取得联系，派兵进至黄河一带，与吴三桂成"犄角"之势，可置农民军于死地。有的提出："宜速檄吴三桂提全师，及号召秦晋两边宿将义旅，并力入秦"，与左良玉部"前后夹攻，指顾扫灭（农民军）"。为了鼓励吴三桂效忠南明，不惜封爵之赏。大学士马士英首先建议，对"吴三桂宜速行鼓励，接济其用"。五月二十八日，朱由崧赐封吴三桂为蓟国公，子孙世袭，加赐坐蟒滚纻丝八表里、银二百两。户部发银五万两、漕米十万石，责令沈廷扬负责，自海道运送给吴三桂。其他有功将士，由吴三桂开列名单，以便给予升赏。

在给吴三桂封爵时，南明弘光政权还不知道他已降清，还认为他借了清朝的兵平息了农民军，对国家创下不世之功。他们所提建议都不过是不合实际的一厢情愿。当然，他们也根本不知道清兵此次进关的目的，一直把它当成是扶危济困的"义师"。为此，弘光政权打算派一个代表团，前去北京。一则对清出兵为明复仇表示感谢之意，同清议和，平分江山；一则面见吴三桂，把敕书与封赏交给他，以使他为南明效力。

代表团由三人组成：以左懋第为正使，陈洪范、马绍愉为副使。为重事权，特加左为兵部右侍郎、兼都察院右佥都御史，加给兵部职方司郎中马绍愉太仆寺少卿，进总官兵陈洪范为太子太傅左都督，还有锦衣卫祖泽溥作为重要随员同行。七月六日，朱由崧召见他们，托以重任之事。尚书顾锡畴起草的《恭拟祭告陵园文》《祭告大行皇帝后文》《吴三桂封爵制书》《勒谕铁券》《黎玉田、高起潜敕命》《谕宣北京人民》《谕宣彝御书》等七个文件，进呈朱由崧过目，然后交付左懋第等携带北行。经与会诸臣讨论，确定了北使议和的方针，一致同意颁赏吴三桂。授权使团执行如下命令：在天寿山特立园陵，为崇祯改葬，与清议和，可割山海关外地，每年给钱十万为限；往来国书按古称"可汗"；通使礼仪，宜遵"会典"，不得曲膝，以致辱命。

七月十八日，左懋第、陈洪范、马绍愉三使臣与锦衣卫祖泽溥携带黄金一千两，白银十万两，蟒缎、里绢万匹离南京北去，与清修好。

北使团刚走，总兵刘泽清又请求封吴三桂父亲吴襄，使吴三桂感恩于南明。刘孔昭也上奏："吴三桂父子效忠，宜加殊礼。"朱由崧即封赠吴襄为辽国公，谥忠壮，吴三桂母祖氏为辽国夫人。"吴三桂既受封于清，又被南明封赠，父子得到两个彼此敌对政权给予的殊荣，这大概是吴三桂所不曾料到的吧！其实，在给吴三桂加封时，南明弘光"举朝皆知吴三桂无心本朝，而奸党故欲崇之，已寓卖国之意矣"。后来的事实很快证明了这一点。

七月底，陈洪范等人途经东平伯刘泽清驻地，刘给吴三桂写了一封信，托陈洪范捎去。他信中的主要意见，是要吴三桂努力促进明与清的议和，建议吴"何妨勖勤两国而灭闯"。他要吴为两个政权效力，共同消灭李自成的农民军。刘的信充满了不切合实际的幻想，吴已降清，怎么可能首鼠两端，脚踏两只船，既为南明又为清效力？这是无法行得通的事。八月一日，使团正准备渡淮河，陈洪范、马绍愉也分别致书吴三桂，现节录陈洪范书如下：

国家遭此大变，臣子应共痛心，独老亲台（指吴三桂）忠义动天，借兵破贼。至闻太亲台、太亲母（指吴三桂父母）俱殉节捐生（被李自成处死），一门忠义，万古流芳。更荷清朝仗义助兵，复为先帝发丧成礼，何莫非老亲台精忠感动也！今皇上以亲王登极，锐志中兴，感清朝助兵之义，嘉老亲台破贼之忠，拟遣重臣至北通好……朝仪佥谓：洪范与老亲台托谊……特命同少司马左懋第，同卿马绍愉赍捧书币，奉酬清朝，崇封老亲台蓟国诰勒，褒励懋励，奉命驰驱，见在渡淮，先此附闻，诸祈老亲台鼎力主持，善达此意，两国通好，同心灭贼，保全万姓，徽福无穷矣。希先遣一旅，导行利往，余容面磬。

马绍愉的信，内容与陈洪范大致相同。马、陈与吴家早有关系。当此吴三桂"大义灭亲"，逼走李自成，恢复北京之举，已赢得明士大夫阶层的广泛赞扬，一时成为风云人物，那些原与吴家多少有些联系的人，极力攀龙附凤，不遗余力赞扬吴三桂，其中也不乏溢美之词。马、陈两信，同刘泽清一样，都把吴三桂吹得很高，再传布南明对他及其父母的封赐，进行鼓励。他们的目的，就是要借重吴三桂在清朝的地位，和吴三桂同它已建立起来的密切关系，从中予以斡旋，说得明白些，要吴充当中间人，替南明说好话，所谓"善达此意"，完成和好。从刘、陈、马三人的信，可见他们完全不了解清朝此次出兵的战略意图，以为它出于大义，真正帮助明朝复仇，不惜大唱赞歌；而对吴三桂已降清一事，也似是而非、似明非暗，以为他还会为南明效忠，利用他来达到两朝和好的目的。这也是南明统治集团的共同想法。他们不久就明白，这些都不过是一种幻想。

陈洪范等人，想在适当时候，把信先送到吴三桂手中，使他预先知其内情，在思想上有所准备。

八月中旬，使团渡过黄河，继续北上，差一名随行官员曹应试先行，向天津总督骆养性通报。据骆养性给朝廷的报告说：八月二十七日，他已接到陈洪范的信，内叙使团北行之意，酬谢清朝礼物与犒赏吴三桂的礼物清单，及陈、刘、马致吴三桂书三封。陈要求，他们到临清（山东仍名）暂住，清天津方面派兵迎护。为此，清内院批示，同意"天津拨兵迎护，无敌疏虞"。至九月十五日晚，骆养性已奉朝廷命令，派兵至临清接陈洪范等。

九月下旬，使团至沧州（河北沧州市），这时，才听说吴三桂由清朝已改封"平西王"。陈洪范三人还是决定派人携带册命与他们的三封信先期赶到北京，转授给吴三桂，并说明使团此行之使命。吴三桂接到册书，不启封，原样进呈给位高权重的摄政王多尔衮，表示他对清朝的忠诚不贰。多尔衮打开赐封吴三桂蓟国公册命，内有"永镇燕京，东通建州"的话，勃然动怒，想拒绝南明使臣进京。但诸臣议论，南明既以理来，应令使臣入京传见。多尔衮同意了他们的意见，令使臣来京。二十六日，使团至静海（天津静海），总督骆养性亲来会见使团，传多尔衮之令，使团只准带百人进京，其余皆安置此地待命。

九月二十九日至河西务，听说明日顺治举行即位典礼，不便赶路，暂住下来。

十月十日，清派礼部官员迎至张家湾。祖泽溥父祖大寿已降清，清朝对祖泽溥格外关照，已先行到京。这时，他派人来，传来吴三桂的消息：已秘密地告以北使团来京，但吴三桂说："清朝法令甚严，恐致嫌疑，不敢出见。"还表示：对南明"终身不忍一矢相加遗"。他感叹地说："时势至此，夫复何言？惟有闭门束甲，以俟后命耳。"谢绝了福王朱由崧的一切赏赐。吴三桂降清才几个月，他这番话，表明他对亡明故国的怀恋尚未完全割断，换言之，他的良知还没有泯灭净尽。然而，他既受命于清朝，也就失去了自己的行动自由。后来，剿杀大顺军、灭亡南明，都是他报效清朝的最好的证明。所谓"终身不忍一矢相加"南明的诺言，也被他的行动予以彻底推翻！趋利避害，是他的准则。眼下，他权衡利害，为保全自己的利禄乃至性命，只有跟清朝走，何况清朝给他的封赐远比南明更丰厚！他说清朝"法令甚严"的话，一点也不假。天津总督原明降官骆养性，因为在接待南明使臣中表示了亲热，竟被人告发，吏兵部议罪，拟革职为民。多尔衮从轻发落，改为带兵督任，保留太子太保左都督衔。眼前发生的这件事，不能不使他感到恐惧。为保全自己，他回绝了一切对他的诱惑，宁肯不见使臣！陈洪范南返时，曾向朱由崧报告与清议和情况时，透露了吴三桂的近况："陷北诸臣吴三桂、祖大寿等，咸杜门结舌，不敢见南人。"更不敢受福王朱由崧封赐，重要的是，必获得多尔衮的信任。

在陈洪范使团离南京之前，南明已派遣光禄寺卿兼理饷务的沈廷扬从海上押运米十万石、犒师银五万两，前往慰问和犒赏吴三桂将士。吴三桂不敢要，婉言谢绝，一粒米不收，一文钱也不要。结果，沈廷扬只好携银米原封不动地从原路退回。

十月十二日，陈洪范使团从正阳门进入北京城。过了三天，清内秘书院与户部官员到使团驻地收取南明所酬谢的礼物。陈洪范等说："银币是送给你们的，即刻收去。先将银鞘十万、金一千两、蟒缎二千六百匹付给，其余陆续运到。"

吴三桂对南明使臣谁也不见，不拜福王诏书，陈洪范携带赏给吴三桂的白银一万两、缎二千匹，无法当面交付给他，便与另两位使臣私下商议：既然吴三桂不肯出面，赏银等物也就不必给他了。这些来收礼物的清朝满族官员，一看还有剩余银缎，也不管谁的，争抢上前攘夺。陈洪范只好说："这银一万两，缎二千匹，是赏给吴三桂的。既到此，你们就收去，转给他吧！"他们一听，都乐得抚掌，扛起来就走。这笔财物，吴三桂不敢要，大概是被他们私分掉，或上缴充公。

陈洪范等至京五六天，吴三桂奉命同英亲王阿济格出征陕西去了。

南明苦心笼络吴三桂的目的落空了。它想同清朝议和，划界为守，也没有达到目的。多尔衮拒不出见，只派内院大学士刚林及其属下官员出面交涉，断然拒绝南明的议和要求。使臣提出致祭崇祯、重新埋葬的要求，也被拒绝。十月二十六日，刚林向使臣下逐客令："你们明早即行！我已遣兵将，押送至济宁。"同时还宣布："你们回去通告，我们即将发兵南下！"次日，使臣怀着沮丧的心情离开北京南返。十一月四日，行至沧州，忽见一清将率四五十名骑兵追来，将左懋第、马绍愉等人扣留，携回北京，只许陈洪范一人回江南。原来，使臣三人刚离北京时，陈洪范给多尔衮写了一封密信，表示愿降清朝，要求把左、马二人扣留，他一人回南京后，可招徕刘泽清诸将，把江南献给清朝。多尔衮大喜，特派学士詹霸等人追赶，至沧州才追上，向陈洪范密传多尔衮的

第三章 降清

指令"勉其加意筹画，成功之日，以世爵酬之"。多尔衮按陈洪范的主意，把左、马扣留下来。后来，左懋第不屈服于清朝的威逼引诱，慷慨就义。马绍愉率所从将士剃头投降。陈洪范南返后，于次年六月病死。

南明出使失败，对清朝的幻想破灭了，同时，也完全了解到吴三桂降清。再无意于明朝的真实情况，对他所寄存的希望，亦被严酷的事实击得粉碎。就在驱逐南明使臣出京时，多尔衮遣大军南下，进征南明，整个形势又为之一巨变！

再说多尔衮入据北京不久，即决策迁都。顺治元年九月十九日，福临世祖皇帝正式迁入北京。在多尔衮为首的满汉百官的请求下，于十月初一日，告祭天地，即皇帝位。清迁都与顺治即位之举，开辟了清史的新纪元。

十月十三日，顺治封赏满汉诸王，开盛宴庆贺。吴三桂以功勋特大，位列恭顺王孔有德、怀顺王耿仲明、智顺王尚可喜等异姓诸王之首，封赏优厚，为孔、耿、尚所不及。特赐平西王册印、白金万两、鞍马一匹、不带鞍之马两匹。其册文曰：

朕闻有一代应运之君，必有一代翊运之臣，结以复心，共襄大业。是以尊贤用能，崇功尚德，乃国家之大典。乘机构会，达变通权，乃明哲之芳踪。朕登大宝，特仿古制，视诸臣功德差等授以册印，俾荣及前人，福流后嗣。

咨尔平西伯吴三桂，洞识天时，当叔父摄政王（多尔衮）统兵西征之际，尔即擒流贼说士，遣官归命军前。迨王师式临，开关迎入，又随叔父摄政王破贼兵二十万，底定中原。大功茂著，宜膺延世之赏，永坚带砺之盟。特授以册印，封为平西王，尔其益励忠勤，屏藩王室。钦哉无斁！

山海关战役一结束，多尔衮履行诺言，口头封吴三桂为平西王，到这时，由顺治钦命，授以册印，才算正式封王。

吴三桂受封为平西王，标志着他彻底降清。他从请兵、献关、与清军联合作战，到受封为王，是一个短促而复杂的过程。从吴三桂方面来说，他是在形势的迫使下，才走上了降清这条路，用农民军的鲜血换来了一项王冠！从多尔衮方面来说，他巧妙地利用了当时的形势和吴三桂处境困难，有步骤而又迅速地诱迫吴三桂就范，把他招降过来。清太宗晚年孜孜招降吴三桂不成，多尔衮则顺利地实现了太宗的遗愿。因此，吴三桂被招降和受封为王，是多尔衮的政策和智谋的胜利。

自后金建国，中经改国号大清，至入关初，直至清亡国前，汉官被封为王爵的，只有四人，即恭顺王孔有德（后改封为定南王）、怀顺王耿仲明（后改封为靖南王）、智顺王尚可喜（后改封为平南王），加上新封的平西王吴三桂，共为四王。孔、耿、尚三人是在天聪七年（崇祯六年）一年中先后叛明归后金的，他们从登州航海来归，带来精兵近万名，战船百余艘。在他们归降前，清（后金）既无水师，又缺乏新式大炮，同明朝相比，它显得力量不足。孔、耿、尚之来，在很大程度上改变了明与后金的力量对比，对后金具有重大的政治与军事意义。这使皇太极大喜过望，在他即皇帝位时，把他们三人晋封为王爵。这是皇太极给予的至高无上的奖赏。

吴三桂是在清入关的关键时刻，献关投降，又与清军联合作战，一战而败李自成。吴三桂为清朝入关首开胜利纪录，奠定统一全国的基础，其功勋之大，非孔、耿、尚三人所能比拟。当时，清兵固然强大，但农民军也不是轻易能击败的。这一点，在清军出征前，范文程特别是洪承畴等熟知农民军战斗力的人，无不承认农民军是一个"劲敌"，而且又强调它得民心，更难与之争锋。吴三桂归清，就使力量的对比变得对清极为有利。他请兵献关，使清军大大缩短了进军北京的时间，长驱直进，使胜利提前到来。如果吴三桂投向农民军一边，牢牢守住关门，即使按范、洪等人的谋划进行，清军也很难得志于中原。中国的历史，很可能朝另一个方向发展。很清楚，在清兵与农民军两大势力之间，吴三桂倒向哪一边，就具有举足轻重的影响，从而改变了明清战争的进程，保证和加速了清朝的胜利早日到来。多尔衮完全看到了这一点，所以，山海关大战一结束，他就把对吴三桂的诺言毫不迟疑地付诸实现，给他的特大功劳以应得的酬报。这以后，清对他的酬报不断加厚，居其他"三顺王"之上。

清入关前后，敢于封异姓汉官王爵，这是一个很大的政策突破。明立国两百多年，从不封异姓为王，至高爵位，也不过公、侯、伯而已。

清反其道而行之，完全是出于笼络汉人，进取中原这个大目标所需要。由于吴三桂之降，受封为王，引来无数明朝文武将吏大批降清，为它统一全国消除了层层阻力。吴三桂降清这一事件，对清入关后顺利取得天下，取明而代之，关系是很大的。

第四章
平定大西南

吴三桂降清,并得到了平西王的封号,但他心里并不十分快乐,作为降将,他那惟恐清人见疑的担忧,时时困扰着他。

顺治二年(1645年)八月十九日,他在由北京返回辽东前上奏清廷,疏辞亲王封号,书曰:"臣倾心剿寇守关,不过臣子职分,荷蒙圣恩,特受王爵,又复蒙恩加称亲王,万难祗承,伏肯允辞'亲'字,以安愚分"。字里行间,无不流露出其内心的惶惑和恐惧,"不过臣子职分"和"以安愚分",恰恰表明了他惟恐清廷怀疑他有不安分的地方。

然而吴三桂毕竟久历政治风波,辞去亲王,正是他以退为进的选择,他开始作巩固实力的努力,向清人请地、请优恤,为部将请赏。其时,吴三桂所部分屯宁、锦、中右、中后、中前、前屯诸地。但"吴三桂以给田多硗薄,请益。复为所属将校何进忠、郭云龙、吴国贵、高得捷等百二十余人请世职,属吏童达行、陈全国、许荣昌、钱法裕等请优擢,又以父襄、母祖氏、弟三辅俱为自成戕,乞赐恤"。

清廷全部满足了他的请求,"并如所请",而且在顺治三年(1646年)七月,吴三桂奉诏入京觐见时,清廷还在赏赐之余,"加赐平西王马十匹,银二万两,以其迁移劳众故也"。但是吴三桂却没有欣喜感。

原来,在这年四月初三日,清廷已命恭顺王孔有德、怀顺王耿仲明、智顺王尚可喜和续顺公沈志祥各率所部出征,五月初一日至京,八月二十五日任命孔有德为平南大将军统诸将出征湖广,成为诸异姓王中第一个得任大将军,并统率一路大军的汉人主帅,"同去王公诸将,凡事悉听恭顺王令行"。这件事无疑给吴三桂造成很大的刺激,他不会不考虑,自己与孔有德之间的确存在着"主动来归"和"穷蹙归顺"的

差别，也证实了清人确实对他有外宠内疑的安置。

所以，吴三桂自还镇锦州后，虽逍遥自在，却并不舒心。他那蛰伏着的野心，也使他不甘耽于梓里的安宁。应当说，他与生俱来就是属于政治和战争的，所谓"时顺治二年，吴三桂年三十四，居久之郁郁不自得，求剿贼自效"。

可以看出，出镇锦州不仅使吴三桂大失所望，且已形成一种压力，在某种形式和条件下，这一压力将成为吴三桂报效新主以求显贵的一种动力。

顺治五年（1648年），就在吴三桂在锦州郁郁不安之际，波及全国的抗清斗争此起彼伏，又进入了高潮。其时，南明弘光政权虽然覆亡，但又有隆武、鲁监国、永历诸政权的相继建立，大顺与大西农民军余部更是在西南地区建立起抗清基地，使抗清斗争愈演愈烈。由于清朝对明降将的过于防范和限制，引起了他们的极端不满。江西的金声桓、王得仁等于顺治五年（1648年）二月乘中原的反清斗争进入高潮之际倒戈反清。

金声桓原为南明徐淮总兵官，阿济格下九江时降清，自以为"取十三府七十二州县，以数千里地拱手归之新朝"，"意望旦夕封公王，次亦不失侯耳！"结果清朝只给了副总兵兼提督江西军务的职衔，"视旧官更贬"。金声桓大失所望，"自以功高未酬封爵怀叛志"，起兵反清。

汉人降将的复叛，犹如釜底抽薪，引起了清朝统治者的极大震恐，在反清呼声四起中，他们开始意识到，这批汉人降将对清人执鼎中原的重大作用，以及"以汉治汉"对于统治偌大个中国的至关重要。于是，在这种形势下吴三桂再起。

顺治五年（1648年）初，清廷下达了命吴三桂携家西迁的诏令，令其以平西王的身份与八旗都统墨尔根侍卫李国翰同镇汉中。"是时，余逆未靖，桂王僭号永历，滇黔蜀粤犹阻声势"。大西农民军余部孙可望、李定国等人与南明永历政权结成的统一抗清阵营，使西南地区成为抗清斗争的中心和基地，阻止了清军向西南进军。因而，吴三桂与三顺王此时奉命出征西南，实则肩负着清王朝最终完成全国统一的重任，即"世祖令吴三桂及定南王孔有德、平南王尚可喜、嗣靖南王耿继茂统兵南下，以清宇内"。

吴三桂终于找到了机会。顺治五年（1648年）二月，他于启程前上奏清廷对辽东家园作最后的安置。

自锦州至汉中，正是吴三桂经过岁月沧桑的历练，步入中年的时期，他深晓自己在朝廷中的地位与处境，在谨慎之余犹以忠勇自勉。

顺治五年（1648年）四月，吴三桂到达京师，二十二日皇帝赐宴慰劳。一个月后，吴三桂准备离京，皇帝再次于位育宫赐宴，并赏蟒袍、凉帽、金黄带、玲珑撒袋、弓矢、鞍马等物。同时下令，在陕西、永平两地专设"辽学"，增设科举名额，以备吴三桂部属入仕之选。

然而，吴三桂仍然不能释去心中的荷负，离京时，他将自己唯一的儿子吴应熊留在了宫里，即所谓"留长子于京师，以固朝廷意"，然后率军直奔汉中。

汉中地界川、陕、甘三省，民俗强悍，历来为战事之渊薮，亦为战略之要地。自清军入关以来，这一带的反清斗争从未间断，清军虽多次征剿，却非但无法剿尽根除，反而呈愈演愈烈之势。因而此番命吴三桂出镇，表明清廷要彻底平定西北、完成全国统一的决心。

吴三桂到达汉中时，适逢大同总兵姜襄的反叛。姜襄原为明朝的一员猛将，久镇西北大同，威名素著，可降清以后受到清人的冷落。金声桓兵起东南之后，姜襄遂有异志。这时，北方蒙古喀尔喀部行猎近边，有窥探之意，清廷命英王阿济格率博洛、瓦克达、硕塞等诸宗室王前往大同驻守。姜襄闻清军大兵将至，疑其袭己，遂于十二月初三日，揭竿于西北，附近十一城皆叛。

清朝以山西为主攻之地，令诸王围剿，而将陕西交给了吴三桂与都统李国翰。吴三桂奉命唯谨，戮力杀敌。至顺治六年（1649年）二月，他便自前线奏捷，称："伪王朱森釜、伪定远侯赵荣贵率贼万余犯（甘肃）阶州，臣等前后分击，杀贼七千有余，阵斩森釜、荣贵"。与此同时，又有"王永强者为乱，破延安、榆林等十九州县"，攻陷同官、定边、花马池等地。吴三桂回师督兵剿杀，于三月克宜君、同官，大败王永强，四月，进克蒲城，五月，占领延安，取得一个又一个的胜利。

但是，他仍不被别人所信。

是时，在姜襄的影响下，叛军"兵势甚盛"，不仅山西摇曳，太原告警，而且波及"三边"，榆林、宁夏、甘肃三总兵同时并起，全秦震动。榆林叛将刘登楼在攻陷延安等重镇之后，已率军南下西安，直逼总督驻地，陕西总督孟乔芳处境危急，求援军报接踵落到吴三桂的手中。吴三桂不敢怠慢，为表明效忠于清朝的心迹，"吴三桂倍道赴援，不旬日而至西安，屯营于南教场"，等待孟乔芳共议退敌之计。不料，"乔芳托疾不出见，厚犒师"。这种冷落，使吴三桂更深切地感到，自己虽然贵为王爷，却因朝廷的猜忌，落得已为总督见轻的地步。为能成为名副其实的王爷贵胄，他压下了满心的恼怒。吴三桂笑曰："疑我矣！夜半拔营北行"。率军直奔叛军驻地。可见，孟乔芳的轻慢，刺痛了吴三桂的自尊，也使他更清楚自己不为清人所信。天近拂晓，吴三桂在蒲城与南下的榆林叛军相遇，"迟明合战，杀伤相当。日午，吴三桂率铁骑数百，冒矢石摧锋陷阵，榆林兵败走，吴三桂急追之，不数日至城下，又急攻数日而拔，屠其城"。八月，吴三桂再次奏捷，称"统兵攻剿蒲城、宜川、安寨、清涧等处逆寇，斩级数千"。随后，定边、榆林、府谷皆下。在不到一年的时间里，便平定了陕西的大部，扭转了西北的局势。

而后，吴三桂依然是屡战屡捷，且每战"必身先士卒"。他用自己的行动证明了他对清人的忠勇。经过四年苦战，终于以陕西告定赢得了清廷的嘉许。虽然，在清朝嘉其"忠勇智略"的敕谕中，不无吴三桂为人鹰犬的苦衷。但定陕，却成为吴三桂在清廷地位上升的起点。

就在这时，紫禁城里发生了一场有关"谋逆"的大案，而被指为谋逆之人的，正是已故的清摄政王多尔衮。

原来，顺治七年（1650年）十二月，多尔衮病死于内蒙喀喇城，未及两月，便有人告发其谋逆，于是大案即起。年轻的顺治帝不仅"悉行追夺"对多尔衮的"所有封典"，而且，被多尔衮重用的大臣亦接连受到株连。这使一向对时局变化甚为敏感的吴三桂，不仅对清朝统治的稳固产生了担心，且为自己亦为多尔衮所用之人而有所顾忌。于是，顺治八年（1651年）四月，"平西王吴三桂疏请入觐，许之"。

八月初，吴三桂抵达京城，八月十日，"上御中和殿，平西王吴三桂陛见，赐宴"。朝廷中的热烈气氛使吴三桂顿释胸中块垒，随后，他带着顺治帝的重托和厚望返回了汉中。

这次入京觐见，吴三桂不仅证实了清廷对他的倚任一如既往，而且还赢得了顺治皇帝对他的厚爱。九月八日，顺治帝特地颁发了重封吴三桂为平西王的金册金印，以示对他的恩宠。而通观册文，几乎是一半的文字都用在了肯定吴三桂在陕西的功绩上。其文曰：

顺治元年十月十三日，授以册印为平西王，后领兵在陕西阶州地方杀伪秦王朱生福（朱森釜）、伪定远侯赵荣贵并贼七千有余，获定远侯印一颗，伪总兵印十颗。遣官兵至碧鱼口杀贼兵三百余名，擒斩伪总兵官王应选。富平县、延安府等州县美园等处地方，杀伪经略王永强、高友才，伪总兵官、副将、参将、游击郭玉麟等官五百四十名，并贼二万六百有余，获伪定国将军印一颗，伪官印十一颗，攻克山陕二省五十八城……。今特授金册金印，王其益励忠勤，屏藩王室。

就在清廷对吴三桂颁金册金印、大加赞扬的同一天，又下达了令其进军四川的谕旨。谕曰：

四川逆贼盘踞，斯民陷于水火，兹特命尔统领大军入川征剿，凡事与墨尔根侍卫李国翰计议而行。投诚者抚之，抗拒者诛之，若武官有功，核实题叙。临阵退缩、迟误军机、不遵号令应处分者，听王便宜从事。若罪大不便自处者，指名参奏。其应用钱粮会陕西、四川总督、巡抚料理支给。地方既定之后，凡军机事物悉听王调度，其一应民事钱粮仍归地方文官照旧管理。文武各官有事见王，俱照王礼谒见。王受此重任，其益殚忠猷，礼以律己，廉以率下，务辑宁疆围，宽朝廷西顾之忧。

这是清廷第一次以藩王之礼授予吴三桂的诸种权力，使他在进剿四川的战争中享有生杀予夺之权，以及平定地方之后的军事全权，这是多尔衮摄政时期从未有过的，表明了顺治帝对他的信任与器重。吴三桂由此开始领略位居藩王的荣耀和威风，特别是顺治帝明确告谕，"文武各官有事见王，俱照王礼谒见"，更使吴三桂感到了莫大的满足。此后，他可以名正言顺地高居于满汉诸文武官员之上。

顺治九年（1652年）二月，吴三桂奉命与李国翰自汉中兵分两路

进入四川。

自明末以来,四川即沦为兵燹之地,战事频仍。顺治四年(1647年),清军在这里击败了大西农民军主力、杀死了农民军领袖张献忠,之后,大西军余部便在孙可望、李定国、刘文秀、白文选等人的带领下,退入四川南部,进而占据云南、贵州,并拥戴南明永历皇帝开始了联明抗清的斗争。

永历帝为明神宗之孙,桂王朱常瀛之子,顺治三年(1646年)十月,在丁魁楚、瞿式耜、李永茂等明臣的拥戴下即位于广东肇庆,年号永历,是为永历皇帝。永历政权与大西农民军联合抗清之后,很快摧毁了清朝在西南的统治秩序,所谓"桂王立,自湖以南川广滇黔皆为明守",阻碍了清人对全国的统一。

此次入川,吴三桂深知肩负重任,他依然不负清廷所望,初入蜀境,就以披靡之势收取了四川的大部,史载:"吴三桂由秦入蜀,郡邑皆迎附"。至七月,仅半年的时间,便克复了成都、嘉定、叙州、重庆等地,击败了大西农民军刘文秀部,驻军绵州。与此同时,定南王孔有德、平南王尚可喜以及嗣靖南王耿继茂也由湖广进取两粤,连连克捷。于是,已退至贵州的永历朝廷在大西农民军将领孙可望、李定国的扶持下,决定进行反击。他们兵分两路,一路由李定国率领,统步、骑八万取湖南,图两粤。另一路则由刘文秀率领,统步、骑共六万人,再返四川,收复失地。

这年七月中旬,就在吴三桂以"蜀地渐次底定",奏捷清廷之时,刘文秀率王复臣等勇将向四川发起强大的攻势。"文秀善抚士卒,多乐为死。闻其至,所在响应,重庆、叙州诸郡邑为吴三桂所克者,次第失陷,吴三桂迎战辄不利,乃敛军退守保宁"。

先是重庆失守,吴三桂部将都统白含贞、总兵白广生被俘,刘文秀遂率大军向吴三桂驻守的叙州大举进攻,围吴军数重。都统杨珅等力战,才使吴三桂得以突围奔绵州。接着,刘文秀又克成都,十月,再下绵州,吴三桂退守保宁,再次陷入重围。

其时,刘文秀围层连营十五里,设以象阵、挨牌、长枪、扁刀、鸟枪等重重防范,并以骁将张先壁军其西,王复臣军其南,自率兵马陈于城东教场,其阵有坚不可摧之势。

自大西农民军北上反击以来，清军接连失利，就在吴三桂于四川节节败退的同时，李定国于这年七月攻陷桂林，定南王孔有德兵败自杀。接着，又出湖广，陷沅州、靖州武冈，于衡州斩杀了敬谨亲王尼堪。

西南战场上的失利，早已引起清朝统治者的不安，朝廷中有人提出放弃西南七省的主张，连与吴三桂协同作战的都统李国翰也已"决意去蜀"，唯独吴三桂，面对农民军的迅猛攻势，虽力不能敌，却始终不言退兵。

原来，吴三桂自有他的难言之处。

先是，这年七月，清廷命内翰林弘文院学士能图、兵部理事官喀巴图鲁将顺治帝的上谕送到了军中。这是一道非同寻常的上谕，谕旨曰："皇帝敕谕平西王吴三桂知道，王统兵入川，成都各府贼众俱窜，民人归附，朕心嘉悦。适有川湖总督罗绣锦塘报兵部，报内有湖南地方将官得贼中假刻王告示送到总督，该督传报兵部，该部以原示面奏。朕一见即知系逆贼畏王之威，计穷力竭，故设狡谋反间。朕与王谊属君臣，情同父子，岂能间之？本宜即时毁弃，但恐王远虑听闻，不知来历，特将假告示差传之，见朕诚信至意……"

顺治帝虽在上谕中竭尽安抚，欲使吴三桂见其"诚信至意"，但他将本该"留中不发"的奏疏专门派人送到当事人的手中，这使吴三桂不能不为之疑惑，他觉得顺治帝不无警告之意，而告示中以他的名义发布的反清文书，字字句句都令他感到心惊肉跳。

俗话说，祸不单行。继这道上谕之后，退守保宁的吴三桂又被四川巡按御史郝浴参劾其"拥兵观望状"，责其既"不能取蜀，更引敌兵入秦境"。为此，吴三桂上疏力驳，却又不无烦恼。此后，他更加恭顺，更加小心。也正因如此，吴三桂虽屡战不利，却不敢附和李国翰的退兵之说。

就在吴三桂进退两难之时，他的心腹部将都统杨珅"力持进兵议"，并对吴三桂说："王威名震天下，今退走，则一旦扫地矣。今日之计，有进无退。"随后，又对李国翰说："固山若却，请自退，吾王独进，与敌不两立矣！"遂进兵。可见，在这种形势下，不惟吴三桂感到两难的惶恐，就连他的部将也有同样的感触。因而，虽身临绝境，他们也要拼死而战。

这时，刘文秀率军围城已有数日，渐生懈怠，而接连的获胜，又使他们气骄而轻敌。王复臣曾劝刘文秀曰："吴三桂劲敌也，我军骄矣！以骄军当劲敌，能无失乎？"刘文秀不听。王复臣又建议不要围城，以防兵力分散，致师老财匮。刘文秀仍不听，反而怪王复臣胆怯。在他看来，"吴三桂坐守孤城，即日可下"。而另一将领张先璧亦"勇而轻敌"。在这种情况下，王复臣的主张自然是无人理睬了。

吴三桂毕竟是一员身经百战的勇将，非寻常之辈可比，一旦意决，便义无反顾。他命令部队依险固守城池，严阵以待，伺机反攻。一天，吴三桂巡视军情时，终于在张先璧驻军、即保宁城守的西南角找到了突破口。"吴三桂巡城至西南，曰：是可袭而破也。乃开门出精骑犯其垒，果惊溃。转战而南，至复臣营，营为乱军所扰，又阻于水势，遂不支。吴三桂乘胜合击，复臣……遂自刎，文秀解围去。吴三桂终于反败为胜，战争之激烈，连久坐征鞍的吴三桂也心生余悸，发出"平生未见如此恶战"的感叹，并说："令如复臣言，我军休亦！"

保宁一战，吴三桂终于勘定四川大局。十月十六日，他奏捷称："臣等亲往迎敌，我兵奋勇横冲，贼众大溃，擒斩复臣及伪将二百余员，贼兵四万余级，获伪印、象马、器械"。次年，吴三桂又乘胜收复了成都、嘉定、叙州、重庆等地，四川重新回到清人的管辖下，西南反清壁垒终于被凿开了一角。

消息传到京城，举朝为之欢动，顺治十年（1653年）十二月九日，顺治皇帝颁旨表彰，称其"尔平西王吴三桂英才自命，雄略群推，早识天心，先归王室，子居甥馆，亲联带砺之间，身受藩封，宠列公孤之右。曩入关破寇，从定中原，暨衔命抚秦，共平西陕，盖忠勤之备至，亦威惠之交孚。继以巴蜀跳梁，特命陈师致讨，成都诸邑悉隶版图，保郡余氛旋成殄灭。厥功懋矣，朕甚嘉焉"，"王其巩固封疆殚抒筹策益宏于戡定"。命将其功次记入册内，并于藩俸六千两外加俸一千两，以报勤劳。"给予了前所未有的赞誉。

且皇恩尚不止于此。在几个月前，即顺治十年（1653年）八月十九日，顺治帝已赐婚于吴三桂之子，将"太宗皇帝第十四女和硕公主下嫁平西王子应熊"。吴应熊因和硕公主而为和硕额驸，吴三桂一家也成了皇亲国戚。这信赖与垂爱，正是吴三桂多年以来苦心期待的，因而他惟有更加竭力图报，效犬马之劳了。

吴三桂于四川奏捷后，率兵返回汉中休整，时在顺治十年末。

这时，大西农民军虽退守云贵一带，却不断向四川发动进攻，成都、重庆等地得而复失。顺治十二年（1655年）四月四日，四川巡抚李国英上疏清廷，请敕吴三桂进征云贵，收复失地，语中多有责备之意。

在长达数百字的奏疏中，李国英将云贵未能恢复归咎于"封疆之臣畏避艰苦"，并责其"屯兵汉中，蓄锐甚久，未能杀敌"是"遗忧君父"。虽非专折弹劾，却也字字刺耳，特别是有涉其忠君之名，吴三桂为此大为恼火。

事实上，吴三桂自受命以来，即屡膺征伐，备尝鞍马之劳，而其心力之劳瘁、图报之奋争，更胜于用命于战场，其目的就是为了取悦于清人。而且，他曾不止一次地疏请进军。

早在顺治九年（1652年）夏，吴三桂初入四川、攻克成都等地之后便请兵贵州。但是，清廷以后方未靖，令其"毋进贵州，相机安定四川"。不久，刘文秀入川反击，吴三桂征黔之议遂寝。四川平定后，吴三桂再次提出欲进踞成都以为根本的建议，但顺治帝考虑到成都路远民稀，"钱粮转运惟艰"，不宜大兵久驻，令其暂回汉中，"待上命而动"。李国英之责，不无枉其直、曲其委之处。

故而，吴三桂于七月十二日上疏辩驳，接着，他力请出征，欲"驻守保宁一固"，再进取成都，嘉定。

然而，此时清廷正用兵于东南，不便把战线拉得过长，所以，吴三桂的进兵之议仍被搁置下来。

就在此时，大西农民军发生了分裂，孙可望于顺治十四年（1657年）九月与李定国火拼、兵败后投降了清朝，被"封义王，具言云南可取状"，致使形势为之一变。

原来，孙可望自与永历政权联合后，倚恃自己的军事力量萌发了把持朝政的野心。他结党擅杀，排斥异己，甚至逼迫永历帝禅位于己。顺治十三年（1656年）三月，李定国奉永历帝密诏，于贵州安隆击败了孙可望，偕永历帝至云南昆明，以护驾之功受封为晋王，同时受封的还有刘文秀，封为顺王。孙可望不甘心就此失败，于顺治十四年（1657

年）八月，率全部兵马自贵州赶赴云南，与李定国决一死战。不料，其部将白文选、马进忠、马惟兴、马宝等反与李定国约为内应，孙可望"举军全没"，奔湖南洪承畴军中请降。

大西农民军的内乱及孙可望的降清，严重削弱了永历朝廷的力量，为吴三桂进军云贵提供了最有利的战机。于是，"吴三桂欲自以为功"，上疏再请征黔。疏曰："孙李治兵相攻，今可望投诚归化，变乱之际，人心未定，大兵宜速进贵州，此卞庄刺虎之时也"。"疏上报可，乃分兵三路"。

这年十二月，清廷命吴三桂为平西大将军，同固山额真侯墨尔根侍卫李国翰统兵进讨，由四川进贵州；命固山额真赵布泰为征南将军，与广西提督线国安等由广西进贵州；命固山额真宗室罗托为宁南靖寇大将军，与固山额真席哈由湖南进贵州。经略洪承畴统筹指挥。随后，又于顺治十五年（1658年）正月，命多罗信郡王多尼为安远靖寇大将军，同多罗平郡王罗可铎，多罗贝勒尚善、杜兰，固山额真伊尔德、阿尔津、巴思汉、卓罗等统领将士进取云南，御前侍卫及王、贝勒、贝子、公等护卫，皆酌量随征，组成了一支声势浩大的讨伐大军。其目的就是要"乘此贼党内乱、人心未定之际"，一举统一贵州。顺治十五年（1658年）春，清军三路入黔，来势迅猛。时李定国还在黔西忙于平定孙可望余部的反叛势力，当他闻讯仓促东顾时，早已失去了有利的战机，各路节节败退。是役，宁南靖寇大将军罗托所率的中路军，克复湖南沅、靖等地，进取贵州省城贵阳，及平越、镇远等府，先后招降永历朝廷的官兵四千九百九十余人，男妇九千八百余名，获马一千四百余匹，象十二只；征南将军赵布泰所率的东路军，招抚南丹州、那地州、抚宁司、独山州等地土司兵民与官民。

吴三桂于顺治十五年（1658年）二月二十五日发兵汉中出西路，经保宁、顺庆，三月初四日至合州，"斩杀甚多"。四月初三日，进取重庆，"伪都督杜子香率众逃窜，全城克捷"。旋即与大西军主力相遇。所谓"自收复重庆，即统兵进发，逆首李定国、刘文秀遣伪将军刘正国等率贼众，象只，在三坡、红关等处披险设伏，以拒我兵"。吴三桂"令马步相兼，步步督战，节节前进，贼遂奔溃，我兵疾追，贼向水西遁入云南"。于是，吴三桂乘胜收复遵义府并所属州县，招抚敌总兵及副将、参游等官，并降兵五千有余。至五月十日，进抵贵州，首取开州，便旗开得胜，阵斩二千有余，获象马、器械等。可见，吴三桂一路亦所向克捷，随后，他率军还驻遵义。

是役，清军"不五十日，剿逆抚顺，贵州全省底定"。但也付出了巨大的代价，吴三桂所部因"溽暑熏蒸，军士多病"。

顺治十五年（1658年）九月，多尼率军自荆州进至贵州平越，十月，吴三桂奉诏驰六百里，与罗托，洪承畴等赴平越杨老堡会议平定云南事宜，遂定兵分三路进军。多尼自贵阳入，吴三桂自遵义入，赵布泰自都匀入，"定以十二月会师云南省城"洪承畴与贝子罗托留守贵阳。

永历朝廷获悉清军进兵云南的消息后，立即组织军队进行反击。所谓"李定国闻王师戒期入滇，……乃使冯双礼扼鸡公背，拒中路，使张先璧扼南盘江之黄草坝，拒东路，自守北盘江之铁索桥，图复贵州。别遣白文选出西路，率众四万守七星关，抵生界立营，若欲攻遵义者，以牵制吴三桂之师"。贵州因多山而地势险峻，易守难攻，李定国的部署意在据险取胜，当为可行。但是，却因错过了有利的时机，即没有趁清军刚刚攻下贵州，"大众未集"之时进行反攻，而导致了最终的失败。

当时，清军已休整半年，云集待发。十一月十二日，吴三桂率所部兵马自遵义出发，巩昌王白文选闻讯由生界退守七星关扼险。

七星关位于壁立陡峭的两山之间，山下为七星河，水势汹涌，山上树木参天，成桥状，名曰"天生桥"，却是"即飞猿不能渡也！"但吴三桂却因势利导，他找到了"乡导"，"于水西苗猓地方以烈安营，由天生桥抄乌撒军民府，扼七星关大路"，反而截断了白文选的后路。白文选只好放弃七星关走可渡桥，并焚桥走霑益州，奔云南。故吴三桂一路畅行，进抵云南。

与此同时，赵布泰出东路，由广西间道直取安隆，"军锋甚锐"，由普安州进入云南。而多尼亦在鸡公背败冯双礼，进至曲靖。至顺治十六年（1659年）正月初三日，吴三桂与安远靖寇大将军多尼、征南将军赵布泰会师于云南省城。

这时，闻警即逃的永历帝，于顺治十五年（1658年）十二月十五日又一次踏上了流亡之路，向缅甸方向奔去。而清军也在后面尾随追了上来。

二月二日，吴三桂出罗次，九日与赵布泰会师于镇南州，十五日便进抵玉龙关，大败守关将领白文选、张先璧等，渡澜沧江，进而占领大理。其时，永历帝尚在永昌。李定国闻玉龙关失守，急令总兵靳统武领兵四千护送永历皇帝撤离永昌，十八日入腾越。同日，吴三桂与赵布泰率军进入了永昌。

吴三桂一心想要抢夺首功，紧紧尾随毫不放松，二十一日，率部强渡潞江天堑，"潞江水弥且多瘴气"，但吴三桂全然不顾，令人扎筏而渡，终于先于诸军在离潞江二十里处的磨盘山与李定国的军队相遇。

磨盘山又称高黎贡山，山势蜿蜒陡峭，山路箐深屈曲，仅容一骑，若逢敌与战，"前队尽殁而后队不知，天设之险也"。故有西南第一穹岭之称。李定国思清军累胜穷追，必不戒备，故设伏于磨盘山。他立栅三层，设三伏，以泰安伯窦名望为初伏，卢宁侯高文贵为二伏，总兵王玺为三伏。每层伏兵二千，六千伏兵皆健卒精锐。下令，当清军进入三伏之内，由山顶举炮为号，然后首尾横击，使之片甲不留。

穷追不舍的吴三桂自永昌一路逐北数百里，未遇到李定国的一兵一卒，以为李军亦随同永历远遁而去。且连日行军，将士已疲惫不堪，因而上山的队伍散乱不整，毫无戒备，眼见前锋已进入二伏，忽有"明（永历朝）大理寺卿卢桂生来降"，并"以有伏告"。吴三桂大吃一惊，急令骑兵下马步行，搜捕伏兵，并以大炮猛击榛箐之处。初伏守将窦名望被迫提前出战，三伏的将士也由上向下攻击，一场短兵相接的肉搏战在满是悬崖峭壁的山峦中展开。由于变故突然，李定国原有的计划被打乱了，在一片混乱中，农民军完全丧失了主动。这时，赵布泰、多尼亦随后率军赶到，清军处于明显的优势。但一伏守将窦名望血战不已，枪弹穿透肋下，依然战如故，直至战死于山下。吴军突入了二伏，杀到山顶，三伏守将王玺也死于乱军之中……

双方自卯至午，经过五六个小时的激战，"僵尸如堵墙"，时农民军伏兵仅六千人，而清军上山者万有二千，且农民军伏兵不得号令不敢发，及清军大炮猛击，先死于林箐者已至三分之二，鏖战死者又三分之一。大西农民军的最后一次反击也失败了。但清军同样也付出了沉重的代价，自都统以下十人战死，精锐数千人丧亡。

是役，吴三桂击溃了大西农民军的有生力量，占据了中原腹地的最后一块抗清基地，李定国率残部出铜壁关，走孟艮，奔西而去，吴三桂又蹑永历帝足迹追至腾越州，于二月二十日还师。

一位名叫白晋的法国传教士，曾就清朝定鼎中原、统一全国的历史说过这样的话，他说："事实上，鞑靼人（满族）在征伐帝国（明王朝）过程中，几乎没有付出任何代价，而是汉人互相残杀，加上汉人中最勇敢的人，反而为了满洲人去反对他们本民族而战"。其观点虽然偏激，但是却从旁观者的角度披露了一个事实，即肯定了这些汉人异姓王在清朝完成入主中原大业中的作用。而吴三桂正是白晋所说的那些勇敢的汉人中最"杰出"的一位。他自辽东横突至西北，再挥戈至西南，驰骋大半个中国，历时十六年，为清人立下了汗马功劳。

吴三桂在平定西南尤其是进军贵州的途中，虽无刀兵之阻，但山路崎岖，天不逢时，雨水较多，行军艰苦，人马移动缓慢。加之中途节外生枝之事阻扰，故在贵州境内驻军时间较长，大军所驻之处，留下不少趣闻轶事。

据贵州桐梓人传说，吴三桂大军从成都出发，由四川綦江开到赶水交界，便进入了贵州北端的天然屏障境地。桐梓辖区的松坎、吊丝岩、铜鼓路、雄磺寺、七十二道拐，上凉风垭这一带，过去是由川入黔必经之路，谓之蜀道。但此一带，地形极其险恶，过去交通不便，所住人烟稀少；所谓有路，尽皆羊肠鸟道。四周山峦起伏，重峦叠嶂，路形螺旋式旋转上下。三国时诸葛亮平南蛮经过，早有"不毛"之地著称。加之天雨绵绵，浓雾弥漫，灰蒙不见天日，路更难行。吴三桂大军先遣部队至此，便逢山修路，遇水造桥，方达到桐梓县城驿地。

吴三桂先遣部队先开好路后，其大队人马方能陆续来到桐梓。这时候天不作美，桐梓地区大降滂沱之雨二十余天，大小山洪暴发，水淹桐梓县城及葫芦坝，汪洋一片，不仅阻挡行军去路，而且军人感受山岚瘴气，瘟疫在军人中广泛流行。大军又退回到离城三十里的猿田坝扎营。

在猿田坝与凉风垭之间，沿路边有一山崖溶洞，生得高大宽敞，阳光斜照明亮，洞内干燥平坦，洞顶端峋嶙怪石琳琅满目，确是达官贵人的好去处。所以，先遣部队头目看中，便选此洞为吴三桂的临时藩王行宫，将陈圆圆、满妇、婢女、侍卫等人，安排住此洞内，其用意是为吴三桂之安全及行军保密而设。

吴三桂去此洞一看，极为满意部下安排他住此地。住进洞内，他向陈圆圆取笑说："此处群山环抱，四处锦绣斑斓，确有'不毛'之神秘，古雅山川之气氛。若在此地立下脚跟，能长久居住，占山为王，便可独霸一方称雄，岂不美哉！"

陈圆圆心有灵犀一点通，也取笑吴三桂说："是呀！从水来说，江南的水最秀；从山来说，要算贵州的山最美，在此地可以开门见山嘛！江山如画，也不过如此而已。而从近看来，贵州蛮夷之地，富裕不如江南；但从长远看来，山多地下宝藏必多，说不定二百年以后，贵州地下资源开发，其富裕将会赛过江南哩！所以，若果我俩有福气，年岁能饶人，在此壮丽岩洞里度日，方为过神仙日子哩！观音菩萨坐石岩，不就是自愿成佛嘛！"

吴三桂听了哈哈一笑说："夫人说话真幽默有趣。我是担心你在江南过惯天堂生活，突然来贵州高原荒瘠之地，改变了生活环境，忍受不住山区艰辛之苦，故逗你取笑，开开心思。殊知你的内心世界还比我宽广，反取笑我！"

二人一唱一和之谈，虽说是触景生情取笑，但可不言自明，在取笑之中，却勾画出了吴三桂后来在西南称帝的隐秘，这取笑是他称帝思想的萌发。

又由于陈圆圆、满妃、丫环、婢女等人穿红戴绿，披风衣裙飘逸在身前身后，显得风姿妖艳，光彩照人，在洞内外出入活动，当地百姓见之似若天仙一般。故吴三桂大军开走后，此洞便叫"仙女洞"。此洞在民国时期，曾用来开设军械工厂，年深月久，溶洞中之钟乳石奇观虽有所破坏，但因"仙女"二字驰名注目，至今人们仍赞不绝口，沿用其名未更改。

军中瘟疫流行，当时缺医少药，幸好在遵义娄山关下之板桥镇，廖月亭开设有间"济世药堂"，生产有专治黔北瘴气肆虐的"化风丹"中成药品，吴三桂得知消息，派专人带着银两，到药堂将生产的全部"化风丹"药品购回，解决了军中瘟疫流行之厄。

说起"化风丹"，其史话较长。它是在明万历年间，明廷御医廖仁甫，卸甲行医，遍走天涯，来在遵义娄山关下的板桥镇定居，开设"济世堂"行医卖药。其孙廖月亭，字耀银，于万历三十年（1602年）出生。廖月亭天资敏悟，三岁成诵，七岁能文，深得祖爱。故廖月亭到了十三岁时，便由祖父传授医术，他在二十岁时便在"济世堂"看病行医，悬壶应世。他对医药刻苦钻研，三十岁时医术便超过祖父，在黔北一方名声大振。于明崇祯十五年（1642年），经遵义府川东道举荐，朝廷两次下诏征廖月亭为御医，但都被廖月亭以"山野之人，难登大雅"而婉拒，此事吴三桂在朝时是知道的。明崇祯十七年（1644年），黔北地区多发山岚瘴气肆虐之中风、头晕、偏头痛、口眼歪斜、手足震颤、半身不遂、抽风痉厥、癫痫失语等症，患者求医望药心切，故廖月亭"片念疴众"，急病人所急，根据中医"祛风豁痰，清心宁神，醒脑开窍"理论，选用射香、牛黄、全蝎、僵蚕、郁金名贵药及贵州所产的天麻、天南星、法半夏、石菖蒲等二十多味药材，潜心研制，碾末水滴为丸，如梧桐子大，朱砂为衣，色红光亮，定名为"化风丹"。方便服用，一服即效，治愈多人，其功不小。后于清顺治六年间（1658年），该药已在板桥镇办厂批量生产，供应全国，疗效驰名中外。贵州、四川、广西、云南、广东、湖南、湖北、江西、浙江、福建、台湾各省大中药房都有销售；同时，通过广东出口，远销暹罗（泰国）、安南（越南）、马六甲（马来西亚）、苏门答腊、三宝垄（印尼）、缅甸、印度、法兰西、荷兰、葡萄牙等国。今在南洋一带，还流传有"黄金有价化风丹无价"之佳话。所以，吴三桂大军来到桐梓，军中瘟疫流行，便购此药医治军中瘟疫痊愈，待桐梓县城及城外葫芦坝水消以后，方往遵义进发。

吴三桂四十五万大军开到遵义境内，其部队主要驻扎在遵义城外高坪、洗马滩、龙坑场一带，方圆五十余里。吴三桂之行宫，则设在遵义城"桃园洞"附近。据传说，高坪方面的驻军，在高坪镇之马鞍山脚下，有棵高大的千年古银杏树，驻军在此以树为靶，操演习武，箭射刀砍此树，当即流出红汁如血。因此事奇特，驻军便报知吴三桂。吴三桂骑马来看，果然树干伤处，血汁浸流不止，吴三桂见此惊奇，对手下人员说："此乃神树。弟兄们勿以此为靶操练。快设法给神树疗伤，保佑我等行军顺利。"

驻军们听了吴三桂之话后，在当地采些止血草药捣烂，给神树包扎伤口。嗣后树干在所伤处长出一些奇形怪状疤痕，至今鲜明可见，更显出神树的奇异风姿。因此，驻军走后，高坪人世代相传，将此树进行烧香点烛，燃纸挂红，祈保平安，当神供奉，可谓趣也。

又说，遵义城外之洗马滩溪流，是因吴三桂之铁骑军驻此地，骑兵常在此溪涧洗马喂水，因此而得"洗马滩"之名。究竟有无此事很难确定，不过在民国时期，周西成任贵州省长时，领导修筑西南公路穿越此地，在酒精厂旁修建一座"洗马滩大桥"，桥竣工后，在桥头滩上修一翘角碑亭，亭中有块约两米五高一米宽的石碑，其《碑铭》中有首诗云："山花开似锦，涧水湛如蓝；铁骑军驻此，故名洗马滩。"由此可见，遵义人传说，吴三桂铁骑军驻此而得其名，似乎有据而不虚也。但因年深月久，公路改建扩宽，其碑亭碑石已毁，无影无踪，只有草坪一地可见，许不足为据也。

更有趣者，在遵义城外的"龙坑场"，也有一个传说。说是吴三桂军驻扎此地。忽然，有一天夜晚下大雨，在田坝之深水潭中，有条闪光金龙出现。天明雨停，金龙忽然不见，也未损坏良田，禾苗依然如故。当地百姓对此事感到惊奇，人们难解其奥，便说它是吴三桂之"本命星宿"现身，故后吴三桂在云南当上了皇帝。此事之真与假，难以断言取信。不过，今该地之深水潭仍在，名为"龙坑"，集镇名"龙坑场"，乃属是实，今仍沿用其名。

据传说，吴三桂在遵义一带驻军，主要是等待先遣部队开凿行军道路，造架乌江天险浮桥，方便大队人马前往通行。路桥备好，接着大军便向黔中移动，进军贵阳。

大军向黔中移动路过息烽境地时，据说当年息烽百日干旱，田土颗粒无收，百姓饥寒交迫，饿死者为数不少。吴三桂见此情景，便在息烽县驻下来，与县衙太爷商议，开仓放粮赈救灾民，百姓感恩不已。事后，息烽的老百姓，为感谢吴三桂放粮德政之恩，便在息烽县养龙司的一个集镇上，建一座祠庙，内雕塑一尊吴三桂坐像，作为对他的怀念。塑像前立一牌位，上写"黔阳荣禄大夫位"七字。但因吴三桂反清称帝病死后，康熙下令诛吴三桂家族，息烽百姓怕殃及他们，便想个办法，将吴三桂塑像之白脸用墨涂黑，牌位改为"黔阳荣禄大夫黑神大帝位"十一字，庙更名为"黑神庙"，免去了一场政治险祸。所以，后来这个集镇名称便叫黑神庙。而今庙存与否不知，但集镇仍沿用其名，此乃息烽县黑神庙镇名来由之趣事。

又因息烽县黑神庙塑有吴三桂黑神塑像之举，所以过去在黔北地区之农村，一传十，十传百，凡汉族家庭安"神祖香火牌位"祭祀，除在正书"天地君亲师位"六个大字以外，在"神龛"的右边，第一条便要写"黔阳荣禄大夫黑神大帝位"或"黑神天子位"，将吴三桂当着神来供奉，可谓趣也。

贵阳，位偏黔南，实居黔中。此地有一巍峨雄壮的黔灵山麓，一峰独秀，故有"黔南第一山"之著称。贵阳从建制以来，便是贵州之省会，政治、经济、文化中心；是兵家占据贵州必须争夺的唯一大城池。只要夺得了贵阳，对贵州诸县的安抚治理，便不在话下。所以，吴三桂四十五万大军，由蜀入黔，长途跋涉，披荆斩棘，逢山修路，遇水造桥，历尽艰辛，路经桐梓、遵义、息烽三驿向贵阳开来，其用意在于夺取贵州的第一大城池。

贵州巡抚曹申吉，提督李本深二人，考虑到吴三桂势大，连孙可望、刘文秀、张碧光在四川抵御都败回云南，何况贵州兵力太少又怎能抵挡得住？二人商议决定，干脆放弃抵御，仿成都官绅办法，备办贵州有名的郑家茅台村酒（简称茅酒），杀猪宰羊，大开城门，为吴三桂接风洗尘，求保纱帽。吴三桂未动一兵一卒，和平顺利地占领了贵阳，极为高兴。在洗尘宴上，曹申吉、李本深与吴三桂饮着满屋飘香的茅台酒，说了许多赞颂吴三桂的好话，吴三桂与二人寒暄着，相互劝酒，客气一番。大家酒兴来了，曹申吉举起怀，又向吴三桂敬酒，吟诗道：

闻应英名举义旗，
茅酒陈酿洗尘衣。
黔地未见兵戎战，
天赐吴王一良机。

吴三桂听了，极为高兴，也举起怀，顺口答道：

多谢二公设盛宴，
茅台玉液震宇寰。

酱香入唇留舌本，
而今得饮甚安然。

李本深见吴三桂对茅酒极为赞赏，饮得高兴，先给吴三桂斟了一杯，自己斟了一杯，站起来敬吴三桂，吟道：

黔北僻地别有天，
茅台酒出岭头泉。
仁怀酿出长生露，
吴王不妨去一观。

说毕，倾杯一饮而尽。吴三桂也对饮而尽，说道："前段由川入黔，路过遵义，由于军事繁忙，只饮了茅台名酒，未去著名酒乡。待以后有闲暇之日，一定与二位同去开怀畅饮。"

大军占领贵阳后，兵分两地安营扎寨。

一是骑兵部队：分驻在安顺地区的平坝、安顺、天龙、马场、二铺等地形宽敞、水草丰富地带，便于屯马养马。故此带地区，过去叫"马军屯"。

二是步兵、水军部队：分驻在贵阳城周围之阳关、猪场堡、野鸭塘、中曹司、狗场、花溪、清镇等丘陵地带，筑"土围"城堡安营扎寨。

贵阳城之周围，山环水抱，绿树常青，风光秀丽，夏无酷暑，冬无严寒，一年四季，气候温和，素有"第二春城"之称。特别是明代的古建筑较多，甲秀楼、翠微阁、三元宫、文昌阁、黔明寺、宏福寺、栖霞岭、仙人洞、阳明祠等庙宇亭台楼阁的陪衬，展现出贵阳古城风貌，人杰地灵的幽雅风姿；若有兴去到栖霞岭、黔灵山高处远眺，贵阳全城星罗棋布的景点，可尽收眼底，美丽已极。因此，吴三桂来到贵阳，去四处巡看，认为贵阳是适合他驻居之地，便把他的指挥中心及行宫官邸，设置在贵阳城的都司路一带。

据传说，吴三桂之王府行辕，设在贵阳城中心之"独狮子"原府衙内，今此地更名为醒狮路；而今，都司路贵阳市第一人民医院的院址，传说是专给吴三桂喂养高头乌驹之地，故此处老地名叫"大马槽"。

吴三桂大军来贵阳分驻不久，突然节外生枝，在湖南长沙出现假传单布告，说吴三桂兵发贵阳，主要是去云南与永历会师，共同反清复明，社会上谣言四起，清廷传来圣令，阻止吴三桂兵进云南。所以，吴三桂大军驻贵阳休整，留守时间较长。

也就是说，湖南假传单布告消息传至北京，多尔衮闻之一惊。疑吴三桂以往曾向他提及过迎太子复明之事，此时朝廷对吴三桂重用，兵力现已充足，羽毛渐已丰满，似乎养虎为患心变，军至贵阳接近云南边缘，合兵复明时机成熟，也许传单布告所言之事不假；有待暂阻进军云南，派员核查落实，有无此事再图后计，以免仓促行事后悔。因此，多尔衮将情况向顺治帝奏明，顺治帝便急下圣令，差钦差大臣赍旨至贵阳，命吴三桂停止进军云南，将大军撤退到陕西汉中驻守。

吴三桂在贵阳行辕接旨后，不解朝廷突然命停止进攻云南圣意。圣旨所言之事不明不白，只言撤军而未言其因，钦差传旨也说不清楚撤军之理，疑中必有人作祟，下此圣令确有蹊跷。所以，吴三桂有理由不受圣命，便当即写一奏章，交钦差大臣带回京都复奏交令。待奏章去京问个明白，皇上复旨说明撤军原因，到时再作决定，退往汉中也不为迟，免得退去又回，返来复去费事。

常言说，将在外君命有所不受。吴三桂有理由质问钦差，钦差无法说清撤军原因，也只好听从吴三桂的安排，将吴三桂写的奏折带回京复奏交令。故吴三桂大军未撤往汉中，仍驻黔中贵阳、安顺两地守候待命。

大军驻下无事，吴三桂便命各地驻军，修筑"土围"城堡，练兵养马，养猪养鸡、养牛养羊，改善军营生活，节省军费开支。故大军走后，在贵阳、安顺两城周围之屯、堡、铺地名，凡冠有猪、鸡、狗、马、牛、羊字者，皆为吴三桂屯兵驻军之地。但另有一说，在安顺地区的屯、堡、旗、营、关、哨、场等地名村寨，是明代朱元璋调北征南，从江南各地迁来的人居住，为了适应战争环境的身居安全，在聚居地修城筑墙，设置哨棚，于是出现姓氏地名村寨，如安顺地区的汪官屯、张官屯等等。

吴三桂大军在养畜改善军营生活期间，也帮助老百姓办些好事，当地老百姓很喜爱他们。如驻扎在安顺地区的骑兵部队，逢年过节，帮助当地农民开展"地戏"文娱活动。戴着木雕凶神恶煞的面具鬼脸壳，头顶青巾花冠，身穿绣衣战裙，手持刀斧长矛，且唱且舞，锣鼓喧天，高声演唱，让驻军百姓同乐欣赏，深受群众欢迎。至今安顺地区的村寨，此类特殊的地域"地戏"文艺，每逢过年的正月初一至十五，以及过"端午"节日，还有组织演唱，木雕怪像面具仍有存留。

诚然，安顺地区的"地戏"非吴三桂驻军发明。据说，它在明代初年，朱元璋驱逐元朝胡人之战，为提高官兵士气，在军中倡导所创的一种文艺。朱元璋派傅友德南征，带军进入贵州，便在贵州各地广为传播；吴三桂军来贵州时，只不过对该戏种起一种承袭作用，在安顺地区开展而已。

地戏所演唱的剧目内容，多为东周列国故事，或取封神演义故事，或取汉书、三国故事，或取薛仁贵征东、薛丁山征西、狄青平南、说唐、宋杨家将故事，大都属武戏一类。由此可知，当初的地戏，是用来练武，加强军事战备的一种娱乐活动。但随着岁月的流逝，而今当地的农民，随着风俗习惯的改变，已把"地戏"改名叫做"跳神"。每逢过节跳神，在场坝里非常引人注目，村内村外，远近不拘，男女老幼，都要赶来观看"跳神"；个个看得眉欢脸笑，偏来倒去，如醉如痴，"跳神"场面热闹非凡。

其"地戏"剧本，有的写得雅韵出神，听起来，极为悦耳。如安顺九溪地戏队的《洗马救驾》剧本，故事说的是秦王李世民，领兵征讨洛阳东镇王王世充，逢"端阳"节两军息战，李世民与军师徐茂公到洛阳城外御果园游玩，被洛阳城内驸马单雄信巡城发现追赶，而在河边洗马的唐将尉迟恭闻讯赶来，大战单雄信，营救李世民。其中一段唱词写道：

徐茂公出场唱："忽见得澄清涧内一员将，涧内洗马看着身；乃是敬德在那里，大叫贤弟尉将军；快往御果园救驾，稍迟主公命难存。"

尉迟恭出场唱："尉迟听得忙上岸，心忙意乱难为情；事急不穿衣和甲，歪戴头盔把鞭拧；赤身跳上乌驹马，一路飞赶上路程；大喝道，青贼休要伤吾主，咱来与你定输赢。"

单雄信出场唱道:"秦王拍马出园门,雄信追上大叫声;大喝唐童哪里走,正正闯着尉将军;便叫一声黑贼子,老子来与你把命拼。"

胡敬德出场唱道:"大胆狂徒休胡讲,打错你的定盘心;你今要想脱身去,除非插翅会腾云。"此时,表演者二人鞭打槊隔,战了三五回合,单雄信一槊打来,胡敬德一手接住又回手一鞭打去,单雄信作遍体麻木样,把手一松,便拍马败进幕去。

试看此段"地戏"唱词是多么有趣。它宣扬徐茂公、胡敬德对李世民的忠心义勇精神,借此以教化军旅官兵、乡土人民,协调处理好社会间的人际关系。其它"地戏"剧本,如演唱《封神演义》中《邓婵玉西岐大战》、《三国演义》中《桃园结义》、宋将狄青与蒙云关守将段洪大战之《五虎平南》等剧目,都是反映古代朴素的忠、义、勇思想,提倡军中不分官职大小,皆以兄弟相称的平等观念;把古人英雄义举,看作是当今伦理道德的楷模。

吴三桂在贵阳待命休闲期间,他除了亲自去瞻仰过明代嘉靖三十年贵州监察御使赵锦倡导修建的王守仁阳明祠外,还带着陈圆圆在贵阳城之观风台、甲秀楼、翠微阁常往闲游,吟诗作对。据晚清贵阳著名文学家任可澄门人,已故名老中医张致安传说,吴三桂与陈圆圆去到甲秀楼、翠微阁赏观日影,触景生情,还留有如下诗句:

吴三桂诗曰:

闲晨信步甲秀楼,
翠微观日碧波收;
天水一色镜留影,
河畔鸠鸣柳梢头。

陈圆圆诗曰:

甲秀水日影,
日归水不归;
晴天一度照,
空留日月辉。

此两首诗，不知载于何史册，未经查证，仅作参考。不过，今甲秀楼、翠微阁两地，只要去站在阁、楼岸边一看，凡是晴天，都能见到日月二影，此二诗确也写得真实动人，情景如画。

吴三桂在贵阳待命期间，休闲无事，他除了带着陈圆圆等家人在贵阳周围景点游玩以外，还去安顺各军营走走，一面巡视军情慰问官兵，一面游山玩水，欣赏贵州"喀斯特"地貌及高原美丽风光。

吴三桂巡视平坝、马军屯、马场、天龙镇之军情时，他便带着陈圆圆、满妃、婢女及侍卫，带上结缘"功德"善银，前去天龙镇之天台山五龙寺朝山进香拜佛，给当地人民留下许多传说。

天台山五龙寺，位于平坝县城西南角十一公里，在今贵黄公路、滇黔公路的南侧，乘火车可在天龙站下车，踏步上山走不远便到。可见，天台山不算太高，从山脚至山顶，约百米左右，步行快者，十分钟便可登上山顶。山顶有座古刹名"五龙寺"，它是建于明万历年间。

五龙寺这座庙乃为两重殿堂，庙中有口清泉由井底涌出"仙水"，据传说，凡得饮此水者，能消百病，使人长寿。庙脚下有棵银杏树，据传说是五百多年前庙内长老和尚所栽，每年可产白果千斤。寺内还展出一个"黄杨木"盆，盆口直径约一尺五寸；据传说，是庙后竹林中，有棵犹如蘑菇伞似壮观的大黄杨树，几百年来枝叶常青，逢冬不凋；但于清道光二十八年，该树被大风刮倒，庙内和尚痛惜，便将该木制成木盆，留在庙中纪念。因年久毁坏，后于民国三十四年，寺内高僧用大洋两千余元，将盆原材料重新精工细作，翻制式样比原来美观雅致，作为寺中之宝，永存纪念。并在盆上刻诗为证曰：

　　最爱天台景，眼前一望中。
　　山后黄杨树，早晚青绿蓬。
　　千百余年久，逾围五尺空。
　　道光念八载，风拔永无踪。
　　制成盆一个，永存天台峰。

五龙寺内，除精制黄杨木盆一宝留存在殿堂内，最珍贵者，是吴三桂朝山拜佛时，赠给寺庙作纪念的朝服一件，宝剑一口，朝笏一块，而今用玻璃框装置，保存完整，存设在殿内，让观众游客欣赏。

天台山五龙寺之方丈、法师、僧侣们，得知吴三桂这个大施主要去五龙寺捻香拜佛消息后，便立刻组织清扫神台寺院，烧茗备食，布置殿堂，忙得不亦乐乎，迎接史无前例的大施主到来。

吴三桂一行人等，骑马坐轿，威风浩荡走上山时，五龙寺方丈、法师领班，穿着伽裟、僧服，走出寺庙山门外古树旁，分长幼先后次序列成两行，双手合十，毕恭毕敬，夹道热忱欢迎。

吴三桂等人走至夹道处，便停轿下马，吴三桂与陈圆圆领头走在前面，满妃及侍卫婢女在后接踵跟着。方丈领班双手合十，开口说道："阿弥陀佛！早闻施主大发吉祥宏愿，要来贫寺敬香，给佛祖增光，僧等不恭，出山门迎施主光临，厚望见谅！"

吴三桂双手合掌亦用佛门话说："善哉！听说天台山三面悬崖，四周靠水，群山突高，万峰独秀，山巅云雾常年笼罩，五龙寺佛祖显灵，保佑安顺地方风调雨顺，黎民百姓五谷丰登，我军驻此四季平安。本王非佛门弟子，但为一军之袖，佛祖如此大显神通，怎敢不来朝拜！我一武夫至此，何劳方丈、法师等热忱恭迎，此便多谢！有劳方丈引路，进寺内去参拜佛神。阿弥陀佛！"

方丈说一声"善哉！"便引路前往，僧侣跟在敬香施主一行人后面而行。吴三桂等人去到禅堂坐下时，方丈命僧侣们去泡天台山特产云雾茗茶端来，让吴三桂等人品饮。休坐片刻定息后，方丈命僧侣们用铜盆盛水，抬到禅堂，让吴三桂等人盥洗，方带领吴三桂等人到大雄宝殿敬香。

吴三桂、陈圆圆等来到大雄宝殿，只见殿堂灯火辉煌，神幡引吊焕然一新，神台供果摆得整齐，殿堂禅垫打扫得干干净净，由住持燃香伺候。

方丈执桴击鼓敲磬，吴三桂、陈圆圆、满妃等毕恭毕敬，虔心诚意，捻香举眉，叩拜佛神。方丈领着吴三桂、陈圆圆等人在释迦佛、如来佛、燃灯佛、文殊菩萨、普贤菩萨、观音大士等佛像位前敬香拜毕后，又领回到禅堂休息品茶。休息片刻，方丈根据吴三桂的要求，又领着吴三桂一行人等，在庙四周游览。

吴三桂站在天台山巅，登高远眺四周。不高不低的馒头山峦起伏，犹如行军队伍一个接着一个形成队列奔走；前后左右还有高出群山的山崖斜横，犹如军旗扛走在前头迎风招展；而在两行山峦队伍之中，又有两座四方形山耸立独秀，犹如一品官坐的八抬大轿，夹在群山中慢行。所以，吴三桂登高远眺后说："天台山风光秀丽，犹如我军之行程画卷，其景美不胜收，真乃仙境之地，非怪佛祖显灵。我军驻此山脚之下，天地人和，承得五龙寺佛祖保佑，平安无事，神助我也。我此次进军贵州，幸有此机会巡视军情，来此山朝拜，得饱此眼福。若不然，如此秀丽的山川画卷风光，天下少有的真山真水，闭目南柯，亦难寻矣！"

吴三桂在天台山巅览景完毕，五龙寺方丈又带他回寺庙周围游览，方回到寺内禅堂，介绍寺庙简历及香火情况。并备斋宴，款待吴三桂一行人员。由于方丈、法师、僧侣们对吴三桂一行人员的热情接待，吴三桂在离寺临走时，捐善资"功德银"一万两结缘，培修庙宇。同时，赠朝服一件，朝笏一块，宝剑一口，留寺内作永久纪念。今时人们去寺内参观，朝服、朝笏用玻璃框装置，宝剑用木架搁置，三物保存完好，成为五龙寺内最珍贵稀有文物，或称它是五龙寺"镇山之宝"。

据传说，吴三桂在天台山五龙寺拜佛以后，下得山来，第二天一行人员，又骑马乘轿，去安顺镇宁黄果树观看大瀑布。观看以后，吴三桂还留下有如下联语是：

黄果瀑布岭头悬，苍碧空中垂白练；
镇宁山川湖内翠，水晶盘里涌青螺。

吴三桂军进黔中，尚有许多轶事可谈。如今安顺、天龙、平坝、马场一带之农民，其妇女仍穿戴大镶大滚、五彩缤纷、丝绸织绣花边的衣裤；腰束缇花穗头的缎带；胸挂绣花圆角围裙；头挽发髻横插"十"字银钗；头包裹折叠白布头帕；耳戴银翠耳环，颈套银环项圈。此类明末清初的女性妆饰，不知者以为是贵州原有的少数民族，其实她们并不承认，自说是大汉族人，今有的称为"屯堡"人，祖籍源于江南，乃傅友德、吴三桂从南京带兵南征，驻贵州遗军之后裔。

吴三桂在贵阳驻军一年多后，清廷多尔衮等人，方查明湖南长沙出现假《传单》布告真相，是云南永历帝、李定国、孙可望等反清分子，破坏清军攻打云南计划所采用的离间之计。此计阴险毒辣，其意有三：

一是以《传单》布告形式，在湖南长沙四处张贴，易将消息传到北京，造谣惑众，扰乱清廷上层人物视线，使之中计，让清廷自己出面，干涉吴三桂进军攻打云南，不用兵戎之战，便可退却吴三桂之四十五万大军。

二是以造谣方式，使清廷中计产生错觉，让自己调虎离山，只要吴三桂大军调走不驻贵阳，云南永历政权便可安然无恙，皇图得以巩固。的确，顺治帝下诏调吴三桂撤退汉中的时候，多尔衮计划调洪承畴率军驻贵阳替代吴三桂。但因吴三桂上书不撤军，故洪承畴未率军来贵阳。

三是以谣言诬陷吴三桂，使清廷信假为真，对吴三桂产生不信任，自乱举措，削弱吴三桂军事实力，激起吴三桂反感，掉头归附永历，共同反清复明，永历帝可坐收渔利，起"一箭双雕"之作用。

果不其然，假《传单》布告在湖南长沙张贴出来后，三项意图清廷中计两项。最后第三项之所未中，是因吴三桂在贵阳接旨，对突然撤军产生怀疑，上书请命撤军原因，清廷无充分理由责处吴三桂，派使臣去湖南周密详查，辨明是非后向圣上禀报，顺治帝与摄政王多尔衮方知《传单》布告是假，对吴三桂改变了看法，方得幸免未中计。

清廷顺治帝与多尔衮得知中计消息，对原自乱举措，盲目下旨，推迟一年多时间攻打云南一事，则后悔莫及。多尔衮为挽回昔日中计之失，向顺治帝自省请命奏说：

"微臣不才，有负圣恩，办事不力，疑人中计，自愧料事不及吴三桂矣！幸好，吴三桂非草莽武夫，遇事心灵敏捷，未听圣命，慎重撤军，上书请命于问，使臣醒悟，派人查明《传单》真相，方知中计。不然，吴三桂遭不白之冤不说，反险些误我朝大事。若吴三桂是懵懂庸辈，听之任之，遵旨把军撤退汉中，而今又命他发兵去攻打云南，不仅吴三桂有怨言不服，即使是服也不愿往，然其兴师动众，来回辗转周折，时间便拖延得更长，军费开支及物资辎运，则更为偾事矣！事到如今，大清统一中国，则不可不统；永历在西南半壁河山乱世，则不可不灭。若要平永历之乱，又须汉人治汉，明臣治明，非吴三桂率师南征不可！前被永历假《传单》布告所惑，臣疑奏请圣上下旨撤军退往汉中，非圣上妄诏，乃臣之过也。吴三桂抗旨请命，正因抗旨方明辨是非，大清江山有救,坏事变为好事,吴三桂抗旨非但无过,反而有功,在此时用人之际,非但不能一错再错指责吴三桂,反要褒扬之矣!而今之计,臣只好自省其咎,请圣上恩准,收回吴三桂原诏成命,重新下旨说明收回成命情况,圣表赤诚信任,补充兵力军费,使吴三桂谅解圣意,命吴三桂由贵阳疾速发兵,征剿云南永历政权。亡羊补牢,犹未晚也!"

顺治帝听阅了多尔衮奏章后,知皇叔摄政保扶大清是一片忠心,在料事不周上出此差错,能自省其咎,知错则改,难能可贵,故未降罪指责,并一切听从多尔衮主张,照奏准办。顺治帝命翰林御史将圣诏拟好,便差原送旨来贵阳的两个钦差大臣,一个是翰林院弘文学士能图,一个是兵部理事官喀巴图鲁,赍新圣旨及湖南长沙张贴过的那假《传单》布告,送至贵阳来交吴三桂。此两员钦差大臣都是满人,他俩带来顺治皇帝口谕,说明收回原诏撤军退汉中情况,补充所需军费随即送来,以表皇上对吴三桂信赖之赤诚。新圣诏曰:"望卿忘却旧怨,谅解朝廷。立从贵阳发兵,征剿滇乱,消灭永历,总理西南诸省军政事务"云云。

钦差大臣与新圣诏虽已说明情况,但由于多尔衮做事多疑,不慷慨坦然,所言诸事常出尔反尔,使吴三桂心绪厌烦,不得不在暗地里提高警觉。

在吴三桂的心底里,一直认为顺治帝无论是对他封官、授权、赏赐、表赤诚等都是多尔衮摄政王的献策,玩弄权术的一种政治手段;历来对他吴三桂是一种利用,而非像对满人那样重用。现在清朝廷之所以对他还未下毒手,主要是因为他吴三桂还有清廷所利用之处。说不定某一天他吴三桂无利用价值的时候,在大清的皇图得以巩固时,便要把他抛到九霄云外去,甚至生命也难保。此乃吴三桂胸中蓄藏已久的疑虑。

正因吴三桂对大清朝廷之做法早有疑虑,所以在横扫苏、赣、湘、川、黔之乱时,便沿途招降纳叛,扩充兵员,壮大自己队伍实力。在进军贵州时,吴三桂军表面上称四十五万大军,实际随着增补之壮大,五十万人马也绰绰有余,只不过瞒着清廷不知而已。吴三桂在贵阳接旨受命发兵攻打云南时,对他夫人陈圆圆说:"此次受命平滇之乱,若灭了永历政权,朝廷多尔衮再要玩花招,我将对他们不客气,就是我和夫人在桐梓崖洞里说的那句话,占山为王,独霸一方。我将占据西南五省,与清廷抗衡，再也不受满人钳制之气！"

　　陈圆圆回说："夫君颇有英雄气概，但要严谨行事。未到不得已关头，则不能行险为之。只要有为妻在你身边助力，大事又何愁不成。不过要沉得住气，凡事都要小心，提防奸细走漏风声。不能凭一时之气冲动，行险以徼幸！"

　　由此可见，后来吴三桂在云南反清称帝，绝非偶然之事。细析情由，主要是当时清廷的上层人物顺治帝、多尔衮、包括康熙在内，对吴三桂素有民族歧视隙嫌；从多疑、不信任、到对吴三桂下毒手撤藩。在此阴谋暗斗的逼迫之下，给吴三桂种下反清称帝的思想根源。能知此者，吴三桂反清称帝，不足怪也。

第四章　平定大西南

第五章
封藩、撤藩

在清代历史上向有"三藩"之称。三藩是指平西王吴三桂、平南王尚可喜和靖南王耿仲明及其子、嗣靖南王耿继茂、孙耿精忠,而实际上,汉人降清后受封王爵者共有五人,除上述三王之外,还有定南王孔有德和义王孙可望,但孔有德于顺治九年(1652年)死于广西,子嗣亦亡。孙可望则在降清后不久死于一次清人的狩猎中,因而异姓封王者只剩下了"三藩"。"藩"为屏障之意,三藩是指三位汉人异姓王受命镇守一方。

清代使异姓出镇地方,当始于入关之初。顺治二年(1645年),诏命吴三桂与三顺王还镇辽东,为清廷第一次命异姓王出镇。时吴三桂的藩属地方为锦州等地,即"出镇锦州,所部分屯宁锦,中左、中右、中前、前屯诸地",而孔有德、耿仲明之藩属在辽阳,尚可喜在海州。此时带有安置的性质。其后,顺治五年(1648年),命吴三桂与墨尔根侍卫李国翰同镇汉中,顺治七年(1650年),孔有德平定广西后即于其地驻守,应为第二次命异姓王出镇。清廷此时命异姓王出镇,则是从统一全国的政治与军事需要考虑,即以汉治汉是其中原统一的重要策略,异姓王所镇地方为军事前沿要地,由于全国尚未统一,作为镇将的藩王随时要奉命出征,因而所镇地方均属临时性的。

清廷正式封建三藩始于顺治十一年(1654年),其时统一全国的战争即将结束,出于对新征服地区抚绥与镇守的需要,于这年二月,诏命平南王尚可喜留镇刚刚平定的广东,命靖南王耿继茂分镇广西。

但是,由于贵州、云南尚未平定,大西农民军不时出师北上,广西以其邻省首当其冲,因而,清廷藩镇广西的意图一时难以实现,耿继茂移镇广西之事暂被搁置,而广东则形成了两藩并镇的局面。

吴三桂封藩云南，实得力于他的老上级洪承畴的鼎力相助。所谓"云贵初定，洪承畴疏用明黔国公沐英故事请以三桂世镇云南"。顺治十六年（1659年）初，云南刚刚收复，洪承畴就以经略身份提出了在云南留兵镇守的问题，他说："云南尤为险远，土司种类最多，治之非易，故前元朝用亲王坐镇，明朝以国公沐英世守，乞敕议政王、贝勒、大臣为久长计，留兵驻镇，俾边疆永赖敉宁"。以元明作比，将他欲以王公世镇云南的意图向朝廷表明。三月二十三日，洪承畴于赶往昆明的路上又一次提出此议，上疏曰："云南山川峻险，幅员辽阔，非腹里地方可比，请敕议政王、贝勒、大臣密议，三路大兵作何分留驻守，贵州中路汉兵及广西汉兵作何分布安设"，请清廷定夺。

兵部以事关重大，只作出"留拨大帅官兵镇守滇南"的决议，至于何人留镇，"请旨定夺"。顺治帝诏命议政王大臣贝勒等会议，于是议决"平西、平南、靖南三藩内，应移一王驻守云南，汉中已属腹里，兼有四川阻隔，不必藩王驻防。应移一王分镇粤东，一王分镇蜀中，何王应驻何省，恭候上裁"。于是，顺治帝"命平西王驻镇云南，平南王驻镇广东，靖南王驻镇四川，"是为三藩分镇之初议。

但是，清廷在广西与四川两地究竟何处应该移藩设镇的问题上始终犹豫未决。这年十二月，顺治帝一度以广西提督线国安被参劾有荼毒地方之举，令其来京，而欲以靖南王耿继茂移驻其地，但"皆未及移"。至顺治十七年（1660年）七月，诏"命靖南王耿继茂停赴广西，率领全标官兵、并家口移驻福建"。至此，最终形成了三藩并镇的局面。

清王朝统一全国之后，唯独在西南与东南设镇藩守，并把云南交给了最勇猛善战的吴三桂，是有其原因的。迄顺治十七年（1660年），清王朝虽然统一了中原大部，但所占领地区尚未稳定，东南沿海有郑成功的抗清武装不时出击，而西南的局势尤为复杂，云贵边陲不但有李定国率领的农民军余部，且诸土司反复无常，逃亡缅甸的永历皇帝对抗清力量还有相当大的号召力。云南虽收入版图，其局势尚未稳定。而当时在朝廷中，宗室诸王即所谓开国诸王，前后多已故世，连曾经率吴三桂一起讨伐李自成的阿济格、多铎兄弟也先后在顺治八年死去。正因如此，异姓王在清军统一全国的最后阶段充当了主力军的角色，而在异姓王中，吴三桂尤以攻伐所向无敌，为清朝统治者所信任，顺治帝曾就吴三桂镇守云南说过这样的话："今思该藩忠勤素著,练达有为,足胜此任。"表明了吴三桂在朝廷乃至皇帝心中的地位。

对吴三桂来说,他所接受的云南未必是一片乐土。且不说其地的战火尚未止息,就西南荒服的烟瘴气候与民少山多、百蛮杂处的生存环境而言,对于生于辽东长于辽东、且年近四十八岁的吴三桂来说,也是难以适应的。早在顺治九年(1652年),定南王孔有德在统一广西后,即有辞粤归里之请,他说:"臣生长北方,与南荒烟瘴不习。每解衣自视,刀箭瘢痕,宛如刻划。风雨之夕,骨痛痰涌,一昏几绝。臣年迈子幼,乞圣恩垂鉴,即敕能臣受代,俾臣得早观天颜,优游绿野"。孔有德祖籍山东,同为北方人,约比吴三桂年长九岁,其年五十左右,与吴三桂封藩云南时的年龄相差无几。因而孔有德所面临的状况当与吴三桂雷同。但是,吴三桂似乎没有孔有德的那种感受,他欣然接受了云南这块"'封'地",并于这年十一月讨教如何自固。据史书记载,"经略洪承畴东还,吴三桂请自固之策,承畴曰:不可使滇一日无事也。吴三桂顿首受教"。

这恐怕就是吴三桂与他人的不同之处。孔有德可以在广西收复后,请求还京"早观天颜,优游绿野"。洪承畴亦能够在西南尽归版图后,以目疾自乞解任,而唯独吴三桂不能,他反求"自固",这表明,他比别人有着更大的权力欲,更大的"野心",这既是他能够成就"王业"的动因,也是他最终败亡的所在。当时,吴三桂所追求的或许就是云南那"天高皇帝远"的乐趣吧!

然而,我们也不难想象到,在那显赫的权势之下,吴三桂仍求自固,正表明他并没有心理上的安宁与平衡。

吴三桂自受命镇守云贵,就有一个长远打算:他要世世代代以云贵为家,把这一广大的肥土沃野作为他及其子孙的世守藩地。他一心要仿效明朝的黔国公沐氏,做清朝的"黔国公",与清朝相始终。

云贵原为明朝黔国公沐氏世守的故地。早在明洪武十五年(1382年),沐氏始祖沐英即受命镇守云南。沐英,定远(安徽宁远)人,十余岁时,被太祖朱元璋收养,一度改姓朱。长大后,随军出征,屡立功勋,深得太祖信任。洪武十年,封西平侯。洪武十四年(1381年),南征云南时,他已是一员重要的战将,智勇双全,从元朝手中夺取了云南。战争结束后，太祖就把他留镇云南。元朝余部和仍受元朝影响的少数民族不时策动反抗活动，都被沐英逐一平定。沐英威镇四方，云贵局势日愈稳定。太祖非常满意。洪武二十二年（1389年）冬，沐英入朝南京，太祖赐宴奉天殿，赏赐大量黄金、白银等贵重物品。临别时，太祖用手抚了抚沐英的肩背，亲切地说："使我高枕无南顾之忧的，就是你沐英啊！"表示了对沐英的完全信赖和期待。洪武二十五年（1392年），沐英病故，追封黔宁王。自沐英死后，其子沐春袭爵，沐春死，无子，其弟沐晟袭爵，始封黔国公。从沐晟后，明朝的历代皇帝都准许他们的子孙继续世袭黔国公爵位，镇守云南。云贵真正成了沐氏子孙世袭的领地。自朱元璋开始，重建同姓诸侯王，沐氏虽生前都不得封王，但其地位同朱氏诸王无别，而且世袭不变，这在明朝可算是一个例外。因为作为异姓的沐氏，享国最久，竟与朱氏诸王一样，跟明朝相终始。从朱元璋在世时的第一代沐英，到崇祯、南明永历两朝的沐天波，已历十二代。沐天波随永历避难于缅甸，又遇害于缅甸。永历被俘，南明亡国，沐氏爵位与世袭也随之而烟消云散。

　　明朝允许沐氏世守云贵，那么，清朝是否也允许吴氏世守云贵呢？这的确是个谜。朝廷在任命吴三桂镇守云南时，洪承畴就曾援引明朝沐氏世袭云贵例，建议命吴三桂世守云贵。这很符合吴三桂的愿望，因为给他这一块土地，已满足了他的利益要求，也符合清朝入关时许诺的裂土封赏的条件，他对此感到满意。他期待他的平西王爵可以世代传下去，让吴氏子子孙孙永享富贵。这是吴三桂镇守云贵的基本想法。因此，他开始苦心经营，积敛财富，广殖田产，大建宫室，他的亲属部将也都营建家室，以为永久之计。这时，还看不出吴三桂有阴怀异志的迹象。

　　吴三桂的愿望如此，然而，他对朝廷有朝一日改变政策不无担心。在洪承畴离云南时，吴三桂曾密求固守之法，已透露了他的心事。吴三桂并非是一介武夫，他对历史颇为熟悉，像"高鸟尽，良弓藏；狡兔死，走狗烹"一类的惨剧，他应该有所记忆。历代许多王朝，往往在取得了全国的统治权后，大肆屠戮功臣宿将。这就如打猎一样，鸟打尽了，再好的弓箭也没用了；抓到了兔子，猎狗就成了多余，不如与兔子一起杀掉吃肉。吴三桂一想到这一幕幕惨剧，不能不心有余悸。因此，他"怀'藏弓烹狗'的虑深",极力保住兵权,掌握军队,以图自固,才不致被任意宰割。

吴三桂对朝廷的疑虑不是杞人忧天。从表面看,清在入关前,就实行"满汉一体"的政策,对满汉文臣武将一视同仁。其实不尽然。凡属征伐,满族贵族掌兵权,政府六部首脑,皆以满官为头。处于一般地位的汉官,朝廷还可放心,但身处显位又掌握军队的汉将就不同了。朝廷对他们是放心不下的。既要用他们,还给予必要的监视和控制,体现了朝廷对汉官汉将政策的两重性。采取留子(或亲属)于京师的办法,就是对他们最好的控制。汉官中权重位宠的,莫过于吴三桂及尚可喜、耿仲明、孔有德等人。当他们长驱南下后,吴三桂把长子吴应熊、尚可喜把三子尚之隆、耿继茂(其父耿仲明已去世)先后把二子昭忠、三子聚忠送京师,入侍世祖。康熙七年六月,尚可喜又主动把长子尚之信送来"入侍"康熙,受到皇上的嘉许。朝廷明里给这些入侍的子弟以优厚的地位,都招为额驸,极示笼络之意;实则暗里将他们当作人质。吴三桂等人的儿子掌握在朝廷手中,不敢心存叛逆之念,只能小心谨慎地尽忠于大清王朝。

朝廷与吴三桂等人各怀心事,是不言自明的。既然他们的儿子留在京师,他们正好利用这个条件,时刻探听朝廷的动向。吴三桂有此考虑,特把他的一个亲属胡心水安排在应熊身边,嘱咐他说:"吾子年少,不懂事,烦你代为照料一切事。"胡心水心领神会,悉心掌管应熊额驸府中日常庶务。他"挥金如土,上下左右无不相得"。凡有关吴三桂的事,都靠买通的朝臣替他说话。他专刺探"密事",及时向吴三桂报告;应熊也留心朝廷举动,"多聚奸人,散金钱,交通四方",凡大小事,他都"飞骑报闻"。吴三桂虽身在数千里之外,朝中一举一动,无不了如指掌。

当然,这个时候的康熙皇帝也无时无刻不在"关注"着吴三桂,"想念"着吴三桂。

随着对权臣鳌拜的诛除,取得政权的稳定,康熙帝勤于读书外,最让他"动心"的就是"三藩"之事了。

话说一天深夜,康熙手不释卷。

当他翻开史册,一千多年的历史事件尽现眼前:商周之时的侯、伯之爵，便是最早的分封制；西汉时被封的异姓王韩信、英布、彭越则成为危及王朝的祸端；汉文帝与景帝时，由于要削弱封国的封地，以至引起吴楚七国之乱；西晋的封王，引得烽火连绵，国势大衰，最终灭亡；唐代的以王封藩，引出安史之乱；明太祖封王二十四人，致使各王谋夺帝位，起兵为乱。前车之鉴，血的教训，使康熙帝越来越认识到三藩对自己的威胁。当下的三藩与前代历朝相比则有过之而无不及，三藩既要清廷的财饷负担，吴藩每年需俸饷九百余万两白银，加上闽、粤二藩，每年需俸饷高达二千余万两白银，单此俸饷就使全国财赋耗去一半。国之天子焉能不愁不焦？

而康熙帝终日将三藩的藩主在心中掂量对比：粤藩，即尚藩，是由尚可喜建立的。尚可喜为辽东人，早在崇祯七年即率众归降大清。后在多次征战中立功。入关后，随多尔衮入定山陕，征服湖南，最后平定广东，从此便镇藩于粤。

耿藩，即镇守于闽地的耿继茂建立的。此人为辽东人，其爵位乃承袭其父耿仲明所得。耿仲明于崇祯九年降清，被封为怀顺王，入关后被皇上赐金册金印并封为靖南王，与尚可喜同率三万兵马征广西，后以逃人罪发，自缢身亡。耿继茂则受命袭父爵，移镇福建为闽藩。

而吴藩便是率兵镇守云南的吴三桂。他降清晚，但功劳茂著，被授予金册金印，正式册封为平西王。后又被顺治帝令其驻镇云南，进封为亲王，并下令将云、贵二省的总督、巡抚敕书撰入"听王节制"四字，吴三桂便成为镇藩云贵的总管大员。

与耿、尚二藩王相比，吴三桂更让康熙帝担心。他从种种蛛丝马迹之中看到洪承畴似乎在不声不响地支持吴三桂，在最关键时，洪承畴的一句话、一个奏疏总是为吴三桂说话的。

鼓交四更，康熙帝依然毫无睡意，他起身走到殿外，仰视苍穹，夜空清静，空气令人心地爽朗，他乘兴打了两路拳脚，感到身心爽快，回到御案前，他饮了几口人参汤，又坐下翻书观看。一篇看完，一个疑问飞向心头：为什么先帝要封藩呢？我大清国本是一小国，要占领中原，光靠自身的力量远远不够，这就要用以汉人制汉人的良策，而依靠的汉人，为笼络其心，必要赐以高官厚禄，使其真正受到恩典之后，方能死心塌地为我卖力。但是眼下，四海升平，汉人对清人坐天下已经接受了。这时若再给予藩王如此大的权利，莫不是自毁江山？人心无足，是人的本性，贪得无厌更是一切罪恶的渊源。手握兵权、政权、财权的藩王如不加以节制，必要危及皇家天下。削藩之念此时当正在康熙心中成形。

只是，他还需要时机。

康熙帝深深吸了一口凉气，抬头望见灯火照亮的殿柱上的六个字，仿佛是一个心病在心口上搅得疼痛难忍。

"来人。"

一个太监出现在面前，他小声轻言："陛下要……"

"把今早各部的折子奉上朕看。"

那太监只好急步将所有奏疏捧上，轻放在龙案上。康熙帝一眼看到最上面一封奏疏为云南督抚所奏，急忙打开一看，原来是督抚将曲靖知府李率祖得到一个反清人的情报呈上的：

"查下江人，名查如龙，南明弘光时曾任部郎之职，弘光朝覆灭后，仍不忘复明之志，流落江湖，联络各方，并亲手伪造天下督、抚、提、镇书札，和官封、印信、花押、图章等，皆联络声气，共图举事，恢复中原。此人来到云南，寄住距滇城不远的一座山中僧舍，并写血书一封，特奉给藩王吴三桂，书中云：'天下督、抚、提、镇及朝中大臣，皆有同心，待王为盟津之会。王，华人也。当年之事，出于不得已，今天下之机杼在王，王若出兵以临中原，天下响应，此千古一时也。'查如龙今已被捉拿在押……"

康熙帝将此奏疏连看数遍，耳边仿佛鸣响警钟。反清复明的人还在，而此人为何要打吴三桂的主意，若吴藩没有举义之心，一个小小的查如龙安敢如此？可惜，查如龙的血书没有奉给藩王，手中便没有抓住吴三桂的把柄。突然，一个念头袭上康熙帝的心头：

"若派一名心腹前去云南，暗中侦访，不怕看不出吴三桂的真心。"

当即唤来一名四品侍卫官上殿，此人年方二十，中等身材，英俊无双，姓王名飞，原为辽东人，随父母入关后，居正白旗中，此人与十几个小皇子曾在一起习武，捉拿鳌拜时，立了大功。

"万岁，臣在此聆听教诲。"

"王飞，你化装为一名书生，潜入云南，多方侦察藩王吴三桂的所作所为，朕亲赐你金牌携带在身，若遇危险，万不得已时方可出示。"

"万岁圣明，臣不辞艰辛，身入虎穴，不探明真相，决不回来见陛下。"

此时的吴三桂呢？似乎心事重重。

每天早晨，当他登上大观楼，放眼滇城风光时，心中便涌上一股难言之苦：云南为我拼杀而得，得此藩王，理所当然，你皇上为何要我拱手交权献地？英雄本色乃迎难而上，为了探明你万岁爷的心迹，我何不来个投石探路？若皇上准奏，即为立意要撤藩；若拒绝奏疏，当无撤藩之意。想到此，吴三桂心中还是万分担心：若真的准奏，我岂不是没了后路？当他悻悻走下大观楼时，正遇到女婿夏国相，只见他迎上来，一个伏地大拜：

"泰山大人在上，小婿颂祝大人吉祥大祺。"

吴三桂微笑着示意他起身，边走边问："贤婿见我必有要事，不妨讲出。"

"泰山王爷，此乃机要之事，还是回府中一叙为要。"

吴三桂点点头，二人入得内厅，夏国相叩首后入座："泰山王爷，小婿有一事相告：云贵之地太平无事，皇上必要动念撤藩之事。"

吴三桂一听，故作惊讶："贤婿是从何方听得此事？"

"泰山王爷，纵观千古百朝，帝王乃寡人之心，在其当政之时，焉能容如此割地封藩？"

"眼前封地赐王不是已成事实了吗？"

"泰山王爷，清人入关，兵力微薄，必要以汉制汉为良策，今国事已安，藩王必不能久存。还望泰山王爷三思。"

"哈哈，真乃我之贤婿也。"吴三桂心喜大笑，"我正要差人去请汝一叙，此刻用何良策可侦得皇上真心？你可说与本王听。"

夏国相得到泰山大人的夸奖心中甚为喜悦，便将个人心思一股脑儿说出："泰山王爷可向皇上奏疏，言身染目疾，求皇上解去云贵两省事务。奏疏批下来之后，即可得知皇上真心所为。"

"如若皇上真的准奏呢？"

"泰山王爷，圣上绝不会如此愚蠢。"

"此话何意？"

"泰山王爷可在上奏的同时，让你的部下也各自上奏，一方面颂大人之业绩，一方面重申滇地苗人不安定之事，这样，圣上绝不会轻易准奏撤藩。"

双管齐下，一个假意称病，一个真心称颂，最终殊途同归。

"好，好，真乃良谋上策也。"

正当此时，一内侍上前禀告：

"王爷大人，新任云贵总督甘文焜大人前来府上拜谒王爷。"

"请，厅堂召见。"

吴三桂对云贵藩地的大小官吏，俱看成手足，拉为亲信，网为党羽。前有巡抚袁懋功被内召返京，吴三桂亲自带手下相送城外，并赠银两十万，袁大人感激万分，回京后，俱言吴三桂之功劳业绩。当前来继任的巡抚李天浴上任后，因水土不服，患病卧床，吴三桂得知后，竟要率人前去巡抚府探视。手下有人出面相阻："王爷在上，区区一个巡抚，焉能令王爷屈尊探视。"

吴三桂笑曰："凡在我藩地任职者，皆为本王之亲人，前去探视亲人，乃大仁大义也。"

巡抚李天浴看到来府探视病情的藩王大人，既惊讶又感激，伏地而拜，吴三桂急忙双手扶起，悉心安慰："初来滇地，身体不适，必然也。还望巡抚大人安心静养，但有不快之事只管报于本王，吾将为你解忧。"说罢又令手下奉上白银千两。

今闻总督自贵州前来拜谒，吴三桂忙坐于王府大厅。可是，令吴三桂想不到的是，这位总督大人竟从旁门而入，吴三桂颇感不悦："总督大人来王府，为何不从正门而入？"

甘文焜俯身再拜：

"王爷在上，下官虽为本藩地总督，但在王爷面前官微位卑，实不敢从正门而入。"

"嘿嘿，我王府上可迎圣上万岁，下可接平民百姓，你一朝廷命官，入王府，本当光明正大，莫不是想来王府探听打道吗？"

"王爷息怒，下官无知，今有王爷当面教诲，下官下不为例。"

事后，吴三桂仍疑心不定，甚感此人怀有异志。半个月后，吴三桂决定带人赶到总督府巡视，没想到不但没有解去他心上之疑，反而更使疑心加重。

当总督府门卫看到藩王赶到府门前时，急忙赶到内府禀报。此时的甘文焜正在赶批公文，忽听藩王亲临府上，急忙走上前去拜见，刚刚来到二门，家人告知："老爷，你穿便服迎王爷岂不轻蔑王爷？"甘文焜一听，才知自己匆忙中，忘记穿官服，于是又急急折回内府，将官服穿戴整齐之后方才赶到府门前迎接藩王。岂料前后一番折腾，迟迟出迎，吴三桂料定甘文焜是故意蔑视本王，以此傲慢之举报复前次受斥之事。

当吴三桂被迎到大堂上入座之后，冷言相问："总督大人为何迟迟不来迎见本王？"

甘文焜红着脸自责道："王爷在上，下官正在房内批阅公文，听王爷驾到，急忙着官服而出，故耽误多时，望王爷恕罪。"

"如此轻率言语，焉能推脱轻蔑本王之责？"

"王爷在上，下官实不敢存此心，还望大人恕罪。"此时的甘文焜心中也有怨气，但不敢顶撞藩王，只能一再恳求明心。

吴三桂此次亲临总督府后，疑心更大，不欢而回。

刚回到王府，吴应麒就来禀告：

"叔王大人在上，侄儿有一事相告：昨天在甘文焜的总督府里，我看见几件珍宝。"

"是什么？"吴三桂颇感稀奇，"你怎么会发现？"

"侄儿借故来到总督府偏院，在一系列刀枪剑戟丛中，侄儿看见了八支豹尾枪。"

"豹尾枪？你看清楚了？"

"叔王大人，侄儿绝不敢谎言，而豹尾枪乃枪矛中最坚韧有力的，其枪头为韧钢而制，扎入人体热血中不变形，锋利无比，枪杆长如豹尾，且硬如钢，软如绵，与对方交锋时，软中带硬，硬中含软，令对方难以招架，武林中称为枪中之王也。"

吴三桂听了，沉思间捋须不止：一个总督大人为何有此上好兵器？我藩地中的官员上任之后，皆要用最珍贵的物品向我奉献，你一个甘文焜不但未对我有分毫进奉，而又屡次对我蔑视，难道你要与我吴三桂作对？

"来人。派上十名亲兵，随从吴应麒前去甘文焜府上将豹尾枪借来，让本王欣赏。"

吴应麒带着亲兵二次来到甘文焜的总督府上，开宗明义，说明来意，甘文焜一时语塞，心想：我的豹尾枪藩王如何知道？一个王爷向下官索要欣赏，这必是看中了此物件。这真是逼到墙角上，上无路下无门，只得如实奉上。甘文焜当时又多了一个心眼儿：

"吴将军，王爷要将豹尾枪欣赏视之，下官万不能让你亲自赶来，只要下个令，我自送上，好，我将家奴带上，与汝同行，亲自送给王爷视之。"立时，命家丁携带八支豹尾枪，随自己马后，跟着吴应麒一同奔向藩王府。

当甘文焜将豹尾枪一支支摆放在王府大厅上时，吴三桂感到双眼一亮，不禁连声称赞："好枪，好枪！"

他走下虎皮大座，用脚尖挑起一支，那豹尾枪如旗杆翘起，弹向半空，吴三桂轻身一跃，结结实实抓在手中，只感到沉甸甸的，十分压手。吴三桂立时兴起，立时脱去藩王蟒服，连三步急跳到厅前的场地上，双手握枪，一个马步横跨，枪自手出，扎前方，忽地收回，一个风车大转，又扎向身后。随之腾空一跳，那豹尾枪如出水巨蟒，刺前扎后，挡左横右，架上扫下，虎虎生风，枪尖闪银辉，锋利发寒气。正当众人看得眼花缭乱之时，只听吴三桂大叫一声："着！"手中的豹尾枪刷地抖起一道寒光，从人头顶飞过，直直扎入坚硬无比的大墙上。围观众人齐声叫好！

吴三桂拍拍双手，轻轻一笑："果然名不虚传！"而后，平伸双臂，侍从立即给穿上蟒袍。吴三桂转身回到虎皮大座上，端过内侍送上来的香茶自饮一口。

甘文焜看到吴三桂对自己的豹尾枪十分珍爱，便走上前一步，叩首，刚要发话，只见吴三桂接过内侍送来的一条毛巾轻轻擦抹一下，不容他发话，便责问道：

"甘文焜，这豹尾枪是从何而来？"

"王爷在上，下官自京师奉旨南下，路过南少林寺时，正值滂沱大雨，只好在寺中暂住，每日饭后，除去阅读圣书就是观看寺中武僧练武。寺中长老看我一介文弱书生喜爱武艺，便送给我这八支豹尾枪。下官甚感荣幸，便将此枪置于府上后厅，早晚也掂一掂，感受此中韵致。

王爷若……"

甘文焜一句话没有说完，早见吴三桂把手轻轻一摆："非也。此枪名为豹尾，又是出自南少林寺老僧之手，当为珍物，而此种上好名枪，非亲王不得所用。你藏匿府中，实有违制越礼之举。不知总督大人知大清律否？"

一席话说得甘文焜浑身直冒虚汗，好端端的礼赠之物竟然成了违制之罪的证据。一位官至总督的大吏，难道不明大清律？你这明明是以势压人，甘文焜急忙下跪："下官知王爷喜爱此物，便决意将此八支枪奉献给王爷。"

"嘿嘿，晚了。为何本王没向你索要时你不先提出奉献之事？难道你不知本王横刀跃马，闯荡九州之事？"

"王爷休怒，下官有罪，望王爷严惩。"甘文焜屡次要求宽恕，而每次都是有罪，眼下就让你王爷严惩吧，看你能把我如何处理？

吴三桂听了，轻轻一笑："送客！"

甘文焜白白丢了八支豹尾枪，又落下一身的罪责，只好垂头丧气打道回府。

吴三桂平白得了八支豹尾枪，心中的怒气仍未消除。他认为这是下属的官员应该对自己奉送的。而这一次是经过训斥后得来，显得甘文焜这个总督大员很不识相。

"真乃一个无用的书生。"吴三桂口中颇有怒气。跟甘文焜几次接触，他认为没有一次能使自己感到满意的，知道此人不能拉为知己，为己所用，对这样的人就要狠狠地治一治，让他知道王爷的威名，好在手下服服帖帖，不然有朝一日，他将自己的私密奏报皇上，将会坏了大事。他转念又一想，这样的人与自己已有嫌隙，且与日俱增，再想将他降服，又怕有不妥。不如将其排挤出藩地，调往他处，方才干净利落。

"此一介文人，虽腹中有圣经，但手无缚鸡之力，不妨让他带兵上阵，轻则败下阵来，重则可在阵前身亡。如若两者都能躲过，可奏疏圣上，说其无才无能，削职另调更好。"

吴三桂经过一番沉思之后，先让一亲兵携书信前往康东，找到苗族土司阿戎，让其自装作乱，并令当地苗民前往总督府通报。

待这一切布置停当之后，果然，三天后，甘文焜亲自赶来藩王府，急奏藩王：

"王爷在上，今有康东苗土司阿戎，率兵危害地方，望王爷发兵镇压，以求地方安宁。"

吴三桂先是一惊："有这等事情？"

"下官绝不敢谎报军情，还望王爷速作主张。"

吴三桂起身在厅堂转上一转："本王身染微恙，不能亲征，部下将士多是粗鲁武夫，虽能阵前施威，但苗人刁猾，没有人率领必会使歹人逍遥法外。以本王之意，总督大人可挂帅出征，率兵前去讨伐，汝意下如何？"

甘文焜乍听此言，心里一抖："王爷，下官乃一文弱之人，从未率兵出阵，这么大的事，实不能胜任。还望王爷再思良谋。"

"汝一地方总督，必要文武兼备，虽然未曾带兵，今日不妨一试。"

甘文焜这时才知道王爷是要让自己在阵前出丑，岂止是出丑，简直是将自己推向火坑。如若自己怯敌不前，必要受王法制裁；若自己在阵前兵败而回，依然要被朝廷问罪，想到此，甘文焜胸中燃起一股怒火："吴三桂你好歹毒呀！你三番两次刁难本官，我与汝无冤无仇，为何这般对我，实在太不公平，眼下自己已被逼到悬崖之上，不跳是死，跳也是死，不如豁出去拼此一场，即使阵前丢下性命也比受你藩王污辱好受。"

甘文焜深深一拜："王爷如此看重下官，我自当当锋向前，愿与土贼决一死战，保一方百姓平安。"

吴三桂当即令吴应麒率三千兵马，随甘文焜出征。

甘文焜率兵出阵，在深山野林行军一天，夕阳西下时，突然有一支苗兵迎面杀来，甘文焜毫不惊慌，下令吴应麒率兵迎战，苗兵看到吴应麒跃马横刀，立时缩成一团，为显示自己的威风，吴应麒挥刀向前，一气追向深山之中。

此时，甘文焜身边只有三百兵丁，正待前行，突听一阵炮响，又一彪人马从背后杀来，为首的正是土司阿戎。

"哈哈，好一个总督大人，本王略施小计就将你擒下，哈哈，来人，把这个狗官给我拿下！"

看到如此众多的苗兵，三百个兵丁个个畏怯后缩，正当这紧急关头,突然丛林中跳出一个后生,高个、宽肩、蜂腰、背上斜挎一件薄薄的行囊,手中挥着一柄利剑,一言未说,便径直杀向阿戎,一群兵丁急忙掩杀向前,那后生一个秋风扫落叶,十几个兵士掉头断臂,像一堵墙塌到地上。阿戎大怒,急喊一声,挥刀杀过去,那后生冷面而视,用锋尖指着阿戎的脸面,怒吼:"不要如此造次,要安分为上!"

"哈哈,你一个小毛孩子,敢与我较量,好,本王留你一个全尸就是。"纵身一跳,劈头砍下去,抽回扎心,又上舞下扫,那后生全无惧色,像一只精灵无比的猴子,左闪右挪,飞空盘地。阿戎望见如此勇士在自己刀下不与对阵,只是一味的躲让,似乎有意要弄自己,更是七窍生烟,飞刀一时掠断虬枝,一时砍在巨石上金星直冒,一时斫地掘土,连那后生的毫毛也没沾上。阿戎心中不禁犯毛:此人武艺如此高强,恐怕不是他的对手。便就势一扫,跳到一边,率领部下跑开了。

那后生也不追赶,只是放声大笑。

甘文焜被眼前情景给惊呆了。看到贼人逃走之后,他便下马上前叩首:"敢问壮士姓什名谁?"

"后生姓张,单字一个生也。"

"壮士为何路过此地,深山野林,野兽出没,还有苗人挡道,随时都有性命危险。"

"大人看见了吧,后生我并没有与苗人对战,只是凭其心性躲闪而已,那人便吓跑了,实不能怪我无理也。"

如此风趣言语更使甘文焜感动不已:"壮士,天色已晚,你还是随本官在兵营过一夜,明日再走不迟。"

"哈哈,大人,你莫不是想请后生为你保驾吧?哈哈,后生从命。"说着,收回利剑,随甘文焜寻路前行。

吴应麒追杀一阵,带兵返回时,看到总督大人安然无恙,心中也感到安稳。当即便命兵士在此安下营寨,待明日再与苗人会战。

上半夜,晴空无云,明月当空撒清辉,三更过后,南方云涌如潮,随着一阵急风,雨点毫无顾忌地洒下来,早早进入梦乡的兵丁突然被一阵喊杀声惊醒,黑暗中,全营混乱。吴应麒急急率兵迎上去,甘文焜则随着乱兵在雨中奔跑,实未料又被阿戎带着兵丁围住:

"哈哈,狗官哪里走,今儿可要尝尝本王的'快刀面'了吧!

第五章 封藩、撤藩

哈哈。"

阿戎大叫大笑，正在得意忘形之时，那后生早执剑跳到他面前，一剑刺去，阿戎急忙用刀架开，在哗哗的雨水中，二人急刀快剑，拼杀死战。仅仅三个回合，就见那后生在雨中一个旋转，剑锋直刺阿戎的咽喉，阿戎大骇，惊叫一声，头一偏，肥硕的肩膀被划去一块肉皮。阿戎急忙回身逃走，边跑边喊：

"甘大人，本土司再也不敢狂妄造次啦！"

黎明时，甘文焜整顿兵马与吴应麒一道奔康东而去。那后生悄悄附在甘文焜的耳边小声说道："甘大人保重，后生去了。"

甘文焜还想命人去寻，早不见其踪影。

阿戎土司收敛以后，康东本来就没有匪情，时至中午，早有藩王传令兵赶来禀报："启禀总督大人，康东苗人见阿戎已被震慑，愿安分听命，王爷令大人率部返城。"

如此一场闹剧，草草而收。吴三桂并没有就此死心。经过一番思虑，他又将总督甘文焜传来王府。

"你身为本王藩地总督，上任以来，对所属封疆，并未细细了解，今天本王特令你巡视全省，速作准备。"

"王爷在上，下官领命，明日准备，后天出发。"

此次例行公事，甘文焜毫无怨言，但自己内心不免也有担心之事：滇地偏僻，各族人散居在深山老林之中，不光路途险阻，且常有歹人出没。另外，虽然滇土已归顺大清，但各地土司反复无常，寻衅滋事时有发生。但秉公而办，天大的困难也不能阻挡。

两天后，甘文焜率领督标兵马五百人，急急启程，先由玉溪南下，经个旧、蒙自，往西至景洪、沧源，所到之处，满目疮痍，百姓或穴居山洞，赤身围火而聚，或高居竹楼，荒草盖顶，室内八方透风，暴雨袭来，实有风雨飘摇之感。民人所食玉米，一日两餐，以稀糊野菜果腹，男人以芭蕉叶护体，女人只能以粗麻布围身，孩童个个裸体，由于风寒饥饿所迫，不及壮年，便早早夭折。

每到一地，百姓俱伏路边而跪，苦痛之状，惨不忍睹。甘文焜只得以好言劝告山民勤恳耕种，以图日月康宁。看到官员如此体恤民情，百姓个个感动，有的奉上野兽肉，有人送上苞谷酒，还有的山寨鼓锣奏乐，老少舞之，以示迎贺。更有山民自觉结队带路、护送，使甘文焜绕过险滩恶水，跨过悬崖峭壁，一路平安。就在他归来的途中，在一山中古寺居住过夜时，又一险情出现：夜半时分，正在迷迷糊糊之中的甘文焜仿佛听见寺门被推开，只见一个人影举刀朝他头上劈来，猛听"哨"地一声，那黑影人的刀被一支利剑架住，二人便在室内奋力厮杀。甘文焜惊慌不已，随即大声叫喊："来人！有刺客！"

待居住在隔壁房间的兵士赶来，打斗二人早早穿窗飞下院中。兵士急忙点着火把，围住二人，只见一黑衣人与一身着白衣的后生打得不可开交。甘文焜迎着火光，看那白衣后生，断定是征剿阿戎之战中前来相救的壮士，急忙下令兵士，一起上去捉拿穿黑色夜行衣者。看到人多势众，那黑衣人一连三个虚招，就地一滚，逃出圈外，飞墙而逃。那白衣壮士不甘落后，一样腾空追去。

从此时起，兵士再也不敢安睡，围聚在总督大人的居室四周，直待东方发亮。

惊魂未定的甘文焜独自沉思：我乃一任新官，在此地并未与任何人有芥蒂，为何要前来加害于我？那白衣壮士是何人，为何三番五次相救于我？巡视荒僻之地都未有此情，为何到滇城附近又生如此险情？

一个个疑团令甘文焜百思不得其解。

领着督标兵回到滇城之后，甘文焜首先赶到藩王府向吴三桂禀报巡视事情始终。他先将百姓疾苦、田园荒芜、百业凋敝之事一一细细叙述。吴三桂根本没有心思去听，但又得装出静心倾听的样子。最后，又对甘文焜巡视之事给予表扬："甘总督不辞艰辛，踏遍全省，访贫问苦，真乃我大清国忠臣也！"

一句违心的鼓励，使甘文焜心里热乎乎的，情感一激动，便纳头大拜："王爷在上，下官前次出征剿匪靖边，此次巡视封疆，多次遇到惊险之事，险些遭到杀身之祸，多亏了王爷暗中派遣一名武艺高强的后生，暗中护卫，才使得一次次逢凶化吉，遇难呈祥。在此，下官再向王爷深拜，表示答谢之心。"

吴三桂乍听此事，心中十分狐疑，但表面上故意装作大度的样子："区区小事，何足挂齿，本王想问一下，你能否把那壮士的模样叙说一遍？"

甘文焜立时来了精神："那壮士年方二十，高个、宽肩、蜂腰，身着一袭白衣，背上斜背一件薄薄的背包，手使一把三尺长剑，锋利无比，真可谓削铁如泥，其身手不凡，剑法娴熟，有万夫不当之勇。"

吴三桂一边故意点头应是，一边用心思考：此人到底是谁？部下的将士无一人前往，莫非是江湖上人？可为何要来暗中护卫他呢？

甘文焜退回总督府后，吴三桂立即将马鹏召来，将甘文焜叙说的人又重叙一遍："此人是谁？为何暗中护卫甘文焜？你要暗中私访探明，只要发现这人，立即捉拿，只准要活口，不要死的。"

马鹏听了，脸色疑云密布："王爷，此人难道来自京师？"

"此话怎讲？京师来的人为何能暗中护卫甘文焜？难道京师有人专心有意？不，一个小小……"

马鹏叩首而言："王爷，此人莫非是专对着王爷而来的？"

"啊，"吴三桂仿佛受惊雷一震："若真是如此，更要下力气予以捉拿，万万不可轻忽！"

"王爷，下官即刻布人侦听打探。"

云贵藩王吴三桂以目疾上疏朝廷请求解去云贵两省事务，康熙帝接此奏疏，心中感到欢喜，立即传旨部仪。

但是，在讨论吴三桂撤藩时，出现了两种根本不同的意见：户部尚书米思翰、刑部尚书莫洛等少数人主撤，兵部尚书明珠赞成。他们认为，应将吴三桂本人和所属官兵家口全部迁移，在山海关外"酌量安插"。云南方面，土司"苗蛮"等族杂处，不得稍微忽视防御，在吴三桂迁移时，应暂派满洲八旗兵戍守，等戍守官兵到云南时，该藩启程。满洲八旗兵如何派拨，四营绿旗兵如何归并，该藩沿途须用钱粮及人夫等项，应由户部详议。多数廷臣持相反意见，其中内弘文院大学士图海、索额图等，主张最力。他们说，吴三桂镇守云南以来，地方安定，总无"乱萌"，现在如将他迁移，不得不遣兵镇守。兵丁往返，加上平西王及属下迁移，沿途地方百姓驿站兵丁苦累，而且戍守云南之兵，都要暂时派遣，骚扰地方，亦未可定。应令吴三桂继续镇守云南。

康熙为慎重起见，又指令议政王大臣会同户兵两部及九卿科道诸臣再进行讨论，希望取得一致意见再上奏。会议结果，还是两种意见对立，未能取得一致看法，只好上奏康熙，请他裁决。在这种情况下，康熙独断，正式做出撤吴藩的决定：

吴三桂请撤安插，所奏情词恳切，著王率领所属官兵家口，俱行搬移前来。其满洲官兵，不必遣发。如有用满兵之处，该藩于起行时，另行奏请，然后遣发，俟官兵到后，王来亦不至迟误。余依议。根据康熙的决定，兵部建议：吴三桂所属绿旗援剿左右前后四镇官兵共一万二千人应留下，分驻武定、曲靖、楚雄等地，令总督提督统辖。康熙同意。撤吴藩的大事就这样最后确定下来。

在撤藩这个问题上，尽管康熙做出了全撤的决定，然而，事实上，却存在着严重的分歧。事情绝非如康熙想的那么简单，以为一道圣旨就可以解决问题。面对三藩同时要求撤藩，康熙和阁臣们也明知他们中有自愿有被迫的复杂情况，应当慎重地估量当时的客观形势和撤藩可能产生的后果，多设想几种方案以供选择，防患于未然，是完全必要的。归纳起来，可有五种方案选择：

其一，恪守清太宗以来，世祖、多尔衮和康熙继位后多次许下的诺言，如"世世子孙，长享福贵，如山河之永也"。三藩"大功茂著，宜膺延世之赏，永坚带砺之盟"。"王其巩固封疆，殚抒筹策……功名永重山河。"要三藩镇守南疆，"屏藩王室"。这就是说，永不撤藩，子子孙孙世袭王爵，与清朝相始终。这些诺言和盟誓，都写入赐封的金册之中。这在实际中是很难办到的。因为事物的发展变化并不依人们的愿望为转移，当诺言与实际利益相冲突时，信誓旦旦的诺言，写进金册里的盟约，都会被撕得粉碎！

其二，将吴、耿、尚三王调到北京，以觐见为名，叙君臣之乐，借机把兵权收回。此法颇类"杯酒释兵权"。宋朝开国皇帝太祖赵匡胤，有鉴于前代（唐）藩镇之祸，采取释其兵权之法，于宴会上将握重兵的将帅之兵权收归己有，和平地解决了问题，逐除前代之祸，君臣相安无事。此即"杯酒释兵权"，成为千古美谈。诚然，历史不能照搬，但它所提供的历史经验足以作为借鉴；

其三，区别对待，分期撤藩，以分其势，逐个解决，如兵法上说的，各个击破；

· 137 ·

其四，三藩同撤，一次性解决；

其五，不急于撤藩，即使尚可喜主动要求，亦可缓机图之，例如，等待尚可喜、吴三桂及其属下老一辈去世，留至第二代掌权时，可趁他们年轻，威望不重，再解决也不迟。

解决问题的途径是多种多样的，各有其可行性。康熙采取了第四方案，即三藩同撤，一次性解决。而多数阁臣主张区别对待，即第三方案，分期撤藩。比较而言，实行这一方案较为得策。因为尚可喜主动提出撤藩，确是出于诚意，吴、耿要求撤藩实非己愿。针对这种情况，需要冷静、慎重地制定一项稳妥的政策。康熙急于撤藩，欲毕其功于一役，根本没考虑到吴、耿在被迫的情况下撤藩将会产生什么后果，而大多数廷臣对撤吴藩已表示出顾虑重重。他们为什么坚持不同意撤吴藩？正如他们已向康熙所表示的见解，他们考虑到云南虽然平定，但那里的情况复杂，潜伏着一定危险，如吴藩一撤，局势不稳，担心会出现反复。要说吴三桂图谋不轨，还没有抓到谋反的证据，朝廷无法说出口，以他对清朝的特殊功绩，贸然撤藩，未必令人心服。吴三桂早已交通朝中诸臣，关系密切，他们是同情他的。在他们心中还有一层隐忧："吴三桂专制滇中十有四年，位尊权重"，处理不当，后果不堪设想。

不管人们出于何种动机，提出吴藩留镇的意见是值得重视的。第一，它把吴藩同耿、尚相区别，分期撤藩，有利大局稳定。从三藩的情况看，尚、耿本身力量不足，威望都在吴三桂之下，可喜降清早，与朝廷的关系密切，一向恭谨，忠心耿耿。而耿精忠已属耿藩的第三代，他本人是皇室的额驸，年轻功少，没有号召力，即使他被迫撤藩，他也没有胆量敢首先发难。因此，先撤尚、耿二藩，不大可能引起骚动。第二，三藩中最主要的危险是吴三桂，他的实力、威望与权势并重，他的动向具有举足轻重的影响，要设法稳住他，使他不敢轻举妄动。第三，撤去尚、耿两藩，等于剪去吴藩羽翼，并及时向福建、广东速派满洲八旗精锐镇守，吴氏便被孤立，即使他发动叛乱，亦失两藩之助，平叛也易。恰恰在这个命运攸关的重要问题上，康熙没有认真对待大多数人的意见，坚持说："吴、尚等蓄彼凶谋已久，今若不早除之，使其养疽成患，何以善后？况其势已成，撤亦反，不撤亦反，不若先发制之可也。"他不加区分地把吴、尚（当然也包括耿）都看成是敌人，都施之以

"先发制人"，未免失于鲁莽。例如，说尚可喜也蓄"凶谋"，是毫无根据的。后来，当叛乱发生，尚可喜至死未叛，矢志忠于朝廷，这对康熙的不实之词是一个有力的反驳。再说吴三桂，说他早有异志，也缺乏充分的根据。康熙同阁臣们的秘密谈话，表明一个有见识的满族统治者对拥有实力的汉族异姓王的畏惧心理，已到了惶惶不安的程度！他用"撤亦反，不撤亦反"的三藩"必反论"来吓唬反对撤藩的廷臣，并为自己的撤藩主张制造根据。因此，他终于采取了三藩同撤的政策。

吴三桂估计朝廷一定会挽留他，同尚、耿两藩有所区别。这个估计没有大错，因为事实上正如吴三桂所预料的那样，多数廷臣是不同意撤吴藩的，他们的意见能够左右康熙，不致做出违背他的愿望的事。但是，他却低估了年轻的康熙判断问题的能力、不受任何人摆布的自行其是的特殊性格。他以假意求撤，而康熙真撤，结果弄假成真，木已成舟，已经无法挽回！

吴三桂接到皇上的圣旨之后，心中像被冷水所泼，一颗心凉下来了。

圣上要撤藩了！

圣上要治我也！

弄假成真虽然使吴三桂心中恼怒，但也达到探明圣上的真心的目的。他眼望圣上旨谕，心中默默而语：时不我待，事不可再予拖延也。

这时，奉令缉查那白衣壮士的马鹏来到王府，向心乱如麻的吴三桂禀告："王爷，下官无能，那白衣壮士至今没有查到。请王爷严惩。"吴三桂只轻轻地摆一摆手："如此小事，不必如此认真，然那人来无影去无踪，绝不单单对我吴三桂而来，何必如此认真？"

就在马鹏向吴三桂禀告之时，王飞已经连夜赶回京师，当晚赶到养心殿，将其所见所闻详细向圣上禀告：

"吴三桂养兵数万，将士二百多人，终日严格训练。

"耗金千万，建造几处王府，终日贪色恋玩是假象，暗中笼络人才、官吏，如若有人不从则多方打击排挤，总督甘文焜就是一例。

"私自增加赋税，购买马匹，壮大兵势。

"藩下甲兵横行，以认义父为名，巧夺富人财产，更有甚者，竟对同知大人刘崑肆意谩骂；有一藩兵投寄客店，竟连朝中的'赍诏官'

也给挥鞭逐走。

"吴三桂在昆明不仅耗巨资重新修葺玉皇阁、老君殿、报国寺、西寺等庙宇，还大胆妄为，在报国寺中为自己塑一尊塑像：将巾、松花色衣，锦边，右手抚膝，左执卷。此像杂坐寺中众佛之中，其号为'西来尊者'，名义上是张扬自己平西南之功绩，实则是以神明心，永享荣华。这且不算，他又在昆明城郊的鸣凤山上，修筑一座号称'金殿'的铜铸佛寺，共耗费铜总量达二百多吨。高两丈，长、宽各为一丈八尺，两层屋面、梁柱、斗拱、屋顶、门窗、神像、帏幔、匾联皆为铜制……"

康熙帝细心听着，心中再一次断定：吴三桂奏疏以目疾为借口完全是托词，是蒙骗朕的花招。其所作所为，大有野心。

康熙帝当即下旨，令内大臣吴丹以赏赐吴藩将士弓箭数千副的名义，前往云南实地勘察，并如实禀报。

整整一天，吴三桂都居在内府，召来几位心腹进行谋划。

夏国相献计："圣上有旨，要限王爷大权，其内心是要撤藩。泰山王爷要速作准备，抢在其撤藩之前举义。"

胡国柱也是吴三桂的女婿，其人谋略超人，办事干练敏捷。听了夏国相的话，他略有不同见解："泰山王爷对旨谕尽可听之任之，不予理睬。当下，一面加紧练兵训卒，另要再耐心等待一时，不可操之过急，要在大势所趋之下举义则有理有节。"

吴三桂听了，感到有理，正要发话，只见内侍急急走来："王子由京师差人送来密信，请王爷过目。"

吴三桂看完儿子的密信，知道内大臣将来云南为部下将士代圣上赏赐弓箭，实为来此地探我军情，心中默言："圣上用心良苦也。"

他立时向夏国相、胡国柱下令："汝二人可持我之令，将精干兵士连夜移到城外几个山地内安营，严格下令，任何人不得走动，但有违令者，斩无赦。

"马鹏，你可带兵五百，走出滇城百里外，迎接内大臣吴丹，只要见其内大臣，即快马报来。

"吴应麒、何进忠、孙文焕、杨珅，汝四员大将，即日连夜组织老弱病兵士，集中居住，令其不准出入营房，为迎接内大臣做好准备。

"记室马玉及其手下之人，连夜赶造兵士花名册，将兵丁年龄只准造大，不许写小，有被招降之兵丁，要换成本部辽东老兵姓名。不得有误。

"大管家，可在驿站内略作布置，不求豪华，也不需太简陋。"

"郭云龙，你自管率领亲兵，终日在市面巡逻，发现可疑之人，立即抓获；若发现有去驿站的市商百姓，亦应抓住，暗中审问。一定要切断内臣与我藩地百姓联络，以防小人告密。"

一个月后，内大臣吴丹率人来到滇城外百里地，被马鹏迎上："末将率兵在此巡逻，不知……"

吴丹立即明言："我乃圣上派遣，前来藩王之地为其部下赏赐弓箭。"

马鹏故作惊喜："圣上万岁，万岁，万万岁，末将不知，望大人恕罪。"当下，他一面令兵士迎接，并执意挽留在此稍作歇息。

当吴三桂得知京师人员已到，他并不前去迎接，而是故意在戏场上看弋阳腔。圣旨传到戏场上，吴三桂接过圣旨后，一面令部下将京师来人妥为安置，一边拉着内大臣吴丹的手，歉意相挽："大人，请与本王一道看戏，好戏呀！我吴三桂一天不看戏就熬不过时日。老了，不及时行乐，还待何时呀！"

在戏场上，吴三桂兴高采烈，又是说，又是唱，又单单命"四面观音"前来服侍吴丹。戏罢场之后，他又大摆宴席，但席面上的酒菜品质低劣，吴三桂故意大吃大嚼："大人，来到穷乡僻壤你可要处处将就才是，地广人稀，钱财尚缺，只能如此对付着过吧。"

第二天，吴三桂与内大臣吴丹并马齐驱，冒着毛毛细雨赶到校场阅操。灰蒙蒙的天底下，一队队老羸之兵丁摆阵、对战，让人看了，心中实有一股难言之感。

而后，吴三桂又请吴丹观看兵丁花名册，无论从面相、年龄，足以看出藩王手下实为老弱兵丁，无可置疑。

其后，仅仅待了一个时辰，吴三桂正要陪同吴丹打道回府，只见一名探马飞奔而至：

"启禀王爷，现有苗人土司在蒙自作乱，请王爷下令出兵征剿！"

"下令提督张国柱率兵前往即可。"

一名偏将立即上前奏告："王爷大人，张国柱昨日率兵赴元阳，至

第五章 封藩、撤藩

今未有消息。"

"嗨,"吴三桂空自感叹,"可惜我手中兵丁太少,而又老弱不堪,无以抵挡大阵。既然有如此紧急军情,也要前往。"

于是,他立即下令吴国贵率兵三千前往蒙自:"相时而战,若土司归心回意,当以招抚为上,万不可滥杀生灵。"

而后,又与吴丹同回驿站。

一场戏最终草草收场。

过了两天,内大臣吴丹实在待不下去了,便率人回京,临走时,吴三桂亲自送到十里长亭,同时送上好茶和名贵补药,连一钱银子也没有:"大人,这些我实在拿不出手呀,只是饷银奇缺,我也只能如此。"

当康熙帝听完内大臣吴丹的禀告以后,心中并不相信:"这会是真的?"

"圣上英明,这一切都是奴才看到、听到、吃到嘴里的呀,奴才实不敢有半句谎言。"

明察暗访,得来的情况完全不一样。

康熙帝冷冷一笑:"吴三桂太会演戏了。这小小一计焉能蒙过朕的眼睛。"

但是,康熙帝还是以笼络心意为上,他下旨让刚刚被晋升为少傅兼太子太傅的额驸吴应熊赴云南探望患目疾的父王。

吴应熊万分高兴,立即整装上路,携和硕公主与儿子世璠,率家奴直奔云南而来。起早贪晚,颠簸一个多月才赶到昆明。吴三桂大喜,设大宴,聚全家满堂。席上,王妃张夫人看到久别的儿子、儿媳、孙子,高兴得泪流双腮,怀抱六岁的孙子久久不松手:"好孙子,留在爷爷身边享福吧?"和硕公主听此话,很不高兴:"好孩子,你给奶奶说,还是在京城风光,吃的、喝的、用的都比这儿好。"

吴三桂只是笑笑不语。为了显示自己的威风、富有,宴后,吴三桂即率全家及众妾女一道,乘辇游安阜园及滇池,当他看到儿媳的脸上时时显出惊讶的神色时,即故意说道:"这里的东西你看哪样好,尽管拿去,这些都是父王拼杀得来的,是咱们自家的。"

当天夜晚,吴三桂特将方光琛、夏国相、胡国柱等一班亲信召来,与吴应熊会见并密议朝中大事。

"皇上对我作何理会？"

"父王在上，圣上对父王还是相信的。此次吴丹回京，还让我携妻小来滇，反之会这样？"

"哈哈，我料定这乳臭未脱的小皇帝不会加疑于我。"

方光琛起身叩首："王爷大人在上，方某有一言相告，此次圣上晋封太子为少傅兼太子太傅，又令其来滇地一游，与其说是不疑，不如说是故意所为，请王爷慎之。"

夏国相亦有同感："圣上年轻有为，擒鳌拜一事，将传之千古。面对如此圣上，王爷还是谨慎从事。"

吴三桂听之，点头应是，又亲口嘱咐儿子："汝今后在京师，耳目要灵，但凡有信息，要即刻报来。"

吴应熊在滇月余，便带家人返京，临走时，吴三桂即将应熊的次子，六岁的世璠强留身边。

这里还需说明的是，撤藩令不但引起吴三桂的震惊，让其陷入深深的痛苦之中，就说他的属下，当撤藩令一下到云南，同样深深地撞击着吴三桂集团中每个人的心。他们起初是震惊，继而"愤愤不平"，不禁同声愤慨："王功高，今又夺滇！"他们在为吴三桂鸣不平，同时，也为他们个人将失去已得到的和将要得到的权益痛心疾首。他们跟随吴三桂多年，早把自己的命运同吴三桂的利益紧紧地联系在一起，所谓一荣皆荣，一损皆损。这批人，都与吴三桂有着血缘的或虽非血缘、彼此却有着特殊的利害关系，构成了以吴三桂为核心的政治军事集团。其主要成员有：

吴三枚，吴三桂的从弟，在昆明城，很有势力，"探凡肱箧之徒"，都投靠在他的门下。

吴应期，吴三桂的侄儿，骁勇善战，官至都统，是吴三桂的得力战将。

吴三桂有四个女婿：胡国柱、夏相国、郭壮图、卫朴。他们颇具才干，或文，或武，或文武兼备。如胡国柱，字擎天（一说汝弼），号怡斋，善诗文，有大志，顺治甲午年（1654年）中举。

吴国贵，吴三桂的大将，早在关外时，便追随吴三桂，军功颇多，官至都统，治军严，敢争战，很受吴三桂重用。

方光琛，字献廷，原明礼部尚书方一藻之子。此人善谋略。

刘茂遐，字玄初，是吴三桂的重要谋士。

马宝，字城壁，山西人，为人反复无常，号"两张皮"，狡黠善战，以勇著称。

在吴氏集团中，除了上述所提到的吴三桂弟侄，还有吴三桂的一批子弟，这些人都不见经传，但都在吴氏集团中占有一定地位，形成一股势力。在外省，也有吴三桂的心腹，如固原提督王辅臣等，也应包括在这个集团之内。

这批人中，除了个别的岁数稍大，绝大部分都在二十至四十岁之间，他们雄心勃勃，都希图借助吴三桂的权势飞黄腾达。吴三桂也凭借自己的地位和权力给予他们特殊的利益，个个华屋美食，享受着种种特权。如果撤藩，回到关外，不过经营田庄罢了，他们中很多人的仕途即告终止。失去政治上的靠山和特权，其子孙的发展将受到限制和阻碍。值得注意的是，这个集团的某些人还抱有复明反清之志。如胡国柱"时以恢复宗国（指明）相磨砺"，阴结马宝、张国柱、李本琛、复国相、方光琛，互为羽翼，从思想上逐渐向吴三桂渗透，影响他，以备有朝一日起兵。而康熙撤藩，触犯了他们的根本利益，激发了他们反清的思想，他们不会心甘情愿地接受朝廷对自己的剥夺。

康熙撤藩也使吴藩属下的广大基层吏民感到不安，多抱抵触情绪。据吴三桂报，他属下家口多达数万人。如按地域分，主要由三部分人构成；一是辽东人，他们是跟随吴三桂降清的原班人马，经三十年的转战流徙，病死、战死、伤残，或间有逃亡，已损耗甚众，即使健在的，也已年迈。当初离辽东时，他们中有些还是几岁或十几岁的孩子，现在已长大成人，辽东在他们的心目中，只留下故土的模糊概念，他们已适应了南方的生活。所以，真正怀念故土的为数不多。二是黄河以北的人，如山西、陕西、河南、河北等省，当年都曾是吴三桂战斗过或驻防过的地方，曾收编了大批农民军余部，这些人对辽东没有故土之念，要他们迁到山海关外，他们不抱热情。三是四川、云贵等省的人，他们或是张献忠的余部，或是南明统治下的土著人，他们对辽远而寒冷的辽东抱有畏惧心理。在他们的心目中，辽东曾是发遣罪犯的地方，如今要把他们迁到那里，简直被看成是被贬谪戍！这部分人最不愿到辽东。

从康熙元年，吴三桂藩下家口开始迁往昆明和云南边镇要塞，三年迁完，都已在云南生活了九至十二年，房产、地产无不丰饶，家道正隆，而战争已结束，开始过上安定舒适的生活。他们以为，能跟吴三桂永镇云南，并把它作为自己的安身立命之所，对搬迁辽东毫无思想准备。他们长期转战，四处为家，热切生活安定下来，不希望再东搬西迁。他们从切身的经历中，已体验到每搬迁一次，都使刚刚建立起来的家园受到一次破坏，遭到损失。他们在云南所置家产要比他们以往住过的任何地方都丰饶，因而损失也更大。所谓人心"安土重迁"，他们对搬迁早已感到厌倦，可以设想，康熙的撤藩怎能得到他们的拥护呢！在他们看来，撤藩不是皇恩浩荡，恰是降临一场灾难！"藩下数十万家口无不愁苦"，虽系夸大的流言，在一定程度上也反映了吴三桂所属将吏家口的普遍心理。他们"愁苦"，思想深处不无怨恨的情绪，这也都在情理之中。

撤藩令，如一道冲击波，袭击着吴三桂和他的数万将士及家属的心，激起了一阵阵思想动荡……

当云南正为撤藩的事惶惑不安时，北京城中，清统治集团也为加速撤藩而忙碌着。康熙十二年，从八月九日到十八日，康熙连连向兵部、吏部、户部发出撤藩的具体指令。他指示兵部：

兹因地方底定，平西王吴三桂、平南王尚可喜、靖南王耿精忠，各具疏请撤安插，已允所请，令其搬移前来。地方应行事务，及兵马机宜，必筹划周详，乃为善后之策。应各遣大臣一员，前往会同该藩，及总督、巡抚、提督商榷，作何布置官兵防守地方，并照管该藩等起行。应差官员职名，开列具奏。

指示吏部：

云南地属远疆，今该藩官兵既撤，控制需人，应专设云南总督一员，添设提督一员，责成专管料理，尔部速议。

在指示吏部的同一天，康熙向户部下达新指示：

平西王吴三桂、平南王尚可喜、靖南王耿精忠等请撤安插，已允搬移。该藩及各官兵家口安插地方，所需房屋田地等项，应予为料理，务令（三藩）到日，即有宁居，以副朕体卹迁移至意。

康熙给吏、兵、户部指示内容，主要有三点。第一，由兵部派遣大臣各一员，分别去云南、福建、广东，他们的主要任务是，会同该藩与本省总督、巡抚、提督协商，在各藩撤走后，如何重新布置兵力，防御地方；同时，照管该藩动身启程事宜。所派大臣名单上报，由康熙亲批。第二，吴藩撤走，要专设云南总督一员，增设提督一员，由吏部推选。第三，指定户部在三藩新迁到的地方，安排所需住宅、田地，使三藩官兵迁来之日，即有住处，生活不致发生困难，务使他们感到朝廷的关怀和体贴。

待诸事部署完毕，八月十五日，康熙迅即选派礼部右侍郎折尔肯、翰林院学士兼礼部侍郎傅达礼为钦差，专程前往云南；派户部尚书梁清标往广东、吏部右侍郎陈一炳往福建，经办各藩撤兵启程事宜。康熙特别重视吴藩，于八月二十四日，折尔肯等赴云南前，特赐给他们自己所佩刀各一口，良马各两匹，以重事权。康熙亲笔给吴三桂写下一道手诏，也交给他们携带，向吴三桂宣布。手诏写道：

自古帝王平定天下，式赖师武臣力；及海宇宁谧，必振旅班师，休息士卒，俾封疆重臣，优游颐养，赏延奕世，宠固海山，甚盛典也。王夙笃忠贞，克摅猷略，宣劳戮力，镇守岩疆，释朕南顾之忧，厥功懋焉。但念王年齿已高，师徒暴露，久驻遐荒，眷怀良切。近以地方底定，故允王所请，搬移安插。兹特遣礼部侍郎折尔肯、翰林院学士傅达礼前往宣谕朕意，王其率所属官兵趣装北来，慰朕眷注，庶几旦夕觐止，君臣偕乐，永保无疆之休。至一应安插事宜，已敕所司饬庀周详，王到日，即有宁宇，无以为念。钦哉！

康熙在这份亲笔手诏中，高度评价吴三桂的劳绩，温语有加，关怀周详，丝毫看不出朝廷对他的怀疑。但他明确暗示，一经撤藩，可使君臣两相无猜，吴三桂得保荣誉，延及子孙，与朝廷共享太平之福。康熙对吴三桂迁居后的生活做了保证，一切安排都务使他满意。康熙的这番话，着重解释了朝廷撤藩的意图和政策，充满了对吴三桂的热情，目的是安抚他，消除他的疑虑，以期撤藩不致发生麻烦，得以顺利进行。康熙自以为这是一项很好的解决办法，吴三桂会欣然同意的。可惜，吴三桂和他的将士、乃至家属所想的，跟朝廷的意图距离太远，这就使撤藩伊始，就陷入了两种不同的利益难以统一的矛盾之中！

折尔旨一行还没动身赴云南，康熙紧急指令户部侍郎达都前往陪都盛京（沈阳），会同盛京户部侍郎，奉天府尹察看划拨给吴三桂的土地、住宅是否合适。他指出，凡贫民劳苦开荒的土地和他们的房屋，不得察看和占用。再有当地驻守官兵分内的土地与房屋，也不许察看。除此以外，有开垦田地、皇庄、马场、王与大臣、侍卫等人的庄田房屋，以及空闲之地，务要尽行查看，如这些庄田、房屋数不足，可就近酌量查看。他提示，山海关九门边墙外，也不必考虑。如还不够安排，可在别处边墙外，酌量查看，将所查结果，向他报告。

总计三藩撤离人口不下六七万，所需土地和住房的数量是相当庞大的。把他们都迁到辽东，如何安排好，也不是件容易事。康熙还是想尽力把他们都安置适宜，使之各得其所，安居乐业。他感到也算尽了心了。

派出折尔肯一行前往云南后，康熙再派户部郎中席兰泰、兵部郎中党务礼、户部员外郎萨穆哈、兵部主事辛珠往贵州，负责办理吴藩搬迁时所需夫役、船只和人马、粮草。康熙告诫他们，不得骚扰地方驿站夫役，要慎重从事，吴藩人马行经水路，要代为备办船只，不可迟误。

折尔肯等钦差出发后，康熙很快确定了云贵督抚提督人选。九月一日，调宁夏总兵官桑额出任云南提督。四日，下令调陕西总督鄂善为云南总督。此为善后之策，弥补吴藩撤后的空缺，避免造成已稳定的局势重新动荡。后因吴三桂起兵，鄂善与桑额均未到任。另外，康熙特批三藩官兵启程前，每人预发六个月俸饷，以示关怀。

康熙对三藩同撤问题，已作了方方面面的指示，考虑得颇周密，措施也无不当。各部衙门和有关官员都奉明旨积极照办。可是，康熙和廷臣们却没料到吴三桂和他的谋士正加紧策划起兵抗拒撤藩……

康熙撤藩，触动并损害了三藩的根本利益，其中，吴三桂受到损害最大，康熙为维护国家利益，保持爱新觉罗氏的一统天下，不能不牺牲三藩的利益而在所不惜。吴三桂的利益受到触动，他是很不甘心的。他的属下抵触情绪是很大的。所以，撤藩令一下，"全藩震动"，人心沸扬，吴三桂"反谋益急"。开始，吴三桂对朝廷抱有不满的情绪，顾影自怜，自感年迈，无所作为，还没有决心起兵抗拒。但他周围的一群核心人物，无论如何也不能心甘情愿地俯首听命，而且撤藩触发了民族感情，本来已渐泯没的反满思想由此而死灰复燃了。他们感到满族统治者不可信，撤藩是对汉族士大夫阶层的一次打击。一种民族的压抑感，自然地勾起人们对故明的怀恋，对清朝厌恶甚至痛恨，因而对撤藩问题持强硬立场。吴三桂的侄儿、女婿纷纷向他进言："王威望，兵势举世第一，戎衣一举，天下震动！只要把世子（指吴应熊）世孙（指吴世霖）想法从北京弄回来，可与清朝划地讲和。这就是汉高祖（刘邦）'分羹之计'也。如果就迁于辽东，他日朝廷吹毛求疵，我们只能引颈受戮！不如举兵，父子可保全！"

吴三桂闻听此言，心中疑惑不决。他反复权衡利害，想不出万全之策。既要做忠臣，又要保住在云南的权势，已属不可能。如果撤到辽东，失去兵权，真像他的侄、婿说的那样，有朝一日，朝廷会以任何借口把他斩草除根，那时手无缚鸡之力，岂不是白白送死！他一想到这里，不由得全身不寒而栗！他发觉自己的思想正向与朝廷武力对抗的可怕道路上急速滑去。他感到除了走这条路，再无他路可走。

他估量了全国的形势，对比了双方力量，以为自己的才武天下无二，他所据有的云南，"地险财富"，他的亲军和各镇的将卒都是"百战之锐"，一向得到他们的拼死搏战，在外省还有他培植的党羽，如起兵，他们会"无不从命"。自开国以来，三十年间，朝中诸宿将多半去世，健在的人为数很少，没有一个敢和他相匹敌的，而且康熙还是一个乳臭未干的少年，不足担当大事。客观条件对他有利，他自感胸有成算。吴三桂的侄、婿建议他再跟老谋深算的方光琛筹划。平时，吴三桂待他甚厚，每有余暇，他们就在一起校射、评论世务，很是融洽。吴三桂第一次找他时，没有明说起兵；第二次谈话，才说出自己的意见。方仍然沉静地没露自己的看法。至第三次，天刚亮，方还没起床，吴三桂又登门征求大计。方见吴三桂反意已决，这才起来，慷慨陈述，指出福建、广东、湖北、河北、山西、四川等省，可传檄而定，其余战胜攻取，易如反掌！吴三桂细听他对形势的分析，顿时兴奋异常，欢欣鼓舞，密任命他为学士中书给事，将他安排在自己跟前，赞划大计。吴三桂决计起兵。

九月七日，折尔旨一行抵达昆明东的归化寺。庄民们请命，要求留吴三桂于云南。折尔肯大怒："吴王自请移家，你们谁敢说保留！"他命有司逮捕为首的人。这些庄民是否受吴三桂指使，给朝廷施加压力，不得而知。但他们的请愿，至少说，是符合吴三桂的愿望的。吴三桂恐藩下将士思想准备不足，不敢仓促行事，不得不容忍钦差大臣发号施令。于是，他明面上恭恭敬敬地拜受朝廷的撤藩诏令，但暗中加紧策划。

吴三桂跟夏国相、胡国柱、吴应期等曾设计两种起兵的方案。一是在云南就地起事；一是在搬迁途中，"至中原，据腹心，以制指臂，长驱北向，可以逞志"。前一方案，以云南为根本，可进，可守；不足的是，从云南往北进攻，至北京，尚待时日，肯定要经历一个漫长的艰苦作战，才能达到目的。如北方起兵响应，可补其不足。后一个方案，行至中原起兵，占据腹心，一举可至北京，较易成功。但将云南交出，失去根本，倘事有不测，进退失据，将陷入危险境地。还有，家属随带，途中不易安置，一经起兵，就要打仗，家属就成为很大的负担。比较之下，以前一方案较为稳妥。

大计已定，吴三桂的主要将领已得到等待起兵的命令，还要激励下属将士与他同叛。一天，他设大宴，大会诸将。酒过三巡，吴三桂起身讲话，先叹了一口气，说："老夫与诸君共事垂三十年，今四海升平，我辈已无所用了。我们将远行，不知圣意如何打算，今天与各位尽欢，叙故旧之情，不知异日能否再相见？……"说到这里，吴三桂说不下去了，却引动诸将的感情突变，都忍不住哭了起来，顷刻宴会上弥漫着一种悲凉的气氛。吴三桂的话，引起了诸将的共鸣，他们感到自己的命运同吴三桂已紧紧联系在一起了，表示一切惟吴三桂之命是从！

折尔肯、傅达礼到云南后，同吴三桂商量全藩启程日期。吴三桂有意拖延，不做撤藩的准备事宜。折尔肯已几次催促行期，他仍不谈搬迁日期，以各种借口敷衍，以便选择时机动手。十一月四日，他给朝廷写

了一份很恭顺的奏疏："臣部下官兵家口，三十年来，蒙恩豢养，生齿日众，恳将赐拨安插地方，较世祖章皇帝时所拨关外至锦州一带区处更加增廓。庶臣部下官兵均霑浩荡之恩矣。"康熙对他提出增拨土地。立即批示满足其要求："王所属官兵家门，迁移远来，自应安插得所，俾有宁居以副朕怀，此所请增赏地方，著速议具奏。"康熙的目的，是为了顺利撤藩，凡吴三桂和其他两藩的要求，都在最大可能的范围内予以满足。吴三桂偏偏在此时又提出增拨土地的要求，是在放烟幕，迷惑朝廷，稳住来使，放松对他的注意和警惕，要在他们毫无准备的情况下，给以突然的一击！

　　吴三桂给康熙上奏疏后，假意向折尔肯、傅达礼表示，预定十一月二十四日全藩启程北迁。云南知府高显辰马上去交水，为夫役马匹预备途中粮草。暗中，吴三桂加速起兵的准备。高显辰走后，他先密遣骑兵追到交水，把他逮捕。又密令云贵各要塞的心腹守将，严守关口，封锁内外消息，不管什么人，只许进，不许出。同时，他召集谋士，密议起兵之名。刘茂遐（玄初）首先表示看法，说："明亡未久，人心思旧，宜立明朝后人，奉以东征，老臣宿将无不愿为前驱。"方光琛却持不同看法，他认为，"当年出关乞师，是自己力量不足，这是可以解释清楚的。但当永历窜逃到缅甸，必欲擒获而杀死，这就无法向天下人解释，现在，以王的兵力，恢复明朝甚易，但不知成功后，果能立明的后人吗？时势所迫，不能始终守臣节。篦子坡之事，做一次犹可，能再做第二次吗？"（意思是说，已经杀了永历，待此次成功后，能再杀新立的朱氏皇帝吗？）吴三桂一听，不禁胆寒，便听信了方光琛的意见，决定自立名号："天下都招讨兵马大元帅。"秘寻工匠，将此名号铸成印，备起兵之后用。

　　吴三桂铸印的事，被云南同知刘昆侦知，先报告了云南按察使李兴元，又秘报云南巡抚朱国治。刘昆认为："情况很紧急，应同折尔肯商量，你们联名上疏，请延期搬迁，以缓和气氛，稳住吴三桂，同时请派重兵，迅速扼守川西、镇远、常德等处，把他挤到山中，使他不得出来，即使有不测，也易制服。李兴元也催他快向朝廷报告。过了数日，朱国治才与奏疏报朝廷，竟被吴三桂的巡逻兵所得。吴三桂得此信，知道事将败落，加快了起兵的准备。

十一月十五日，折尔肯、傅达礼等钦差，会同朱国治，前去王府，谒见吴三桂，催促行期的问题。吴三桂很客气地留他们吃饭，他虽然口头上答应搬迁，而且也定了动身的日期，但看不出有搬家的意思，眼看行期逼近，折尔肯等钦使和朱国治不免着急。国治忍不住就说："三位大人候久，王若无意搬迁，三大人自回京师复命。"

吴三桂勃然变色，脸涨得通红，手指朱国治，大骂："咄咄朱国治，我把天下给了别人，只此云南是我用血汗挣来的，如今你这贪污小奴不容我安身吗？"

国治一听，骂他贪污，心中不服，争辩说："我贪在何处？"

吴三桂厉声呵斥："你还强嘴！你前索大理知府冯苏三千两白银，是从我这里借的。至于你历年贪赃，多出我家，现有日历记载为据！"

折尔肯见势不好，连忙出面调解，说："王请息怒，搬迁事与巡抚（朱国治）无关。"

劝解后，便起身告辞。国治与折尔肯会同司、道官员计议，说："朝廷封疆，与百万生灵关系不小。应速上疏，请暂缓搬家。"

折尔肯说："我等奉旨而来，现在就此而回，怎么向皇上交代呢？"议论了一会儿，决定傅达礼先回京，折尔肯等先留下。傅达礼行不出百里，为守官所阻，只好回城。朱国治犹豫，不敢上疏报告。

吴三桂一向厌恶朱国治。他原任江苏巡抚，有贪污的行为。顺治时，他谋私，兴大狱，屠杀儒士，著名文人金圣叹即死于他手。遭到当地百姓士绅的反对，后谋至云南任巡抚。刚来时，卑躬屈节，见吴三桂都行大礼，以图结欢于吴三桂，得到重贿。吴三桂鄙视，所求不应。朱国治很是恼怒，每与贵州总督监视吴三桂的行事，密报朝廷。有一次，贵州总督巡边，至云南，吴三桂宴请总督及朱国治，借机说："本藩兢兢守藩，不敢开罪于人。不意竟大有人中伤，向朝廷诽谤我！"督、抚不禁一怔，忙说："谁敢？此必无之事。"吴三桂冷笑一声："你们不信吗？"说着，便取出他的儿子吴应熊从京师抄来的两人参劾奏疏，将姓名隐去，拿到他俩面前，说："还不信吗？"

朱国治两人默视，无言以对。吴三桂也不深究，不过是震嚇一下。从此，双方嫌隙日深。如今眼见朱国治欺他即将撤离云南，催他搬迁，怎能不怒火中烧，心中愤恨不已。

· 151 ·

继上次宴清大小将领后，吴三桂又亲临校场，约集他们训话。他说："行期已经逼近，朝廷严谴，我们是不能逃脱责任的。如使臣这样驱策、催逼，老夫不意至此。诸君走吧，不要白白受使臣之辱。"

吴三桂这一激，再次把诸将激怒了，个个怒吼："要走就走，为何逼人太甚！"

吴三桂劝道："这是朝廷的命令，实在不能延缓。但诸君得处此块土地，各有其家，得享福贵，是谁赐给的？诸君应当想一想。"

诸将稽首，异口同声地说："都托殿下（指吴三桂）之福！"

吴三桂断然否决："不对！"

诸将接着说："那就是皇上给的恩情。"

吴三桂不以为然地说："这也未必都对。当年我曾受先朝（指明）厚恩，待罪东陲。正值闯贼（指李自成）构乱，我计不能两全，被迫乞师本朝，以复君父大仇。后来平定滇蜀，得以栖息于此。今日之福贵，都是托先朝的余荫啊！故君的陵寝（指永历）在这里，我们将离开这里，能不向他告别吗？"

吴三桂的这番话，说动了诸将，都表示一切惟命是听。吴三桂已命夫役给永历修陵寝，又修永历的母亲王氏陵，外筑土围，周长一里许，建寝殿三楹和寝门。吴三桂所做的一切，都是为起兵做必要的准备。

眼下，看起来都很平静，但凡了解一点政情的人已感到气氛越来越紧张，不约而同地预感到将有大事发生。的确，形势已到了一触即发的地步！

但是，形势危急归危急，威震天下的吴三桂从来也没有忘了享受自己的声色之乐。

吴三桂虽出身武将，但天生风流倜傥。年轻时为陈圆圆而冲冠一怒，留下了传之一时的艳丽佳话。封藩云南后，他在自己的王国里大肆纵欲享乐，追欢逐美更盛当年。

在吴宫中，张氏地位居首，吴三桂年轻时于辽东娶妻张氏。有关张氏的资料，仅据《庭闻录》可查，却只有寥寥数语，曰"福金张氏，关东人，自奉俭约。常叹曰：昔作嫁衣裳，吾母尝畜一红裳，今若此，岂非命耶！应熊，张氏出。"可见，张氏是吴三桂在辽东时明媒正娶的原配夫人，张氏并非显宦大家的闺秀，从张氏感叹母亲在她出嫁时尚舍

· 152 ·

不得为她做一件红衣裙，便可知其家境并非富有。

张氏为吴三桂生有一子，即吴应熊，吴应熊被招为额驸，母以子为贵，张氏即身价倍增，这或许正是张氏在吴王府中地位十分稳固的原因吧！而且张氏可谓吉人天相。崇祯十七年（1644年），当李自成进入北京，囚禁吴三桂全家，最后又将全家老幼均杀戮殆尽，而唯独张氏与其子吴应熊因一直随吴三桂在宁远，才幸免于难。

张氏"貌寝而性妒，吴三桂颇惮之。"可见这位长相并不好看的张氏，却有一套控制夫君的本领，致使在战场上叱咤风云的勇将，也在她面前惧其三分。

尽管如此，吴三桂之风流仍不减当年，宫中佳丽充斥，人称"吴三桂在滇中奢侈无度，后宫之选不下千人"。而且，吴三桂之妻妾中，有四位满人，为皇帝所赐。所谓"本朝赐吴三桂四满妇，凡行军必随往，此清制所以宠异诸王也。"

但此事尚未见诸官书记载，更不知此四人的姓名，出自何家，及其在吴宫的情况。可以想象的是，她们均未得到吴三桂的宠爱。吴三桂所宠的是他自选的佳丽，除陈圆圆外，还有"八面观音""四面观音"二宠姬。两人为故明礼部侍郎李明睿的家妓，南昌人。李明睿家有侍妓十数人，"声色极一时之选，而八面为之魁，其曹四面观音亦美姿容，亚于八面"。《庭闻录》的作者刘健说，他的父亲刘崑曾于李明睿府见其歌舞，称"果尤物也"。李明睿年老势衰，"给事高安所得以奉吴三桂"，吴三桂果宠眷异殊，有"八面观音与圆圆并擅殊宠"之说。

在吴三桂宠姬之中，还有一位鲜为人知的"所谓莲儿者。"据记载，莲儿"年十七，留侍吴三桂，吴三桂宠之逾常"。其时吴三桂已年届五十，陈圆圆也已年近四旬之徐娘，八面观音与四面观音当与陈圆圆之年纪相仿，故而莲儿当为吴三桂晚年宠姬，适足可信。

"莲姿容婉丽，尝夏日侍吴三桂游荷塘，练裳缟袂，白扇立九曲桥上。遥而望之，疑为出水芙蓉也。莲儿不仅姿色称绝，且禀性清傲。"吴三桂反清失败后，莲儿被清将军赵良栋部下将领所得，不过一年便死，绝命词中有："君王不得见，妾命薄如烟"之句。故而时人称其"丽质清才，犹非圆圆可及已。"

然吴三桂虽有如此佳人陪伴，犹以为不足，仍四处选美，曾派侍卫

赵虾往江南地区选购美女，均年方十五六岁。赵虾十分用心，凡优伶者"必罗致之"。

在美女众多，朝夕歌舞的后宫生活中，吴三桂极尽声色之享乐。他原本喜欢歌舞，又颇通音律，因而常和宫中诸美共奏一曲。《清朝野史大观》记下了其中的一个场面，曰："酒酣，吴三桂吹笛，宫人以次唱和"，一曲歌毕，吴三桂令人取来珠玉金帛堆满堂前颁赏，"诸宫人憧憧攘取，吴三桂顾之以为笑乐。"

不仅饮酒唱和，吴三桂连写字也要有诸美侍奉，"吴三桂不善书，每喜临池……春秋佳日，吴三桂辄携带笔墨于轩内作擘窠大字，侍姬数十环视于侧，鬓影钗光与苍翠之色互相辉映，厕身其中，殆无异蓬壶阆苑矣！"

吴三桂虽姬妾成群，美女成百累千，然其一生中最珍爱者，莫过于陈圆圆。

据记载，顺治元年（1644年），吴三桂自乱军中重新找回陈圆圆，大喜过望，"遂于玉帐结五彩楼，备翟茀之服，从以香舆，列旌旗箫鼓三十里亲往迎迓。自此由秦入蜀，迄于秉钺滇云，垂旒洱海，人臣之位，于斯已极。"

顺治十七年（1660年）三月，清廷厘定封号、命将诸王正室改称王妃时，吴三桂欲将陈圆圆"正妃位"，而废张氏。表明在这十七年当中，陈圆圆一直宠冠吴宫。这不仅因为陈圆圆有着甲天下的声色，还因她为人宽厚，颇识大体。曾曰："回忆当年牵萝幽谷，挟瑟勾栏时，岂复思有此日"。可见，陈圆圆对于由青楼女子而贵为藩王宠姬的身份感到由衷地满足，荣华富贵对她来说已到了无以复加的程度，而王妃的名号使她有非分之感，因而固辞不受。陈圆圆为此致函于吴三桂曰："妾以章台陋质谬污琼寝。始于一顾之恩，继以千金之聘。流离契阔，幸得残躯，获与奉匜之役，珠服玉馔，依享殊荣。分已过矣。今我王析圭胙土，威镇南天，正宜续鸾戚里，谐凤侯门，上则立体朝廷，下则垂型稗属。稽之大典，斯曰德齐。若欲蒂弱絮于绣裀，培轻尘于玉几，既陷非耦之嫌，必贻无仪之刺，是重妾之罪也，其何敢承命！"

陈圆圆深明贵极而险，盛极而衰之理，晓诸达官显贵之家的争宠之害，因而她不愿卷进是非的漩涡。而陈圆圆向吴三桂强调自己的低微出身，让吴三桂"续鸾戚里，谐凤侯门"，也表明其通达非常人可比。或许正因如此，王妃张氏虽"悍妒绝伦"，"唯陈圆圆能顺适其意"。

陈圆圆虽然未得王妃之封号，但吴三桂对其宠眷之情未见有减。他为陈圆圆专修"野园"即是最好的证明。在吴三桂所筑的王府中，野园不仅占地最广，且极尽江南园林楼阁亭榭之美，山石花木之盛。

吴三桂为博得这位江南美女的欢心，不惜抛万家塚，毕穿旧室大兴土木，在荒凉的西南重现江南之秀丽，足见吴三桂对陈圆圆用情之深。

其时，陈圆圆已年近四旬，当已步入徐娘之列，然吴三桂对她"专房之宠，数十年如一日"。每逢花前月夜，吴三桂多与陈圆圆相伴，"而时命圆圆歌，圆圆每歌大风之章以媚之，吴酒酣恒拔剑起舞，作发扬蹈厉之容。圆圆即捧觞介寿，以为其神武不可一世也，吴益爱之"。可见陈圆圆不仅能以声色夺欢，且为吴三桂之红颜知己。她深知吴三桂喜读《汉记》，仰慕汉高祖的霸业，每以高祖刘邦的大风歌自励自娱，以故陈圆圆每每歌之，从而使吴三桂"益爱之"。俗话说"爱屋及乌"。吴三桂宠眷陈圆圆，对她的亲属也格外关照。

然而，府中毕竟不是一块安宁之地，尽管陈圆圆能从容面对张氏的嫉妒和宫中的倾轧，"屏谢铅华独居别院，虽贵宠相等而不相排轧，亲若娣姒。"后来因为她却不能制止吴三桂那日益膨胀不可扼止的政治野心，以规劝无望出家为道。

第五章 封藩、撤藩

第六章
叛清被灭

人们最担心的事终于发生了。

康熙十二年（1673年）十一月二十一日清晨，吴三桂召集四镇十营总兵马宝、高起隆、刘之复、张足法、王会、王屏藩及胡国柱、吴应期、郭壮图等各将官赴王府会议。云南巡抚朱国治率所属官吏奉命而来。吴三桂全身戎装，威坐殿上，正式宣布起兵，与朝廷决裂。他当场勒令朱国治投降，遭到断然拒绝。吴三桂下令把朱国治和不降的官员全部逮捕，其中包括云南按察使司按察使李兴元、云南知府高显辰、云南同知刘昆等一大批官员都先后被捕，看押起来。吴三桂派人传令，不得随意妄杀。命令到时，胡国柱率兵已将朱国治乱刀砍死，身首异处。当年，苏州有一民谣："天呀天，圣叹杀头真是冤，今年圣叹国治杀，明年国治又被国柱歼"。民谣反映了当地百姓对朱国治杀金圣叹的痛恨之情，却不幸被言中。此时，他自己真的被"歼"，死于与他的名字相谐音的"国柱"之手！

吴三桂为收揽人心，不想开杀戒，虽然他痛恨朱国治，也想留他一命，慢慢劝降。既然部下已将他杀了，也无须追究。他们杀死了朱国治后，正要对李兴元、刘昆等官员下手，一接到命令，这才停止。过了一会儿，胡国柱出面，让兵士给各官员松绑，命他们照旧供职。李兴元、高显辰、刘昆等坚持不降，被看押起来。康熙的钦差折尔肯、傅达礼等被拘留软禁。

吴三桂的妻子张氏得知丈夫谋反的消息，急上殿。大哭大闹，指着她的女婿、侄儿们说："朝廷有什么对不住你们的？你们竟敢闹出这种事来！"又冲着吴三桂说："这不是要害死我的儿子吗？"她指的是应熊还在北京，这边谋反，朝廷能不要她儿子的命吗？吴三桂不为所动，叫他的女婿郭壮图等人赶快把她扶进后宫。她哭哭啼啼，被强行架走了。

处置完朱国治等一批抗拒从叛的官员，吴三桂宣布，他自这天起，称"天下都招讨兵马大元帅"，建国号"周"，以明年为周元年。

传说吴三桂在登极的这一天，昆明五华山金殿内外，布满着龙凤杏黄旗伞，金瓜银斧，张灯结彩，羽林军守卫，大典仪式非凡。金殿内特装九龙照壁，灯烛明亮，熠熠生辉。吴三桂身穿着绣龙黄袍，头戴串珠皇冕，端坐在金銮宝殿九龙壁前之龙椅位上，十分庄严肃穆。陈圆圆身穿绣凤杏黄皇后礼服，头戴着龙凤花冠，也端坐在金殿吴三桂旁边；殿上嫔妃在殿两厢分次就坐，宫女侍卫打扇举旗摆成銮驾，穿宫太监传宣，显出九五之尊威严，场面极为庄重。原有的文武官员破格升为文武大臣，穿着新制明式朝靴朝服，手持朝笏，分官阶品格大小，文左武右，依次在殿内两旁列班。待到子时三刻，军师夏国相、马宝二人主持司仪，鼓乐齐鸣，众臣行跪叩礼，三呼："吾皇万岁，皇图永固，帝道遐昌。"一个新的"大周帝国"在昆明诞生。正是：

忠心保国扶大明，
风云突变顺满清。
若非撤藩欺负桂，
焉重操戈反满人。
强将精兵皆豪杰，
金戈铁马尽神鹰。
天促命期谁能料？
兴师称帝震滇城。

有的史料说："康熙十七年（1678年）三月，吴三桂在湖南衡州称帝。"以理推之，此称帝时间、地点皆难以置信。因吴三桂在康熙十七年间，正值生病之际，同年八月病死于湖北郧阳，他不可能生病不起而称帝，称帝后五个月而死去。所以，吴三桂称帝的时间，当在康熙十三年（1674年）三月昆明举旗反清时候，如是方师出有名，合情顺理。

现据档案，开列吴三桂所授文武职官名单如下：

武职各路将军：

金吾左将军	胡国柱
金吾右将军	夏国相
金吾后将军	吴应期（长沙阵亡）
金吾前将军	赵
亲军前将军	吴国贵（松滋总统）
亲军左将军	吴应期（岳州总统）
亲军后将军	祖述舜
亲军骁骑前将军	马宝
亲军骁骑左将军	高起隆
亲军骁骑右将军	王会吴真
亲军骁骑后将军	杜辉（岳州水师）
亲军骠骑前将军	五屏藩
亲军骠骑左将军	张足法
亲军骠骑右将军	陶维智
亲军骠骑后将军	卫朴（死）
亲军铁骑前将军	田进学
亲军铁骑左将军	廖进忠
亲军铁骑右将军	范齐韩
亲军铁骑后将军	何继祖
亲军铁骑左翼将军	高得捷
亲军铁骑右翼将军	柯铎亲军前锋
将军于化龙亲军	宣威
亲军宣威将军	董重民（广东总督）
亲军建武将军	李
亲军建威将军	杨奉先
亲军昭武将军	巴养元
亲军振武将军	李国栋
亲军宣武将军	王永清
亲军昭勇将军	刘之福
亲军振威将军	王永勋

亲军信威将军	祖泽清
亲军智武将军	许洪仁
亲军勇威将军	郭义
亲军奋武将军	张起龙
亲军信武将军	王君极
云南留守将军	郭壮图（兼管总督巡抚）
内府将军	吴国柱
贵州总管将军	李本深
亲军威宁将军	朱万年
四川总统	将军谭宏
建昌将军	何德成
松盘将军	吴应祚（原名：之茂）
汉中总管将军	张李
江西总统将军	刘弘毅
吉安将军	韩大任 陈尧

文职各官：

中书省参知政事	胡国柱
承旨	丘可孙（原施平县山东人）
	姚文燮（原姚安同知）
	杨山梓（杨嗣昌之子）
	王之俊
学士	方光琛（转长沙巡抚） 方孝标
中书给事	米琦 金徵麟 胡钦华 吕师濂 陶成瑜 程封（辞） 钱点
检讨	刘士元 郑应侯 张紫文
中书舍人	王式 金晋侯 吴楚 阚鸿滩 范师我 王仙樾
吏曹掌印郎中	车文龙 葛震

员外	王梦松	王攀麟			
司务	勒日本				
主事	祖继善	黎子来	刘昭	范允文	李履祥
礼曹掌印郎中	王天钟	孙骥			
员外	郑鸣凤	田永靖			
主事	方飞阳				
司务	刘泽深	李廷英	李惠	高世忠	
兵曹掌印郎中	杨彦容	韩大任（吉安将军）	李希膺		
员外	王如伦	俞大章			
主事	王元昌	门文魁			
司务	高魁元	刘善政	杜如荀		
刑曹掌印郎中	葛朝瑞				
员外	金映麟				
主事	彭恒				
司务	尚登锴				
工曹掌印郎中	刘应第				
员外	葛朝盛	李一心			
主事	刘				
司务	许洪智	雷起龙			
序班	艾春兰	张应泰			
鸣赞	李作舟	高羽皇			

云南各官也皆以亲信易之。诸如：以楚雄知府冯苏代崔之瑛为云南布政使；以琅井提举来度为储粮道；彭化南为云南知府；郭昌为云南巡抚。

为激发人气，吴三桂十日谒永历陵，并先期关照诸将，"别故君当以故君之衣服见"，"老臣且易服以祭，诸君其预图之"，随即令下三军。

是日，吴三桂率大队人马至永历帝陵前。当年那乱石飞沙、荒草丛生的土冢如今已焕然一新。吴三桂已命人先期修起了永历陵寝，又修了永历嫡母王氏陵。陵寝外筑土围，周围一里许，建寝殿三楹及寝门。永历帝自被葬身黄土后，还从未有人公开致祭过，可怜这贵为一朝天子的永历皇帝，生时飘零流离，死后孤寂冷清，可有谁想到，十余年后，来这里祭奠他的，正是当年将他置于死地的吴三桂呢！

吴三桂一副明臣装束，头裹方巾，身着素服，面带忧色跪于永历墓前，身后数万官兵亦皆衣"故君服饰"，跪于白旗下，一片肃然。祭祀开始了，不知是因亲手诛杀先帝忏悔不已，还是为失掉云南藩封委屈不平，吴三桂"酹酒，山呼再拜，恸哭伏地不能起"。是时，军中多有永历旧臣、故吏，及联明抗清的农民军将士，他们因大势所趋归附清廷，然却亲临君亡国破之难，痛楚尤切。如今又隶吴三桂多年，命运休戚相关。所以，虽然吴三桂在假戏真做，而"三军皆哭声震如雷，人怀异志，盖至是而吴三桂之反谋成矣"。对此，有台湾学者评价曰：吴三桂"身披丧服，涕泗纵横，满口君父之仇，不共戴天"，故"不知有多少为之义愤填膺，热血沸腾，所以他才能够一呼百应"。

吴三桂以"易故人衣服"，表明了他与清廷的彻底决裂，率三军祭奠明陵，更有反清复明之意，从而凝聚了人心。

在谒陵前后，吴三桂分别致书平南、靖南二藩，并海澄公黄梧以及其故旧诸将吏。同时又发表了慷慨激昂的"反清檄文"，即所谓"伪札""伪檄"，仍然把自己打扮成一个亡明臣子。声称：

原镇守山海关总兵官，今奉旨总统天下水陆大师兴明讨虏大将军吴，檄告天下文武官吏，军民等人知悉：

本镇深叨明朝世爵，统镇山海关，一时李逆倡乱，聚贼百万，横行天下，旋寇京师，痛哉！毅皇烈后之崩摧，惨矣！东宫定藩之颠跌，文武瓦解，六宫恣乱，宗庙瞬息丘墟，生灵流离涂炭，臣民侧目，莫敢谁何，普天之下竟无仗义之师。伤哉！国运夫曷可言？本镇独居关外，矢尽兵穷，泪干有血，心痛无声，不得已歃血定盟许虏藩封，暂借夷兵十万，身先前驱，斩将入关，李贼遁逃，痛心君父重仇不共戴天，势必亲擒贼帅，斩首太庙，以谢先帝之灵。幸而贼遁冰消，渠魁授首，正欲择立嗣君，更承宗社封藩，割地以谢夷人，不意狡虏再逆天背盟，乘我内虚，雄据燕京，窃我先朝神器，变我中国冠裳，方知拒虎迎狼之非，莫挽报薪救火之误。本镇刺心呕血，追悔无及，将欲反戈北逐，扫荡腥气,适值周田二皇亲,密令太监王奉抱先皇三太子,年甫三岁,刺股为记,寄命托孤,宗社是赖。姑饮泣隐忍,未敢轻举,以故避居穷壤,养晦待时,选将练兵,密图恢复,枕戈听漏,束马瞻星,磨砺竞惕者,盖三十年矣!

兹彼夷君无道,奸邪高张,道义之儒悉处下僚,斗筲之辈咸居显职,君臣昏暗,吏酷官贪,水惨山悲,妇号子泣,以至彗星流陨,天怨于上,山岳崩裂,地怨于下。官卖爵,仕怨于朝;苛政横征,民怨于乡;关税重征,商怨于涂;徭役频兴,工怨于肆。

本镇仰观俯察,正当伐暴救民,顺天应人之日也,爰率文武臣工,共襄力义举。卜取甲寅年(康熙十三年)正月元旦寅刻,推奉三太子,郊天祭地,恭登大宝,建元周启,檄示布闻,告庙兴师,刻期并发。

移会总统兵马上将耿(精忠),招讨大将军总统使郑(经),调集水陆官兵三百六十万员,直捣燕山。长驱潞水,出铜驼于荆棘,奠玉灼于金汤,义旗一举,响应万方,大快臣民之心,共雪天人之愤。振我神武,剪彼臊氛,宏启中兴之略;踊跃风雷,建划万全之策,啸歌雨露。倘能洞悉时宜,望风归顺,则草木不损,鸡犬无惊。敢有背顺从逆,恋目前之私恩,忘中原之故主,拒险扼隘,抗我王师,即督铁骑亲征,蹈巢覆穴,老稚不留,男女皆诛。若有生儒,精谙兵法,奋拔岩谷,不妨献策军前,以佐股肱,自当量才优擢,无靳高爵厚封。其各省官员,果有洁己爱民,清廉素著者,仍单仕。所催征粮谷,封贮仓库,信印册籍,赍解军前。其有未尽事,宜另颁条约,各宜禀遵告诫,毋致血染刀头,本镇幸甚!天下幸甚!

这是一篇颇能蛊惑人心的反清檄文。第一,它以亡明号召天下,利用剃发易衣冠所形成的民族矛盾鼓动反清;第二,声称吴三桂降清为借兵复仇,乃不得已之举;第三,说明吴三桂借兵后曾与清人有盟约,欲立明太子为君;第四,吴三桂在云南为养晦待机,伺机反清。

通观檄文,我们可以看出吴三桂把自己装扮成一个亡明的遗臣,声称与清人不共戴天,但檄文中的诸多不实之处仍使之漏洞百出,不能自圆其说。其一,吴三桂强调其降清乃为"不得已歃血订盟",所谓"又不意狡虏再逆天背盟"。这固然有其真情,但他只讲到了事情的一半,而掩饰了此后他甘为清人鹰犬,驰骋疆场达数十余年的事实,正由于他立下了定陕、定川、定滇、扫荡南明、擒杀永历的殊功,他才能够封疆云南,晋爵亲王。而非"避居穷壤,养晦待时"。在云南,他"选将练兵",构衅事端,是希图永固,世守藩封,既非"避居穷壤,养晦待时",更不存在"密图恢复"之举。而所称推奉朱三太子"恭奉大宝"之事更是伪造,纯属吴三桂煽惑人心之举。

然而,尽管如此,吴三桂的反清檄文是抓住了当时社会上最为复杂,也最为敏感的民族矛盾和满汉畛域的民族心理,去号召人口最多的汉族人起来反清,这在明亡未久、人心思旧的清初,确实有着很大的感召力,"伪檄所至,反者四起",不仅中原,且毗邻东北的朝鲜也纷纷然,正说明了这一点。据称,清廷曾对檄文进行了严厉的搜缴,但百年之后,乾隆皇帝南巡时,仍在河南夏邑查得一份"伪檄"。从河南并非吴三桂军事力量所及之处,我们不难推测"檄文"在当时流传之广,影响之深,以及它所拥有的广泛的市场,时人竟不惜冒着杀身之祸将其留存。

总之,反清檄文向天下人宣布了吴三桂与清人的决裂,也宣布了吴三桂人生道路上的又一次重大的抉择。然而,如果说他的第一次抉择即在山海关开关降清,为他自己赢得了一顶亲王的桂冠的话,那么他的第二次抉择,等待他的却是走向死亡的穷途末路。

吴三桂反叛的消息很快被朝臣奏知康熙皇帝。康熙眼见自己犟性命令撤西南吴藩,捅破了云南的"马蜂窝",惹出了滔天大祸,吴三桂百万雄师蜂拥而出,心里有些不安,急忙召集王公大臣议事,商讨退兵抵御之策。

在议政殿上,康熙皇帝说:"今日云南吴三桂兵变谋反,杀戮我朝送旨钦差大臣,率百万乌合之众,从云南贵州直插湖南腹地,另一支人马入川直奔陕甘,现吴三桂亲自领兵占领湖南沅州,扬言要打到北京城,乱我大清朝廷王室,众卿有何良策可退吴军?"

众王公大臣知吴三桂的厉害,因撤藩失策,事闹至此,对吴三桂来说,议和不能,攻无对手。众臣面面相觑,互为观望,谁也不先发言,众皆低头,默默不语。

康熙再次开口问道:"众卿历来议政皆侃侃而谈,为何今日无一人出班说话？"

此时，有一老臣出班奏说："退吴兵之事，众感棘手，故而不言。吴三桂在我朝多年，他的为人处事，众皆知晓，性烈刚直，说一不二。他满腹经纶，文武全才，久经战阵，经验丰富，手下能员部将极多，羽翼遍及各省，故今日之反，各省无不望风响应，很难对付，无不惶骇。且他智勇双全，以往在关内外享有盛名，号称无敌将军，过去摄政王多尔衮也要惧他三分，故朝廷多以安抚收买为上策，方为我朝用事。而今撤藩反目，若认真争斗起来，我朝中无一猛将是他对手。以微臣之见，我朝中只有一元戎老将，武英郡王阿济格老将军，与吴三桂多年合兵，灭李自成、姜壤、弘光政权，方知吴三桂用兵作战之法。而今之计，可否去请武英郡王出山挂帅，派得力先锋助手，率相应兵力开到湖北武昌、汉口一带抵御，以缓当务之急，然后议和调停可矣！"

康熙听奏后，知武英郡王是一老元戎，有挂帅之才，但因昔日废其兄多尔衮摄政，他有些不平，且今年已六十开外，不愿出山担此挂帅风险，故而不答。

大将军公爵图海出班献策奏道："京中大员多为吴三桂旧交，恐互通消息。以奴才之见，在未发兵抵御之前，宜先戒严，捕其眷属及知情者，除绝根株。今吴三桂声势浩大，各省必为之响应；今两广既为彼有，恐闽中耿王亦不尽可靠；陕西一带，王屏藩、王辅臣二人，皆为吴三桂之假子，年年为吴三桂由北购运马匹沿藏至川入滇，以应军用，知吴三桂逆谋久也，故陕甘不久必反。吴三桂既以云南、贵州为根据地，而桂、粤、闽、浙、赣、川、陕、甘半壁河山，不久亦皆据之也。吴三桂大军由中南沿两湖而进，我朝若分两头抵御，必将防不胜防。"

康熙帝此时方缓口气说："卿言极是。然诸将中，谁可与吴三桂为敌？可举之也！"

图海接着说："以臣所知，莫如原川、湘总督蔡毓荣为蜀提督，曾被吴三桂以王势所辱过，蔡毓荣有怨在先，断无归附吴三桂之理。且蔡毓荣卓有韬略，久经战阵，多著功绩，声望足以济之；若授以重权，济以重兵，厚以粮饷，臣料蔡毓荣必能收其功也。"

康熙听罢，大喜言道："卿此计甚好。我朝既有良将，何惧吴三桂？无论胜败如何，都当调兵遣将，扼守险要。在京立刻戒严，捕囚吴逆眷属知己，除绝根株。"言罢，立刻宣蔡毓荣、岳乐进殿，拜蔡毓荣、岳乐二人为"靖逆大将军武信侯"，令带本部人马，并助以吉林马队十万，移镇荆楚上流（武汉一带），以御吴三桂；拜图海为"招讨大元帅威武公"，统兵二十万为后援；令永顺郡王统兵十万，从南北救应。蔡毓荣受命之后，便奏请康熙恩准，任命提督杨捷为"靖逆副将军"，统水师驻扎长江天险，以为犄角，共御吴军进入中原，康熙一一允准请求。

康熙议政出师与吴三桂对敌后，吴三桂得知长子吴应熊及在京眷属被囚的消息，悲痛不已。并向夏相国、马宝二人言道："朕知康熙议政，必以兵权付蔡毓荣。而朕之《檄文》发出，义师一举，怨满人者，无不响应。康熙见孙延龄、尚之信在两广突归于朕，自料用人甚难，惟蔡毓荣昔日与朕有仇，故重用以对付于朕。今蔡毓荣拥兵荆楚，后有图海、岳乐全力对朕，来势不小。况蔡毓荣、图海、岳乐等人，久经战阵，北朝称为能将，我等拭目以待，不可轻敌。朕在滇、黔兴师北上时，深知清军势大，不易对付，反清成败如何，难以预料。故朕在发兵前，仿狡兔三舍之法，安排好眷属归宿，给征途不测留条后路，免有后顾之忧。一是将长孙吴世藩从京接至昆明，由郭壮图管教，守护皇宫金殿，万一兵败退回，也好有个安身之所；若留北京，今与长子吴应熊也同被囚。二是安排少妃'花神'，带着她所生未成年之子女，在劫难来时，隐姓埋名，逃云南僻壤农村隐居，以防不测，伤害着她们。三是命陈圆圆在劫难来时，以化装出家为名，带着金银财物，保护她所生之次子吴应华及媳涂氏所生之孙吴世杰、吴世龙等人，由心腹侍卫马宝玉化装成农民护送，去贵州思州府（今岑巩县）水尾镇山区隐居，待讨清成功后家人再行团聚。四是满妃及其子，在陈圆圆的照管下，随军北上，以便照顾朕日常生活；同时满妃通满话，了解满人性格风俗，若征途抓着满人奸细，遇有语言不通之时也好做个翻译，了解情况，百战不殆。此虽诸多顾及，然后事如何？则难测也。"

夏国相说："陛下神算，臣等莫及。后事之变，勿多虑。今我朝大军已入湖南，占领沅州、衡州、常德、长沙四地，若蔡毓荣、图海、岳乐大军抵湖北武昌，看来还须大战，周旋一段时间，方能往北推移。既然如此，不如就地辟府为殿，改常德为行宫，以便遣将用事；待天下定后,重返北京立业。"

夏国相言后,吴三桂从之。便安排吴国贵护驾吴三桂,镇守衡州、常德两地,防止清军南下偷袭;命马宝率兵东征,扫平江西障碍;命马承荫、吴世宾领本部人马,带着吴三桂手书,沿湖南下广东与尚之信联络,共议反清北上之事。此时,吴三桂反清正式拉开序幕。

十二月初一日,吴三桂亲率二十余万人马自云南昆明启行,踏上了他晚年的戎马征程。为鼓舞士气,行前,吴三桂于郊外大阅三军,令以向晓集合,后期者按以军法。是日,鼓角齐鸣,队伍齐整,军容肃然。六十二岁的吴三桂,"披甲长马,扬鞭疾驰,发三矢皆中的,长枪、大剑、画甲、雕戈罗列左右,每驰一回,即于马上接一器运之,风驰雨骤,英武绝人。其意欲以力诎众心也"。

云南为吴三桂经营多年,心腹党羽遍布各处,已然藩下属地。以故,吴三桂叛旗甫举,从叛者甚众,除"四镇十营总兵马宝、高起隆、刘之复、张足法、王会、王屏藩等听调遣"外,"提督张国柱、永北镇总兵杜辉、鹤庆总兵柯泽、布政使崔之瑛、提学道国昌等,并从逆,受伪职"。除少数官吏,如按察使李兴元、知府高显辰、同知刘昆抗拒不从外,在云南,吴三桂未遇到任何抵抗。

当时,吴三桂颇恃兵强而倨。"或有劝桂出秦蜀,曰:'岁星在翼,轸荆楚之地不利行师,只宜遣一大将,大众由蜀出秦据关中,以示天下形势'"。吴三桂不听,答曰:"天文渺茫,地利难凭,吾遣王屏藩取秦蜀,犹吾自行矣"。马宝请任取两广,吴三桂亦反对,曰:"一辩士口舌可下,不烦兵,已遣人矣"。于是,吴三桂以吴国贵、夏国相为前锋先驱,自普安入贵州,自统大兵殿后。"不宿民房,不入城郭,军行五十里,依山傍水下营",尽量减少骚扰。"每日前军起营,则中军起,次左,次右,次后,黎明即行,日中即止",秩序井然,却并不欲速。

由于贵州提督李本深是吴三桂老部下,早就与吴三桂有秘密书信来往。因此,很快就依附吴三桂。

贵州即下,吴三桂以其党羽、原贵州提督李本深为贵州总管大将军,镇守其地,巡抚曹申吉因先剪辫,与潘起先、张文惪等俱以原官用。部署停当,即分兵两路,继续北进。吴三桂遣马宝、吴国贵为东路前锋攻楚,他仍自行殿后,西路则由王屏藩全权指挥打四川。

康熙十三年（1674年）正月十二日，吴三桂由贵阳出发，二十日至镇远，二月，入湖南。沅州总兵官崔世禄投降，叛军遂陷沅州，进据辰州。吴三桂督令将士继续北进，以杨宝应进攻常德，夏国相进攻澧州，命吴应麒东攻长沙、岳州，张国柱攻衡州。此皆为湖南重镇，吴三桂志在必得，所命攻城诸将皆其心腹，为藩下主将，只有杨宝应稍属例外。原来，杨宝应的父亲杨遇明正在常德城中。杨家为锦州人，以明守备降清，授山东莱州游击，至顺治十二年（1655年）出任湖广常德镇总兵，康熙元年（1662年），移镇广东新安，旋擢广东提督，康熙九年（1670年），休致后安居于常德。杨遇明与吴三桂同乡，素有故交，见其子杨宝应提兵攻城，遂为内应，常德旋踵而下，知府翁应兆叛降。

在常德沦陷的同时，二月八日，夏国相亦进占了常德以北的澧州，几乎没有遇到任何抵抗，据湖广总督蔡毓荣当时向朝廷奏报："吴三桂兵到澧州，城守官兵以城叛应贼，提督桑峨、总兵官周邦宁自常德还至澧州城外，孤军不能迎敌，不得不退回荆州，乞大兵星驰剿御"。

继常德、澧州之后，长沙亦被吴三桂叛军占领。原来，偏沅巡抚卢震闻警即弃长沙奔岳州，再奔荆州，担任留守的副将黄正卿、参将陈武衡无力抵抗，"以城叛降贼"。常德、长沙据湘湖之险，当水陆之冲，而澧州则为湖南门户，得此重城，如据"全楚之势"。随后，岳州、衡州尽为吴三桂所有。至三月，吴三桂再陷湖南全境，兵抵长江，势如破竹。正如史书所载："吴三桂乃长驱陷辰、沅、常德，直走荆江，五千里无只骑拦截"。

与此同时，奉吴三桂之命征四川的王屏藩亦所向克捷，"连陷四川州县，进犯秦州"。凡吴军所到，清军几乎是望风披靡，四川提督郑蛟麟与川北总兵谭弘率先"合谋从贼"，随后，四川巡抚罗森与总兵吴之茂并降。郑蛟麟、谭弘、罗森与吴之茂为四川重要的军政长官，他们的反叛从吴，使四川的形势为之一变，王屏藩在占领整个四川后，已由保宁趋汉中，并欲出汉中，下夔州，声势凌厉。

此时的吴三桂相当得意，率军进驻湖南衡州后，还去山岳庙占了一卦，抽得上签，心情更是大好，遂命令急速去溃蔡毓荣所统领清军，然后乘势往北打去。

就在这时，突然飞马回报说："蔡毓荣军势颇锐，队伍整齐，但守御严密，无南下之意。"

吴三桂对夏国相、胡国柱说："我军惧养成蔡军锐气，彼蔡军岂不也惧我军养成锐气？朕料彼蔡军亦必惧我也。朕当亲往征之！"当即下令，次日在郊外操兵，取齐各路驻衡州兵马，刻日起程，攻伐蔡毓荣去。

次日，吴三桂去到郊外校场阅兵，忽感头晕胀痛，身体不适，难以出征，便又转回宫中，卧床休息。吴三桂卧在龙榻上，心中正为难以出征之事担忧，忽然又接到李本深从四川发来的奏折报说："臣自领命由贵州率军入川，一帆风顺而下重庆，已拔州诸郡，现已进攻成都，指日可下，全川安然而得。"

吴三桂听读奏折至此，"忧郁病"已去九成，心中大喜，便起床急召诸臣计议说："李本深此次命他西征入川，果然应手，旗开得胜，势如破竹，今已直进成都，甚慰朕望。四川向称险塞，号为沃野，自古帝王，多藉以建都。作为基地，然后西出秦川，与朕义子王辅臣相应，共取长安，据险自固。先立于不败之地，今湖南为四战之地，无险可守，朕欲率师入川，先取成都，以与北朝康熙相争。诸卿以为如何？"

军师夏国相说："谁向陛下献此策？"

吴三桂说："此乃朕之本意，无人献谋。"

夏国相说："既为陛下本意，臣有一言当谏。昔日刘邦东避西楚，刘备北让曹操，因此不得已而先据四川一地。然当时帝都犹在长安，故进战犹易。而今则不同也，四川僻在西隅，守险有余，进战则多碍，其地势然也。况自刘邦、刘备以后，除安禄山之乱，逼唐明皇移藉四川为都，而可以统一大业者，又曾有几人？陛下于此可细思之，可了其所以然！"

吴三桂说："军师言之是理。但能守而后战者，根本未固，而急务战争，此苻坚之所以败也，则不可不思！"

夏国相说："苻坚时代，今不同也。自古开创帝王，皆以马上征诛。若徒择险自守，不图进取，此取亡之道。以陛下英明崛起，乘此人心响应之时，宜速分兵，足以制敌于死命。若反退自守，人心必馁，馁则败散也，此时何堪设想？"

胡国柱也说道："夏丞相之言是也。四川总为要地，臣可统兵为李本深后援，成都可一鼓而下。陛下当命能者分兵下九江，扼长淮以绝北朝康熙军道，并合闽、粤之师以扰江南。陛下即率军诸将渡江北向，可致蔡毓荣、杨捷之师不能驻足。臣复由成都趋长安，会合王屏藩、王辅臣二军以趋三晋，可使顺承王图海军腹背受敌，他岂能可与陛下战乎？故愿陛下勿贪一时之自守。"

夏国相又说："驸马所言极是，英雄所见略同。三路人马并进，九江一军，可沿淮扬以趋齐鲁，成都一军会陕西以扼三晋，陛下亲征为中路，制河南、河北以共趋北京。此时若敌军分兵抵御，亦穷于应战，风声鹤唳，人心自摇，中土安有不能恢复？而且我军旧部，皆来于齐、鲁、幽、燕之地，思乡念切，一闻北上，必踊跃争先，此理之自然者也。臣虽不才，然驸马谋勇足备，又属至戚进言，必有裨大计，成败之机，在此一举，愿陛下从之！"

吴三桂听后说："二卿所言极是，四路分兵北上，朕无异议，二卿可合谋定策，安排去办。然四川一地，南迩云南，北毗陕甘，又足以控制三楚，非朕去不能了结此事。今我们可两策并行，在湖南催马宝进兵北上；一面由夏丞相派人知会福建耿王，遣能将先趋九江以进，会合以扼长江之险。由夏丞相代朕总理军事，分道并进可为之矣！"

夏国相复说："陛下准谏，臣等放心，按陛下圣谕去办。然马宝虽为能将，究竟不如陛下亲征而壮声势。今成都李本深一军足也，何劳陛下率军亲去四川？"

吴三桂说："丞相有所不知，李本深虽然忠心出力，但智不如丞相，取得四川也不能制其陕甘西晋，朕有所虑，故而去也；而四川西面，则不然也，非朕去莫属。朕意已决，夏卿不必多言，按朕言办理！"

议政会后，湖南诸军事，吴三桂命婿胡国柱配合夏国相总理一切机宜，一面遣将分出九江，一面遣将往助马宝进战，自己则率大队人马入川。吴三桂领兵去到重庆时，李本深已经攻下了成都，吴三桂闻知大喜。此时左右人谏道："陛下亲自入川，不过以取川为基业，怕李本深兵力不足而跋涉成都耳！今成都李本深已攻下为我所有，李本深以乘胜之师足以守川入秦。陛下不如飞谕与李本深，待四川平定后，直进秦陇，与陕甘地之王屏藩、王辅臣、吴之茂三义子相合，不劳圣驾远征，陛下可在成都鼎立而无虑！"

次日，吴三桂便率兵由重庆起程，不多时日就到了成都，李本深领部将出城迎接。将所带人马安排驻下后，吴三桂向李本深说："朕此次入川，幸亏爱卿之能，挥军势如破竹，一帆风顺取得成都，为朕定立帝都铺平道路，全赖卿力，当有功记册加封！"

李本深说："成都之得，皆仗圣威，臣焉有如此之能？臣乃一武夫，甚谢陛下栽培；后有用武之地，臣愿效犬马之劳。"

吴三桂坐镇成都后，不多月数，便封李本深为平凉王，命他率兵西进秦陇。李本深领旨临走时，吴三桂便下秘诏，通知陕甘之王屏藩、王辅臣兄弟举兵相应，破三秦以制三晋。

王屏藩、王辅臣兄弟皆为吴三桂义子，兄弟二人皆百依百顺，所以吴三桂的秘诏一到，便出兵与李本深配合。李本深到了陕西，王屏藩说："成都既下，我陕、甘边陲无忧也。且我乃周皇帝之义子，人所共知。北朝以兵权授我以镇西陲，此乃北朝之失算也。今大周一统江山，吾不举兵相应，更待何时？吾得李将军援助，大事无不竟成。"

王屏藩与李本深正议间，忽报大周金吾大将军吴之茂求见，王屏藩又急出来接见，请在帐内叙话。

吴之茂进帐坐下后，王屏藩说："我早知周天子拜足下为金吾大将军。今大将军率军到此，有何见谕？愿闻其详。"

吴之茂说："周皇已密封吾兄为征西王，令吾兄举兵入凤翔，以截北朝图海之后，特派末将送密旨来见王爷，未知王爷意如何？"

王屏藩说："父王此举也是一着。我当先行报知我弟王辅臣，使他先去阳平关，以扼其要道，然后我再率师而东，平凉王李本深将军为后援，屈吴大将军为前部，不知吴大将军能从否？"

吴之茂说："彼此皆为周皇江山社稷，有何不从？待李本深将军援兵到齐时，我等方可一同出发进取。"

王屏藩说："吴大将军所言甚然。惟将军之大军已到西安，满城注目，令城中人言啧啧，已必知我为周皇内应。将军既到，焉能再候？所谓箭在弦上，不可不发，今将军当急宜进兵。若李本深将军后队援兵来到，我与他分道进兵便是。我今与弟辅臣一同举兵，先据凤翔，以撼河北，此有何不可呢！"

吴之茂听罢，深以为然。即命三军改换旗帜标志，立刻行事。当时王屏藩军未驻西安,而是驻在固原,凡营将校,全皆为王屏藩部下。自王屏藩倡议附从吴三桂之后,即向诸将官兵演说道:"清朝康熙帝待我等非但不厚,且无德无能。天下甫平,便生撤藩之议。我与诸君等皆为藩府旧贵,若藩府遭其撤废,行将借事以斧钺加之,我等更无依赖,此使我等不得不急图自处。今大周天子吴皇,已效天即位,以四川为都,此不过数月时间,自四川以至南六省,皆为大周所有。北朝图海、蔡毓荣,号为能将,但彼畏周吴皇而不敢进战,其大势之趋,也可知矣!东南各省,望风投顺,天心人事已属大周。我等须为自存之计,当应天顺人,归附大周,以图世之勋。此可以免目前之杀戮,又可以为开国之功臣,我等断不可失此良机!"

诸将官兵听罢,随声附和地说:"我等愿从将军之意,惟将军之命而听!"

王屏藩大喜说:"诸君若能俯从大义,自当始终如一,不宜中道反悔。我等与大周天子,共起于患难之中,若他日大事既成,大周天子决不辜负我等!"

诸将道:"我等顶踵发肤,全出大周天子之赐。今蒙将军不弃,加以勉励,敢不戮力同心耶?如果将军有疑,我等愿歃血共誓。"

王屏藩听了,更喜不合颜,即与部下诸将校一起歃血共誓,立刻起兵而反。

此事传出后,陕西全境震动,民众皆言王屏藩兵变。北朝委陕西的提督王进宝,驰驿飞报入京报知康熙,一面又飞马与顺成郡王图海,催取救兵防备。怎奈上面总不见应,王屏藩六千人马与吴之茂兵会合,在陕西闹得天翻地覆,声势愈来愈大。王屏藩举兵后,旗帜上写着"大周镇西王"六字,先占据固原,其余陕西府、州、县皆望风响应。先命吴之茂直出凤翔,王屏藩留部将镇守固原,自带部分兵力与王辅臣相应,直指向河北以扰顺承郡王图海之后。

吴三桂坐镇成都,安排百官领头,修饰大营宫室(原刘备宫殿),以壮观瞻。此时吴三桂直以成都为大周帝都,大营宫室修整一新后,吴三桂将成都定名为"新都",设百僚群臣朝拜,所有各路人马凡报奏章,皆直送成都。云南原举旗称帝的昆明定名为"故都",湖南衡州、常德定名为"临都"。此三都,新都由吴三桂直接镇守;故都由大驸马

郭壮图镇守；临都由二驸马胡国柱、丞相夏国相镇守。成都定为新都以后，最初吴三桂欲将国权交与二驸马胡国柱办理；军权交与丞相夏国相、马宝二人办理，自己深居简出，做几天安乐皇帝，与陈圆圆等皇后嫔妃，往来云南、贵州、湖南、四川各地自由行动，年岁大了，不愿再马上挥戈征战，浸染风尘。但事不由人所算，他指派李本深、吴之茂、谭洪三人去陕西固原，与其义子王屏藩、王辅臣联络平西，不能打通平凉之路，心里又甚着急。便在成都召开议政会议，讨论平西之策。

吴三桂提出说："长安自古为建都之地，重关叠险，可以自立，此乃朕所必争之地。怎奈北朝图海这一孺子阻朕大计，派兵以塞平凉之路，此则朕所愤也。忆昔日朕平李自成、姜壤驻在陕西，图海小子还是朕一手下副将，诸事尚由朕所指挥。而今，图海却为逢蒙杀羿，朕欲亲往，必手刃之，以雪朕愤。诸卿以为如何？"

诸臣听罢便道："以陛下之威，战必能胜，攻必能取。纵横天下二十余年，谁不望风而溃！今若亲征，亦能早定大事，此国家之福也！"

吴三桂听罢大喜，当即决定，御驾亲征。

此时李本深因病，从陕西固原返回成都治疗。待李本深病愈，吴三桂便以李本深为先锋，下令御驾亲征，领将校百员，雄师十万，走出成都。

吴三桂出征去时，先扼控松磁，以舟师陈列渡口为犄角，截断荆州上游，以断咽喉之道。遂分派大将王会、洪福二人掠谷城、郧阳等处以为声援，然后自统大军望东北而进。

吴三桂出征时，早有消息报知图海。图海说："吴三桂此行，却扼我军之后。我军此时当选求进，彼军一败，则我军在陕西无碍也，我当领兵长驱入蜀。若待吴三桂兵到，他声势更大，我军不可为矣！"于是命部将张勇、王进宝兵分两路，先趋西安，以击吴三桂之义子王辅臣一军，图海自统大军随后。图海在出征时，还安排赵良栋、朱芬二将，分军牵制王屏藩、吴之茂两军。

王辅臣在西安镇守，听得图海发兵来到消息，思想麻痹，借助于兄长王屏藩之接应，向左右道："图海历来畏视我师，今忽到来，必有缘故。是否周皇已经出兵，图海前来急于求战，若战不胜，必自败也。我军不如以其人之道还治其人，深沟高垒，以图自守。图海几战不得，时间拖延，周皇大兵必至，逐图海之后一战，图海必自败也。图海既败，平凉之路可通，我军可长驱直入出晋阳，此为上策。"

谁知，图海军到，非王辅臣所析，聚之一战，王辅臣抵挡不住，粮草困竭而降。

正值图海在西安围攻王辅臣之际，李本深病又复发，吴三桂便将李本深送回成都调治。吴三桂欲领兵从松磁出发，由南路之均州、南漳以通兴安、汉中之路，去助王辅臣。正在晚膳间，探马来报："王辅臣在西安被困，粮草俱尽，已投降图海。"

吴三桂脸色骤变，心灰意冷，杯箸坠地，半晌不语。后徐徐言道："辅臣与朕有义父子之情，今却如此，看来人心难固，何无助我也。辅臣虎将投敌，安能有济？"言罢，口吐鲜血致病，不能视物，左右诸将扶起，皆劝吴三桂暂不前进，回成都疗疾。

吴三桂说："事到如今，也只好如此。"吴三桂吩咐，用大部人马护驾，送他返回成都。留王会、洪福二将，带领本部人马，分掠兴元、南漳、郧阳等地，暂不撤回，以壮声威。

每说吴三桂反叛后，迅即占领了南方诸省，年轻有为的康熙皇帝又怎能善罢甘休呢？

康熙皇帝立即着手进行全面的军事部署，决心讨平叛乱。

首先，组成以荆州为中心，以川湖为重点的防御体系。他以荆州位居天下之中，"乃咽喉要地，关系最重"，派前锋统领硕岱率每佐领前锋一名，兼程前往守御，以固军民之心，并进据常德，以遏叛军东犯之势；广西毗邻贵州，授孙延龄为抚蛮将军，线国安为都统，命其统兵固守；四川与滇省接壤，令西安将军瓦尔喀率副都统一名，悉率骑兵，星驰赴蜀，坚守自云南进入四川险要之地。可见，康熙帝是力图将战事控制在云南、贵州和湖广境内，因而沿三省设防，布军冲要。

湖广和四川是清廷防御的重点。十二月二十四日，康熙帝命多罗顺承郡王勒尔锦为宁南靖寇大将军，总统诸将驻守荆州，多罗贝勒察尼、都统觉罗朱满、鄂内等八人参赞军事，都统范达礼、王国诏等十四名将领同往，率领满洲、蒙古、汉军八旗禁旅共计一万一千余人。十二月二十七日，命都统赫业为安西将军同瓦尔喀一同由汉中入蜀，护军统领胡礼布为副将军，前锋统领穆占、副都统颜布同往。两路大军出发之日，

康熙帝御太和殿，亲赐勒尔锦、赫业等敕印，诫谕将帅曰："行军之道，唯得民心为要，所过宜厚加抚恤，严禁侵掠，诚能无犯秋毫，则百姓安矣，至官兵暴露良苦，亦宜拊循，有劳绩者，即向所司支给赏赉，勿致逾时"。然后，诣堂子行礼、祭旗纛，亲出西安门送行。厚望诸将早奏凯歌，取得平叛战争的胜利。

其次，屯重兵于兖州、太原，并增设驿递邮传。调兵当中，康熙帝考虑到清军进征川湖，援兵自京师发遣难以骤至，且致兵马疲劳。因而，以山东兖州地近江南、江西、湖广，以山西太原地近陕西、四川，均属东西孔道，命副都统马哈达领兵驻兖州，扩尔坤领兵驻太原，秣马以待，所在有警，便即时调遣。

为能及时了解前线军情，康熙帝还考虑到，交战后必致羽书络绎，命兵部于驿递之外，每四百里置笔帖式、拨什军各一，"以速邮传，诘奸宄，防诈伪"。于是"甘肃西边五千余里九日可至；荆州、西安五日可至；浙江四日可至"。建立起一条直接服务于平叛战争的高效率的通讯系统，以应对前线瞬息万变的形势，从而保证了战争的胜利取得。

第三，增兵东南，以固守财富重地。东南向为财富之区，赋税重地。康熙十三年（1674年）正月初八日，康熙帝降旨曰："江南沿海濒江，甚属紧要，俱应有备。江西水陆皆与楚闽接壤，尤宜固守"。命两江总督阿席熙"饬令镇将，整顿兵马，于封疆扼要之处加意探防"。同时部署加强江南上游重镇安庆的防务，以防止叛军顺流东下。正月十九日，命都统尼雅翰为镇南将军与副都统席布率领德州、沧州、顺义等十处驻防满兵前往兖州，与兖州驻防副都统马哈达会师。然后分兵为三，择马肥者，令尼雅翰、席布领之先往安庆；马瘠者，喂养后由马哈达率领继续前往安庆；余兵以副都统根特巴图鲁统领留守兖州。

正月二十二日，侍卫夸塞自荆州驰还，奏闻偏沅巡抚卢震弃长沙奔岳州。康熙帝见长江上游局势有变，即命都统觉罗朱满领兵速赴武昌重地，谕令"务期保固地方，贼势倘众，勿轻与战。或武昌无警，即于岳州以北，水陆要地驻防"，遏敌东下。并命江宁将军额楚、镇海将军王之鼎，各遣副都统一员，领兵千名，水陆并进，先往安庆，以将军尼雅翰总统安庆各路驻防及增援兵马。

在抓紧军事部署的同时，康熙帝并重政治措施。十二月二十二日，下诏停撤平南、靖南二藩，令二王分守汛地，以示区别，并孤立吴三桂。十二月二十三日，谕吏部、兵部晓示吴三桂藩下之文武官员，其在直隶各省出仕及闲住者，"虽有父子兄弟见在云南，亦概不株连治罪，自今以后各宜安心职守，无怀疑虑，本部通行晓谕"。

十二月二十四日，命将吴三桂子吴应熊及其在京随从官员"暂时拘禁"拿问，以夺吴三桂之气，并防止宫中生变。

十二月二十七日，诏削吴三桂爵，颁诏宣示天下。文曰：

逆贼吴三桂，穷蹙来归，我世祖章皇帝念其输款投诚，授之军旅，锡封王爵，盟勒山河。其所属将军崇阶世职，恩眷有加，开阃滇南，倾心倚任。迨及朕躬，特隆异数，晋爵亲王，重寄干城，实托心膂，殊恩优礼，振古所无。

讵意吴三桂性类穷奇，中怀狙诈，宠极生骄，阴图不轨，于本年七月内自请搬移。朕以吴三桂出于诚心，且念其年齿衰迈，师徒远戍已久。遂允奏请，令其休息，仍敕所司安插周至，务使得所，又特遣大臣前往宣谕朕怀，之待吴三桂可谓礼隆情至，蔑以加矣。

近揽川湖总督蔡毓荣等疏称，吴三桂径行反叛，背累朝豢养之恩，逞一旦鸱张之势。横行凶逆，涂炭生灵，理法难容，神人共愤。今削其爵，特遣宁南靖寇大将军统领禁旅前往扑灭，兵威所至，克期荡平。但念地方官民人等，身在贼境，或心存忠义不能自拔，或被贼驱迫，怀疑畏惧，大兵一到，玉石莫分，朕心甚为不忍。爰颁敕旨通行晓谕，尔等各宜安分自保，无听诱胁，即惑误从贼党，但能悔罪归诚，悉释以往，不复究治。至尔等父兄子弟亲族人等，见在直隶各省出仕居住者已有谕旨，俱令各安职业，并不株连，尔等毋怀疑虑。其有能擒斩吴三桂头献军前者，即以其爵爵之。有能诛缚其下渠魁及兵马城池归命自效者，论功从优叙录，朕不食言。尔等皆朕之赤子，忠孝天性，人孰无之，从逆从顺，吉凶判然，各宜审度，勿贻后悔。地方官即广为宣布执行。

这份诏旨，表明了康熙皇帝必欲平叛的决心，也阐明了清廷于平叛战争中所欲实施的各项政策，在历数吴三桂背恩反叛、反复无常的诸罪行之外，又分化敌人，争取民心，将平叛战争的目标集中于吴三桂及其死党。

但是，康熙皇帝欲将叛军控制在西南三省的意愿未能实现。

先是，四川巡抚罗森、提督郑蛟麟、总兵谭弘、吴之茂等以四川叛降吴三桂，声言将分兵取汉中、下夔州，危及陕西、湖北。未几，吴军总兵杨宝应、将军夏国相、张国柱、吴应麒等，分别攻陷常德、澧州、衡州，岳州等地，清军长沙守将黄子卿献城附叛。提督桑格、总兵官周邦宁等因孤军难御退守荆州，湖广总督蔡毓荣疏乞清军星驰前往。

四川、湖南沦陷后，清军平叛部署须重新调整。康熙帝调彝陵总兵官徐治都自常德返回彝陵，备四川叛军东出夔州。命都统席卜臣为镇西将军，与副都统巴喀德业立同往保守西安，接应进川大军，加强陕西防务。陕西为边陲要地，且与四川地处邻封，二月二十七日，康熙帝又派武英殿大学士、刑部尚书莫洛经略陕西，率领满兵驻守西安府，会同将军总督而行，"巡抚提镇以下悉听节制，兵马钱粮悉听调发，一切应行事宜不从中制，文武各官听便选用，吏兵二部不得掣肘"。给予充分的权力。在湖广战场，由于硕岱、巴尔布等荆州大军之先遣部队，陆续于正月二十四日、二月初一、初二、初六日抵达驻地，大将军勒尔锦也已赴任，荆州得以保固。而且，又自荆州分兵襄阳、郧阳等地，组成了荆襄防线。于是，清军将吴三桂拦阻于江西，荆襄以南，使之不得北上和东进，对于稳定事态、扭转战局起了重要作用。

但形势进一步恶化。康熙十三年（1674年）二月二十八日，广西将军孙延龄据桂林叛，三月十五日，耿精忠据福建反。耿精忠一面致书郑经请于海上登陆，一面分兵袭取浙江、江西。吴三桂亦乘机对清军展开攻势，见清朝大军扼荆楚，乃图两翼，"一由长沙窥江西，一由四川窥陕西，其江西之贼入袁州，陷萍乡、安福、上高，与耿逆之兵合，陷三十余城"。"又遣伪护卫至岳州，令贼将坚守，且趣进兵"。同时，还分兵袭击荆州清军驻地，"每声言渡江"。浙江总督李之芳与江西总督董卫国纷纷告急，江西以楚闽夹击危急尤甚。

首应吴三桂的孙延龄原系定南王孔有德藩下标员，辽东人，其父孙龙随孔有德降清后，隶汉军正红旗，授二等男爵。顺治九年（1652年），孔有德殉节桂林，孙龙亦殁于阵，以孙延龄袭爵，复加一云骑尉。

孔有德生前曾向孙龙许为儿女亲家，将女儿孔四贞字孙延龄。孔有德死，只遗此女，清廷以其父殉国，恤及遗孤，令送孔四贞入宫，为孝庄皇太后收为养女，又特赐白金万两，岁俸视同郡主。年十六，由太后做主，嫁与孙延龄。从外表看，二人堪称一对佳偶，但性情、资质却大不相和。《四王合传定南王孔有德传》记载：孔四贞"美而才"，孙延龄虽"美丰姿，晓音律，长于击刺，体劲捷能趋九尺屏风，唯不喜读书。然偶有章奏，令幕友诵之，辄能斟酌可否"，可见其才不过中人而已。因而孙延龄之显贵，仰赖于孔四贞，即身为和硕额驸之缘故。关于这一点，康熙皇帝说得很清楚。孙延龄"年齿素轻，位权未重，只因配定南王女（孔四贞）"，所以得委重任。

先是，因孔有德子庭训死难，无嗣，其部众由都统线国安统之，顺治十七年（1660年），顺治帝命孔四贞掌定南王事，在京遥制。康熙五年（1666年）五月，命孙延龄为广西将军，驻湖南衡州，七月，命移驻广西桂林，至是，改令孙延龄掌管王旗，其下应设都统一员、副都统二员，亦着其遴选具奏。孔有德旧部将王永年、孟一茂、戴良臣等都统、副都统，并"受延龄制"。康熙九年（1670年）五月，又经兵部题准，广西将军所属绿旗兵马嗣后不必令总督与提督查点，考选军政亦不必会同注考语，孙延龄可自行照例造册题报，宠信有加。然而，孙延龄行事多有不妥。

首先是效吴三桂擅除官吏。"吴三桂以平西爵留镇云南，凡滇黔官吏悉擅除授，延龄效之，渐骄纵，无忌惮"。

其次是"不能弹压官兵"。据《啸亭杂录》记载，当时，"延龄所居，明靖江王府也。既居之忽忽若失，或头目眩晕，不视军事。学围棋，鼓琴，临池摹拓古帖，挟弹丸，张罾罟取鱼鸟以为乐。王、孟既心易延龄年少，以妇贵，无大材略，故不屑为之下"。《庭闻录》又记载曰："延龄起家寒微，庸劣无能，慑妇威不敢抗"。甚至连清朝官方记载的《实录》也承认，"孙延龄终属外姓，论名分，则无承袭勋爵之理，论军心，多有未肯帖服之情"。而孙延龄却以将军自居，渐骄纵。

王永年为孔四贞包衣佐领戴良臣所荐。王永年任都统后，每事与孙延龄相左，久之连孔四贞也薿之，"一军唯知有都统，不知有将军，并不知有格格，四贞乃大悔恨"。孙延龄因大权旁落积不平。

十一月二十一日，吴三桂起兵后以书诱孙延龄。吴三桂的招诱恰逢其时，孙延龄正恚懑在胸，无处发泄。于是，翌年二月，他以议事招都统王永年、副都统孟一茂等十二人至府，伏力士掷盏为号，尽杀之。"而遣人纳款于吴三桂，蓄发易衣冠，举兵反"。时吴三桂发兵二万屯黄河呼应孙延龄，孙延龄遂乘势作伪，自称安远大将军，移牒平乐、梧州诸府；杀浔州知府刘浩、富川知县刘钦邻、平南知县周岱生等，发兵围广西巡抚马雄镇于廨署，广西为之震动。

马雄镇，字锡蕃，汉军镶红旗人，以荫生补工部理事官，历左金都御史，国史院学士，康熙八年（1669年）出任广西巡抚。当孙延龄叛时，"巡抚无标兵，雄镇督家人拒守，密令守备易友亮赴柳州趣提督马雄来援，弗应"。九月，广西提督马雄与郭义俱叛应吴三桂。吴三桂大喜，授马雄为怀宁公。与此同时，广西都统线国安也为孙延龄逼反。线国安、孙延龄、马雄为广西执兵柄者，三人皆叛，致使广西全陷。然线国安旋即病死。

马雄叛后，勾连吴三桂藩下将领王弘勋等于这年冬攻打广东之高州、雷州、廉州随之亦叛，形成对广东的巨大威胁，致"十郡失其四"。

同吴三桂一样，耿精忠"鸣剑之心已非一日"。

耿精忠是第三代平南王，为耿仲明长孙，耿继茂长子。史称他"气岸魁伟，生有异表"。幼随耿继茂镇所，顺治十一年（1654年）耿继茂遣其入侍，顺治帝以耿继茂南征有功，授耿精忠一等子爵，尚肃亲王豪格女，封和硕额驸，由此与皇家结成亲缘，贵为国戚。康熙二年（1663年），耿继茂奏准耿精忠赴闽学军事，康熙十年（1671年），耿继茂以病疏请令耿精忠代理藩事，康熙帝从之。可见，耿精忠多得清朝皇帝眷注之恩。

然耿精忠虽入侍有年，却以人质为辱，从而心态逆反。且又"少长宫壶，不知祖父缔造大勋。继位后，日与宵小为伍而群，不逞之徒复煽以邪谋"。其党徒遍布各地，连督抚大吏亦与之攀援。因而耿精忠的固权之念并不亚于吴三桂，他对清廷准平南王撤藩，有着特殊的敏感，七月九日上疏窥探朝旨，八月即纠集人马，因虑及福建兵马不足，差漳浦人黄镛为使，赴台湾约郑经举事。书曰："孤忠海外，奉正朔而存继述，奋威中原，举大义以应天人，整征帆同正今日疆土，仰冀会师，共成万世勋业"。郑经喜出望外，亲率舟师至澎湖应约。随即，耿精忠与藩下左翼总兵曾养性、右翼总兵江元勋、参领白显忠、徐文耀、王世瑜、王振邦等潜定反叛之谋，"府中男子年十四岁悉给弓矢，习骑射"，操练不已。

但耿精忠仍以总督范承谟的向背为虑。

范承谟乃清初三朝元老重臣、官至大学士的范文程之次子。范承谟自幼秉承父教，顺治九年（1652年）中进士，选庶吉士，授弘文院编修，累迁秘书院学士。范承谟不仅为官清廉，一身正气，且为治理一方之能吏，耿精忠颇忌惮之。

范承谟早在浙江时，即已察觉到耿精忠的诸多不法之事，并以尾大难制为虑，有撤藩之请，这正符合康熙皇帝的撤藩之意，于赴任前入觐，又得康熙帝面谕密旨。当范承谟赴闽抵任时，撤藩令已下，耿精忠大失所望，愤怒已极，对刚刚来自京师的范承谟尤为戒备，并加紧军伍操练。

然而，正当这时，康熙帝又以吴三桂反叛，命停撤平南、靖南二藩。康熙十三年（1674年）正月十一日，使者赍诏至福建，耿精忠暂时有所收敛。但是，兔死狐悲，物伤其类，清廷撤藩已使耿精忠与吴三桂命运休戚相关。而是时，吴三桂也遣使致书反复招诱耿精忠等人同叛。

范承谟自抵任后，即着手办理靖南藩搬迁事宜。当时耿精忠奏报家口计十三万五千，核减后去掉虚冒一千四。范承谟又同耿精忠商酌，将其中原籍福建不愿北迁者一万人留下，确定应迁家口共计十一万余人，计划分作六次搬完，每次用船五千只、载二万人，由福州乘船至浦城登岸改陆路。往返时日，每次约计一个月。

但在搬迁过程中，范承谟觉察到耿精忠已有异志，遂疏请缓行搬迁，又请调集兵马，以备万一。然诸事未及行，而耿精忠之乱已先起。

康熙十三年（1674年）三月十五日，耿精忠集诸官于藩府，"扬言海寇至，约承谟计事"。又惟恐范承谟不至，使福建巡抚刘秉政约其同行。此时，范承谟已知有变，但"总督标兵止有三千，又多虚冒，实按不过二千而已，"范承谟遂以众寡不敌，无力抵御，随刘秉政前往王府。耿精忠以兵威胁范承谟从叛，因不屈，耿精忠将其拘于土室，加以桎桔，并幽其家口五十余人。杀守备廖有功、知府王之义等，传檄四方，鼓动反清。

耿精忠自称"总统天下兵马上将军"，效吴三桂蓄发易衣冠，私铸"裕民通宝"钱。以弟侄为左右大将军，统率五军。五军设五都督、五都尉、五副都尉，其下设有偏将，有开远将军、平远将军等号。随即，调兵遣将。当日，曾养性、白显忠、江元勋、马九玉等奉命挂将军印出征，分陷福建延平、邵武、福宁、汀州等地，未逾月，攻陷全闽。随即，又分兵三路。命曾养性为左军都督出东路，自福建宁州进兵浙江温州、台州、处州；白显忠为右军都督出西路，率副都尉范时荣、开远将军王镐破江西广信、建昌、饶州；马九玉为中军都督同右军都督江元勋出仙霞中路，破金华、衢州，还有罗将军者破严州、徽州，并联络各地"土寇"。

与此同时，耿精忠亦效吴三桂欺世盗名之举，起兵后发表了一篇鼓动反清的"檄文"。"檄文"曰：

海内黎元苦残暴之日久矣。本藩蒿目时艰，无术拯救。今日朝纲变乱，众叛亲离，中外之势已分，东南之民无主，远近喁喁，谬相推戴，不得已誓师振旅，期与天下豪杰，共定中原，复华夏之冠裳，救生民于水火。师之所过，不犯秋毫。务期除残去苛，省刑薄敛，疮痍立起，乐利再逢。凡我绅士兵民，宜仰体本藩吊民伐罪之心，率先归顺。自当分别录用，恩赍有加。毋或逆我颜行，自取诛戮。敬哉！故谕。甲寅三月十六日谕。

随即，又专为衣冠发式檄告：

为光复冠裳与民更新事。照得衣冠服色，贵贱攸分，等威所辨。今本藩倡建义旗，廓清海内，首当变易风俗，与民更始。尔等文武官员绅士军民人等，均属中华之赤子，久思汉代之威仪。令下之日，速宜剪辫，留发包网。所有官帽员领带绥巾小帽，一切悉照汉人旧制，毋得混淆。共敦华夏之风，复睹文章之旧。如有抗玩，军令不赦，敬哉！故谕。

耿精忠以民族矛盾煽动反清，其反满兴汉的色彩，比吴三桂更有过之，然而，他却只字未言复明。这表明平西与靖南二藩在起兵之始，便缺乏统一的政治目标，为各自的利益所驱使。

再说吴三桂因忧思伤肺伤脾，积劳成疾吐血，返回成都休息治愈后，镇守成都的巡抚罗森、提督郑蛟麟、总兵谭洪等人请战，愿从吴三桂调遣，出兵西征以制图海，吴三桂听后，皆大欢喜。但吴三桂此时唯一考虑要制敌人之死命者，当欲打开闽、浙一路兵马，沿江苏直趋两淮，向北推移较为捷径。而可惜的是耿精忠自归附以后，口头上允诺，在实际行动上总是徘徊观望，不付诸行动出兵。所以，吴三桂心生一计，不如派使臣直接入闽，找耿精忠商量，求他派人去台湾与郑成功之子郑经联络，共同举兵北伐以讨康熙，这岂不更为有利。吴三桂想到这里，西征之事虽有罗森、郑蛟麟、谭洪等人请战均皆暂搁不管，便在成都大营宫室，下诏派专人送往湖南衡州临都，请夏国相与胡国柱商议，派得力能将到福建、台湾办理此事。

夏国相、胡国柱在湖南衡州收到吴三桂之谕旨后，即令在衡州临都的兵部尚书王绪亲自单人匹马入闽，去与耿精忠会晤商谈派人陪同引路去台湾之事。

原来台湾是明将郑芝龙镇守。因郑芝龙叛明投降大清后，其子郑成功因其父郑芝龙有违国家大义，郑成功不服，待郑芝龙死后，便不计家庭私事，自行占据台湾，不服大清所控，自立为王，以图恢复中原而扶大明。郑成功死后，其子郑经袭位后，其反清主张未变，常在福建一带侵扰，与清兵苦战过几次，只不过未得其时而已。因此，吴三桂考虑若得郑经之兵力相助，北伐抗清之事便可得成功，所以在成都下旨给夏国相、胡国柱派王绪前去联络。

夏国相派兵部尚书王绪先入闽会见耿精忠。王绪奉命去福建时，耿精忠知其来意，便问王绪说："听说岳州之战，马宝都督大为得手，不知近日陕中有何军情报捷？"

王绪说："夏丞相差我，正为此事来见王爷。因为北朝尽遣精锐之师，在西南两面，以拒我师。今周皇病返成都调息，西面进军受阻。今陕中虽未得消息如何，然以敌军重防武昌之间，终不能御马宝都督一旅之师，其力亦可见也。然而敌人只重防江夏三镇，而忽略江淮一带。若

王爷能率大兵向苏、浙而进，必马到成功，谁能御之？今王爷既树降周之名，而无降周之实，徘徊观望于模棱两可之间，不愿整戎发兵。如是之举动，北朝当为大王罪，周皇也必为大怪，二面均讨不好。与其敛手待罪，不如出师助周，奋勇图功，以保其藩王权益。此愚下不说，王爷则可自思！"

耿精忠听罢，深以为然。向王绪说："尚书之言是也。我非徘徊观望久不出师，而是未得周皇实际军情所报。今既得尚书所告，焉有久不出师之理乎？但兵发何处，还望尚书明言以教。"

王绪说："我奉丞相之命，尚须王爷派人助我去台湾，与郑王联络，举兵入闽相助王爷，共同兴师北伐。而今之计，周皇与夏丞相下有旨令，命王爷兵分两路，一路沿江西而进，一路沿浙江而进；使之齐头并进，台湾郑王发兵来助，我军大事无不成矣！"耿精忠当即允之。

耿精忠答应出兵后，便在军中找一熟知台湾水路的人，带领尚书王绪到台湾去见郑经。然而郑经自承父业以来，已从水上出兵反清数次，但因原藩王耿精忠之父耿继茂重兵镇守福建前线，郑经终不能打通闽、浙之路。郑经在台湾闻言吴三桂反清，此时正欲乘吴三桂起事搅动闽、浙之际，便趁机出兵，一举登陆，大闹北朝中原。郑经正置此思考之间，忽听得内侍来报，说吴三桂派使臣王绪前来求见，郑经急忙安排迎接。

内侍引王绪走到郑经殿上，只见得郑经穿着王服，戴着王冕，正坐在王位上，极为森严。向王绪责问说："吴三桂引敌入关，正当问罪。今既举旗反清，然当建复明之义。而今为何起义师后，独自窃称帝，立大周朝耶？"

王绪胸有成竹地答道："郑王有所不知，周天子此策，不过权宜之计。举兵起义，不可无主。今虽称帝，犹未储君。周皇之意，乃反清大功告成，再择英才而主之，今未定论，故暂出此策而为之！"

郑经听后，知王绪之说，乃是假设之措词，但他不多深究，只是试考王绪之胆识而已。郑经听王绪所答，非一般庸辈。故收敛凶颜，平静下来说："吾郑氏镇守台湾，乃已三世，尚不敢自我大号，未忘明室。今王兄到来，将有何高见教之？"

王绪转弯抹角地说："昔日延平王虎踞台湾，转向闽、浙，直捣淮扬，声威大震。惜乎！当时人心既靡，清朝又得全力御之，故未克竟其成。今大王以壮年承嗣父位，国民方翘首瞩目。在此大好时机，大王不如以振令先君之殊威，兴师出台，国内不见旌旗之色，国外不闻钲鼓之声，岂不美哉！方今，大周已起，北朝疲于奔命，大王若悉精锐，直指淮扬而进，耿精忠也必为大王后援，此反清大功必成，天下不难定也。事成之后，大王既可不失藩王之位，又可以成先世之功，忠孝两全，功在一时，名垂万载，大王当悟也？"

郑经听后，觉得王绪之说，也有些道理。便回言道："王兄之言是也，孤当酌之。王兄今日便在殿府住下，明日孤再派使臣，随王兄一道去见周皇，订约出兵之期，王兄以为如何？"王绪说："此便是好，承王爷宽容厚待，当致谢也！"

第二天，郑经派使臣施继，随王绪返闽入川去见吴三桂。这犹如两国使臣外交来往，吴三桂极为不满，便急速传令给夏国相，叫夏国相在湖南衡州临都接见施继，不要让其入川，以免来回辗转，影响发兵时间。王绪把施继带到湖南衡州，夏国相在衡州接见施继说："我军初起，各省皆应。只岳州、平凉两战，敌军便闻风丧胆，继而不敢出战，死守武昌、西安。若郑王能急速出兵，与周皇同心协力破敌，中国山河将不属满人所有。"

施继说："今相国之意欲何？"

夏国相说："我等只望郑王立刻出兵，直捣淮扬，足可分散敌人兵力。若福建耿精忠出师相应，以一军直指苏杭，以应助台湾之师；我派一彪人马分出江西，扰敌军各郡，沿江西随之北上，敌军尽管有百万之众抵御，亦无能拒阻我军。施先生可将此计划，带回台湾告知郑王！"

施继说："相国之言，足有高见，施某受教匪浅。我当将此高见带回台湾，报与我主。回报郑王决策，再来与相国联络。"

夏国相说："施先生既已同意，而今军情紧急，本相不敢久留先生。他日事成之后，我们再作太平相聚。望回禀郑王，早日出师。"

施继便告辞夏国相转回台湾，将联络情况告知郑经后，吴三桂传旨封郑经为台湾藩王。郑经嫌官卑职小，很不高兴，因而出兵之事便从缓议决，未曾实现。此时，只有耿精忠先发一军到江西，以应夏国相之兵助。

第六章　叛清被灭

耿精忠反叛后，三藩中只剩下了尚可喜。然尚可喜"性笃忠贞"，与清廷没有二心。吴三桂曾遣使以"逆书"诱叛，"可喜执其使，以逆书呈奏"。

然而，尚之信的态度却与之迥异。

在三藩王诸长子中，尚之信是唯一得赐"公爵"者，自以为承袭平南王乃天经地义。康熙十二年（1673年）三月，尚可喜疏请归辽，留其嗣封，正遂尚之信心愿。不料，清廷未准，并下令撤藩。尚之信不仅失掉了经营已久的广东，且不得袭封王爵，遂生怨恨。

其实，尚可喜请求撤藩，除了告老还乡、急流勇退之外，其直接原因就是对尚之信顾虑太深。

尚可喜有子女一百三十余人，诸子中，尚之信居长，生于崇德元年（1636年）七月。据记载，尚之信"生而神勇，嗜酒不拘细行，临阵遇危，嗔目一呼，千人俱废，故终身无劲敌"。康熙十年（1671年），尚可喜以年老多病疏请尚之信回粤代理军务。这年，尚之信已三十五岁。

尚之信回到广州，其暴虐本性非但没有收敛，反而更加放纵。尚可喜以其为嫡长子，又爱其才，终不忍有废易之意。而尚之信却始终不肯收敛，由暴虐而凶残，且愈演愈烈。整个王府为之不宁。

时幕客金光屡以尚之信暴戾之状告尚可喜，尚可喜遂用金光之策，于康熙十二年（1673年）三月疏请撤藩，"冀得见上自陈"。及吴三桂反，康熙帝诏令停撤平南、靖南二藩，尚可喜奉命留镇。"自陈"之愿未遂，而尚之信残暴依旧。

康熙十三年（1674年）初，尚可喜"恶之信酗酒嗜杀"，"虑其拥兵速祸"，遂于这年四月上疏清廷请以尚之孝袭封王爵。疏曰："臣诸子中，唯次子都统尚之孝律己端甚，驭下宽厚，可继臣职"。于是清廷依奏恩准，命尚之孝赴潮州征讨叛将刘进忠，旋又晋平南大将军。而尚之信则以讨寇将军衔协谋征剿。

地位遭贬、权力丧失，自撤藩以来尚之信遭到了接二连三意外的打击。他怨父、妒弟，尤其仇恨金光，由是萌动了背叛清廷的心理。所谓"尚可喜子俺达公尚之信被废怨望，矫父命叛降贼"。"之信积不平，杀金光……劫父叛降吴三桂"。说明尚之信起兵反清的原因，同吴三桂、耿精忠如出一辙，亦是权益所致。

· 184 ·

康熙十五年（1676年）正月，广东已处于叛军的四面包围之中，郑经进据东莞，马雄兵至新会，孙延龄攻下梧州，形势十分不利。尚可喜已忧病交加，卧床不起。尚之孝则屡战刘进忠不利，退驻惠州，王事仍由尚之信代理。

这期间，吴三桂多次遣使至广东煽诱，并派出军队直接进攻广东。水师副将赵天元、总兵孙楷宗、苗之秀，副将吴启镇等相继反叛。于是，"尚之信欲其父尚可喜从贼，迫之不已"。又"约众谋逆，送印伪周，自称暂管辅德将军"。二月二十一日，尚之信"易服改旗帜，遣人守其父尚可喜第，以炮击我营，倡众作乱。镇南将军舒恕等引兵归，副都统莽依图自肇庆突围出"。尚之信遂"移檄郡县，使皆纳款"。清廷对广东的统治已不复存在。

由上述事实可以看出，尚之信的反清是确凿无疑的。第一，蓄发易衣冠。据目击这场叛乱的王钺说："当广州之初变也，王公大夫皆戴大帽，衣满洲袍，民间为之谣曰：明朝头、清朝尾，过了三周年，依旧归康熙"。第二，尚之信接受了吴三桂授予的招讨大将军、辅德公、辅德亲王等封号。《清史列传》卷八十记载："之信遂受伪职招讨大将军、辅德公，与海贼议和，夺之孝兵柄，使闲居广州"。第三，由于尚之信叛清后，整个广东已被叛军控制，以致两广总督金光祖、广东巡抚佟养钜等一些文职官员，也被裹挟从叛。第四，也是更重要的一点，尚之信在易服改制后，即"以炮击我营"，与驻守广州、肇庆等地的清军发生了激烈的争战，最后迫使清军退出广东。

尚之信继耿精忠之后响应叛乱，举兵反清，遂形成了三藩并叛的局面。

吴三桂的举兵反清，及其势如破竹的攻势，饮马长江的战果，立即在全国各地产生了强烈的影响，形成了一股强大的反清浪潮，"数月而六省皆陷"。云贵川湖以及广西、福建，尽为反清势力所有，进而浙江、江西、广东、陕西等地亦被兵燹，形成"东西南北，在在鼎沸"的局面。对于吴三桂反清后所形成的号召力，就连清朝统治者也不讳忌。康熙皇帝就曾说过："吴三桂背恩反叛，天下骚动，伪檄一传，四方响应"。法国传教士白晋也从一个旁观者的角度指出："这一叛乱的危险性是如此之大，因为它为其他的叛乱提供了机会"。事实正是如此。

吴三桂反清的消息传至京师的第二天，即康熙十二年（1673年）十二月二十二日，京城爆发了杨起隆起义。"这一叛乱是北京的汉族奴仆阴谋策划的，他们预谋在一夜之内杀死他们所有的满洲主子"。杨起隆自称"朱三太子"，建年号"广德"，起义成员称"中兴官兵"，皆头裹白布，身束红带为标志。是日，杨起隆在正黄旗承恩伯周全斌之子周公直家（鼓楼西街）举火起事，起义者"皆披甲露刃"，四处纵火。但由于镶蓝旗监生郎廷枢家仆事先告变，郎廷枢捕获黄裁缝等四人。正黄旗都统图海、祖承烈与镶黄旗副都统吉哈里等亲率官兵，将周公直家团团包围。起义者陈益等见"流矢如雨"，遂"放火拒捕"，掩护杨起隆、张子房等六人突出重围。陈益、黄吉、杨起隆妻马氏等数十人被捕。"这些同谋者人数众多，彼此却并不相识，由于皇帝果断地采取了预防措施，所以在短短几天内就彻底平息了叛乱"。

由于杨起隆尚未捕获归案，康熙皇帝谕令严审黄裁缝等人，缉捕杨起隆及其他起义者。"后广为搜捕，共获贼众数百人"。不久，有人举报杨起隆潜藏在城内，清廷下令关闭城门，张兵城上，严行缉捕。

康熙帝欲迅速稳定京城，全力投入平叛战争。为此，于康熙十三年（1674年）正月，连发上谕，安抚百姓。他说："前令缉获假称朱三之杨起隆，与良民毫无干预。并无驱逐居民、移居城外之事"。"军民人等俱宜各安生业，不得听信讹言，自生疑惧，旁人亦不许妄行首告，借端吓诈，扰害善良"。命兵刑二部"通行晓谕"。正月十八日，康熙帝下令将黄裁缝等十二人俱凌迟处死，余犯即行处斩，各犯亲属从宽免罪，京城秩序开始稳定下来。

然而，第二年，新的威胁又向京城袭来了，居于漠南地区的"另一蒙古王公也造反了"。康熙十四年（1675年）三月，正当以吴三桂为首的反清势力甚嚣尘上之际，在我国内蒙古东部、辽河以西的蒙古察哈尔亲王布尔尼也起兵反叛。

布尔尼是元太祖成吉思汗的后裔，天聪年间，其父林丹汗被皇太极击败后，正妃与儿子额哲悉众归清。清廷为笼络、稳定漠南蒙古，先后封额哲与其弟阿布奈为亲王，妻以公主。但阿布奈并不感恩朝廷，"所为多不法"，"不修朝贡者八年"。康熙八年（1669年），理藩院以阿布奈"无藩臣礼，大不敬"，论处死罪，康熙皇帝令"从宽免死，著革亲王爵，严禁盛京"。事后，为安抚察哈尔蒙古，又封阿布奈长子布尔尼为亲王。布尔尼时年十六岁，娶安亲王岳乐之女为妻，爵秩郡主，布尔尼遂为清朝额驸。但他性情尤为凶顽，时刻寻机要报父祖之仇，"推翻满洲人的统治，恢复他们祖先曾经统治过的帝国"。

吴三桂起兵后，康熙帝多次谕令布尔尼率兵南下平叛，但布尔尼拒不行动。反而"在三藩王（或汉族王）造反最激烈时，这个蒙古王手下几个官吏来到了北京。当他们发现北京几乎没有满洲人的军队，连守卫大门的也只是些小孩时，他们立即向他们的主子报告"。于是，布尔尼"谋劫其父阿布奈兴兵造反，日与其党缮治甲兵，"并派人奔赴漠南各地，联络蒙古诸部。喇嘛阿扎里、副都统布达礼等十一人，亦极力鼓动布尔尼举事。欲乘"国家有事之际，王师四出，潜构逆谋"。布尔尼企图反叛的行径为从嫁公主长史辛柱发觉，立即派其弟阿济根奏报朝廷。

当时，云贵、四川、湖南、福建、广西、陕西相继失陷，人心动摇。且北京城内刚刚发生过汉族奴仆暴动事件，人人惶恐，如果布尔尼反叛一旦得逞，清王朝将腹背受敌，后果不堪设想。康熙皇帝深感事关重大，"以事尚未露，不便遽加以兵，欲派人召布尔尼兄弟，以觇虚实，又恐其生疑"，便请示祖母孝庄文皇后。决定"遣侍卫塞棱等遍召巴林王鄂齐尔兄弟，翁牛特王杜楞兄弟，及布尔尼、罗布藏俱入京师"。不久，诸王皆至，唯布尔尼兄弟不来。三月二十五日，布尔尼公开举兵反清。奈曼部王札木山及附牧于察哈尔牧地的喀尔喀贵族垂札布率部从叛，共计万人，集于察罕郭尔河。顿时，关外诸处，气势汹汹，一片混乱。长史辛柱亲率伊弟巴勒米特赴京奏闻。

在这紧急关头，康熙皇帝依然镇定自若，从容部署平叛。三月二十九日，康熙帝命多罗信郡王鄂札为抚远大将军，又接受孝庄文皇后建议，擢都统大学士图海为副将军，护军统领哈克山、副都统吴丹、洪世禄参赞军务。然统帅虽命，却无兵可领，"时诸劲旅皆南征，宿卫尽空"。在这非常的情况下，图海"请选八旗家奴之骁健者，得数万人"，组成一支特殊的平叛大军。康熙又命盛京将军倭内巴图鲁、宁古塔将军巴海固守盛京，以防其劫掠阿布奈，同时配合鄂札、图海平叛。

四月初三日，康熙帝遣理藩院郎中马喇、员外郎塞冷赴漠南蒙古各盟旗调兵,四月初六日,清军启程。康熙皇帝鉴于清军平叛队伍组成仓促,缺乏训练,认为必须乘敌不备,急驰突袭,方能克敌制胜。故于行前,又指示鄂札等人曰:"大兵出山海关,当宣布累朝待布尔尼厚恩,及朕不忍加诛意。彼若悔罪来归则已,否则以敕书付纵蒙古持往谕之。即布尔尼等临阵来降,亦当受纳。今值蒙古马瘦,尔其速往无违"。"兼程驰赴,乘贼马未肥,党羽未合,即行扑灭"。

四月二十一日,清军进至岐尔哈泰,侦知布尔尼、札木山屯于达禄,二十二日,清军抵达禄,宣谕旨招抚。从叛者闻诏,即纷纷离去,喀尔喀垂扎布手下台吉托伊率四佐领兵投奔科尔沁,奈曼一等台吉鄂尔齐率九佐领兵及妻子奔往敖汉,再奔科尔沁,布尔尼兄弟陷于孤立。

当时,布尔尼欲以逸待劳,设伏于山谷,另以三千人迎战。鄂札以图海、吴丹率轻骑进攻,命洪世禄率左翼搜捕山涧。土默特军遭伏兵袭击,阵乱。图海等分兵奋击,败之。布尔尼又以四百骑来攻,图海率兵力战,遂败布尔尼。布尔尼又悉兵而出,列火器相拒。图海严阵以待,接连重击叛军,大败之。其下察哈尔都统晋津于阵前率军投降,札木山势穷自缚请罪,垂扎布落荒而逃。布尔尼与罗布藏仅以三十骑遁走,逃至扎鲁特境内贵苏特,路遇科尔沁和硕额驸沙津率领的科尔沁右翼五旗军队。沙津为罗布藏妻兄,布尔尼要罗布藏送其妻与沙津,并告以战败欲逃之故,希冀沙津念及姻戚之情纵其逃走。然沙津责令二人向清廷请罪,二人亡命溃逃,遂为沙津射杀。

清廷仅以两个月的时间便平定了这次叛乱。法国传教士白晋形象地描述这次平叛过程说:"康熙帝迅速地派出了由驻京军队(八旗奴仆)和邻近这个蒙古王公的辽东省军队(科尔沁蒙古)组成的一支小部队,命令他们出击,使这个蒙古王公措手不及,无法凑集他的全部兵力,更不能同与他结盟的几个蒙古王公的军队会合,这样就迫使蒙古王公仓促地纠集他所能集中的兵力,与那些以迅雷不及掩耳之势直捣他的心脏地带的清兵交战,蒙古王公因此而遭到了惨败",清廷由此解除了后顾之忧。

然而,清朝所面临的形势仍是严峻的,在吴三桂的号召下,反清斗争已呈星火燎原之势,它几乎汇集起社会上所有的反清力量。

首先,叛军所到之处,朝廷命官,主要是原明降官降将,率先从叛。据记载：吴三桂自云南发难，除巡抚朱国治、按察使李兴元、知府高显辰、同知刘崐不从，被杀、被执外，其余"提督张国柱，总兵杜辉、柯铎，布政使崔之瑛，提学道周昌，知府冯甦等以下官并从逆"。至贵州，"提督李本深应之"，巡抚曹申吉、黔西总兵王永清亦迎降。进入湖南后，沅州总兵崔世禄降贼，长沙"副将黄正卿、参将陈武衡以城献贼，襄阳总兵杨来嘉、副将洪福叛据谷城、勋阳山寨，并为吴三桂伪将军"。"四川巡抚罗森、提督郑蛟麟、总兵官谭弘、吴之茂等，以四川叛降贼"。

耿精忠反福州，得巡抚刘秉政、福州城守副将王可、原黄岩镇总兵武灝等积极响应。"逆书所至煽惑，提督王进功、兴化总兵马惟兴、海澄总兵赵得胜、漳浦总兵刘炎并道台、知府等俱从叛"，甚至，连海澄公黄梧亦被迫剪辫。"为国捐躯"、自缢而死者，唯汀漳道陈启泰，所谓"从容尽节，慷慨成仁，甲寅殉难，唯公一人"。以致耿精忠"驰数骑片檄而得全闽"。进入浙江、江西之后，又有平阳总兵蔡朝佐、温州总兵祖弘勋、黄岩总兵阿尔泰、饶州参将程凤、广信副将柯升等叛应。并诱潮州总兵刘进忠从叛。

尚之信踞广州反后，"总督金光祖、巡抚佟养钜、陈洪明俱降贼"，提督严自明等亦从之。

此外，又有"广西将军孙延龄反"；"广西提督马雄、左江总兵官郭义降贼"，陕西"提督王辅臣兵叛于宁羌州"，河南省河北镇总兵蔡禄反怀庆，"造鸟枪、购骡马，与杨来嘉往来，同谋约应吴逆"；在江西，南瑞总兵杨富亦暗通叛军。

据初步统计，吴三桂反清后，除耿精忠、尚之信外，从叛的封疆大吏：将军一人；总督一人，巡抚五人；提督八人；总兵约达二十余人。

其次，军队哗变，加入反清行列。

吴三桂等反清的主力，主要是降清的前明汉人官兵，因而其向背对绿营官兵的影响很大。早在康熙十三年（1674年）正月，吴三桂尚在贵州，四川官兵即已动摇，巡抚罗森有疏曰："蜀省军心颇怀携贰"。湖南被攻陷后，"绿旗官兵降贼者众"。特别是以精锐著称的陕甘绿营，曾接连三次兵变。第一次是康熙十三年（1674年）七月，清廷调陕西绿营兵进征四川，至兴安，总兵王怀忠标下四千人逃散。十二月，陕西绿营再次奉命入川征剿，至宁羌又有"王辅臣标兵猝叛攻营"，其二千人星散。第三次，发生在"康熙十四年十二月二十二日，宁夏提标兵变，提督陈福遇害"。

此外，其他各地的兵变也相继发生。如康熙十三年（1674年）三月，福建福宁州兵变；八月，江西"饶州营兵变"等等。在反叛四起的形势下，此类兵变不在少数。

第三，蒙古等诸部骚扰边疆。

康熙十四年（1675年）初，清廷调察哈尔蒙古左翼四旗驻宣府，以备陕西。布尔尼反叛后，制造流言，转相煽惑，察哈尔左翼四旗遂怵于其说，"众噪毁边墙私遁"，"意欲仍归故地，依附党类"。五月，甘肃叛军窃据洮州、河州二府，"番人乘隙肆掠"。至康熙十五年（1676年）初，又有宁夏北部的鄂尔多斯蒙古"乘内地有事，入边侵掠宁花寨、平羌等堡"。八月，"彝人滚布窥我兵调征河东，乘隙入内地，收掠番族人畜"。此外，还有"达赖台吉诸部落入边侵扰"。此类事端，不胜枚举。

第四，农民、流民组成义军，从事抗清活动。

吴三桂等人起兵后，即有民间的抗清队伍与之联合。如"精忠兵逼袁州，山民棚居与相结，谓之棚寇"。"福建逆贼率兵一万四五千人入犯遂安（浙江）。复有遂安土寇王应茂等率兵四千，沿山傍海，遥为犄角"。"江西广信、玉山、永丰等处叛兵土寇，勾合闽贼伪总兵李云龙，率贼众五千，来犯常山、开化、金华"。

此外，还有一些反清志士闻风而动，独树抗清旗帜，攻城略地，其中浙江尤为踊跃。如"绍郡奸民闻风煽惑，亦群起应之，称伪都督、伪都师、伪将军、伪军师、伪监军道、伪理刑、伪会应侯、伪总兵，各拥众数千，连营结寨，初掠富室，继剥穷民，乡城村镇无一宁处"。嘉兴、湖州二府亦有朱二胡子，羊子加等"土寇"结堡盘踞。

而且，这股反清势力，并非限于一地，几乎波及全国。

第五，周边诸国趁势蠢动。

当时，反清的浪潮已呈一发不可收拾之势，甚至波及周边的国家。

康熙十三年（1674年）五月，朝鲜有儒生罗硕佐、赵显期等相继上疏，请求出兵攻打清朝。"大略以为吴三桂既据南方，蒙古亦不亲附，天下事变,迫在目前,乘此机会,练兵峙粮,大可以复仇雪耻,小可以安国保民"。七月,布衣尹?上长篇密疏,洋洋数言,慷慨激奋,自称为天下请兵,疏请朝鲜国王趁时而起。他说:"今日北方之闻,虽不可详,丑类之窃据已久,华夏之怨怒方兴……,我以比邻之邦,处要害之地,居天下之后,有全盛之形,而不于此兴一旅,驰一檄,为天下倡,以披其势,震其心,与共天下之忧,以挟天下之义"。书中所表达的对这场反清斗争的认知态度已跃然纸上,在当时颇具代表性。而这种情况又并不限于朝鲜。据《清实录》记载:是月(即七月),两广总督金光祖奏报:"交趾(今越南)知孙延龄叛逆,乘机蠢动,陈兵边界,其情叵测,请加防御"。

总之,吴三桂反清后所产生的影响,正如清人苍弁山樵在《吴逆取亡录》中指出的那样:"伪檄所至,叛者四起,势如鼎沸"。

那么,何以会出现这样的局面呢?就其原因而言,可以从以下几个方面进行考察:

第一,吴三桂起兵之时,清王朝入主中原刚过而立之年。大规模的攻战征伐方停止十余年。清朝统治者尚未得暇去根治战争的创伤,也未来得及整饬清初种种落后政策及其所带来的后果。康熙初年,清朝的统治虽已趋于稳定,但是相对缓和的阶级矛盾和民族矛盾依然存在,目睹清王朝以野蛮手段征服了中原的汉人,对满人统治者的排挤之情已深入骨髓,而这时的民族矛盾又常常与统治阶级内部满汉官吏之间的忤违交织在一起,形成错综复杂的形势。因而,当三藩举起反对民族压迫的旗帜时,汉民族被压抑的反抗情绪借机得以抒发,"这些群众在和平时期忍气吞声地受人掠夺,而在动荡时期,整个危机形势和上层'本身'都迫使他们去进行独立的历史性的发动"。他们为着本阶级的利益加入反清的行列,即使没有三藩反清,他们也会以各种方式从事反抗斗争。所以,吴三桂起兵反清,叛者四起,是清初阶级矛盾、民族矛盾以及统治阶级内部矛盾,在整个危机形势下的总爆发,只是由于它表现出以汉人为主体的反满形式,使这场斗争披上了民族矛盾的外衣。然而,在这些"叛者"当中,却体现了不同阶级、不同集团的利益要求,即使同处一个社会阶层,反清的原因、目的也各不相同。

第二,除了耿精忠、尚之信及孙延龄等少数人因权力和利益与清廷存在着矛盾冲突外，其余汉官汉将的纷起从叛，原因不尽相同。其中一部分为吴三桂的旧部将或相识者。吴三桂一生南征北战，戎马经年，在明为平西伯，在清为平西王，故所将官兵甚多。镇守云南之后，又得借"西选"网罗党羽，势力遍及各省。因而，吴三桂在相当一部分汉官中有着重要的影响。再加上，吴三桂起兵前后广为煽惑，除召平南、靖南同叛外，又致书于贵州、四川、湖广、陕西等地"官吏旧相识者，要约党附发兵"，目的亦在欲利用昔日的地位与影响。于是便形成了这样的局面：在从叛的七省八位提督中，云南提督张国柱"素党吴三桂"；贵州提督李本深曾"陈吴三桂功绩"，请清廷留任吴三桂滇黔总管；广东"提督严自明系吴逆旧属"；贵州提督杨明遇"素与吴三桂有旧，以老乞休，携家寓常德，其子宝应（即：宝阴）任云南知府。及吴三桂反，授宝应为伪总兵，以兵犯常德，明遇内应，知府翁应照从之，常德遂溃"。此外，陕西提督王辅臣曾为云南援剿右镇总兵；福建提督王进功曾隶吴三桂部下。也就是说，除广西提督马雄与四川提督郑蛟麟外，其余六位提督皆与吴三桂"有旧"。

提督如此，从叛的总兵也多属这种情况。例如，广东高雷廉总兵官祖泽清为祖大寿之子，吴三桂表兄弟；广东潮州总兵官刘进忠，曾为靖南王藩下右路镇标副将。凡此种种，不胜枚举。而且，这些人同吴三桂及平南、靖南二藩一样，皆有隶明降清的历史。因而，无论从感情上或情谊上，还是从贰臣地位的共同命运与感受上，都客观地促成这些汉官汉将响应叛乱，加入反清的行列。

第三，更多的人则因吴三桂及各藩兵强势众，被迫从叛。清代史学家赵翼认为："是时，吴三桂蓄力已久，天下皆震其威，白首举事，亲至常、澧督战，兵锋甚锐，是以四方响应"。事实证明，这一分析是有一定道理的。自康熙帝即位以来，清廷大规模的统一战争早已结束，所谓"承平日久，民不知兵"，因而，无论官民，皆无战争的思想准备。据记载，耿精忠反叛后，报至浙江，浙江将军图赖"瘫软不起，时称抬不动将军"；巡抚田逢吉"顿足不止，称跌足巡抚"；总督李之芳"掀髯不已，称'撼髯总督'"，颇能反映当时清朝官员对吴三桂等人起兵反清的惊恐和意外。而大学士王熙所说，京城"汉官多移妻子回家"，又说明有相当一部分官员，对战争的胜利缺乏信心。因而，对于被陷地区的地方官员来说，在毫无准备又抵抗无力的情况下，只能是或降或遁，除此别无生路。

当时，多数官员被迫选择了前者。如四川巡抚罗森，素"有能吏声"，得吴三桂反讯，还将川省军情逐一上奏朝廷。贵州巡抚曹申吉亦以片纸书吴三桂反叛，差人送湖广总督蔡毓荣转奏。这表明在吴军未到之前，二人尚无反清之意。但川贵皆首当云南之冲，二人既无力抵御数万叛军，被迫降吴亦在情理之中。而后，二人又因思谋反正为吴三桂所杀，亦证明降吴非其本意。又如广西提督马雄，其时守柳州，孙延龄反，即遣人持牌招马雄。马雄不应，孙延龄提兵往攻，又为马雄击败。而且因"举首吴三桂逆书，得旨嘉奖"。但是，六月，孙延龄急攻柳州，"贼众不下万五六千人"，马雄以众寡不敌告急朝廷。康熙帝急命尚可喜与两广总督金光祖赴援，却因行动缓慢，未及救援。至九月，马雄等迫于敌众"俱叛降吴三桂"。

此外，对被陷地区官员将领纷纷从叛，康熙皇帝有一较为中肯的分析。他说："逆贼吴三桂反叛，所在地方文武各官，因兵单力微，不能拒敌，欲弃城来奔，又惧国法难逭，迫于不得已而附从者有之；或为奸计讹言摇惑，无知而附从者有之，"其皆为"一时迷惑，情非得已"。因而康熙帝令兵部通行晓谕，广为招抚。由此可见，相当一部分汉官汉将被迫卷入了反清阵营，由于"抗贼者立见屠戮，归正者纳款无门"，他们"不得已而苟且偷生，冀延旦夕"。

需要指出的是，这些人的从叛，虽然壮大了吴三桂反清的声势，但却并不能改变吴三桂称兵割据的反清性质。

再说吴三桂，虽然在反叛初期取得了一系列的军事胜利，但随着王辅臣在西安降清，加之清军在康熙的亲自部署统御下，很快就止住了溃退之势，双方在湖南长沙、岳州形成了战略均势，并迅即进行了一切决战。

长沙、岳州决战，是关系吴三桂政权生死存亡的关键之战，清朝能否最后消灭吴三桂，重新统一全国，也取决于此战。长、岳之战，无论对谁，都具有战略意义。

长岳大战，从其酝酿、准备，到爆发，确是经历了数年之久……

吴三桂占领湖南后，就以常德、长沙、岳州、湘潭、衡州为战略据

点，又以长沙、岳州为战略重点，派驻重兵精锐，各达七万余人。特派他的侄儿吴应期守岳州，抗拒江北荆州清军；大将马宝等守长沙、萍乡、醴陵，以拒江西清军。后以衡州为都城，其心腹大将女婿胡国柱、夏国相及吴国贵等皆聚守衡州。吴三桂不时地前往长沙坐镇，以坚其将士守御之志。

岳州位湖南东北部，北隔长江，与湖北相望，占据着战略位置。长沙是吴军的粮食基地，岳州等处粮饷"全赖长沙水陆运送"，吴水军所需鸟机船也在长沙制造。岳州与长沙互为依存，皆不可失。吴三桂对长、岳两城一直时刻给予关注，以两处恃洞庭湖与湘江之险，有水陆之便，设水师、列象阵，与陆军相配合，配备大量火器、火药，掘重壕、挖陷坑，设木桩，构筑坚固工事，护卫全城。吴三桂以一切可用的手段来不断加强长、岳的防御，自视为固若金汤，坚不可摧。吴三桂不欲北进，以湖南为其根本，而欲固守湖南，必死守住长沙、岳州！

康熙则派重兵守荆州，并以荆州、襄阳、宜昌、武昌等处为重点，厚集兵力，迅速沿长江布防，阻止吴军渡江北上。当吴三桂驻足湖南后，康熙很快看清了吴三桂的战略意图，指示："岳州、长沙势如两足，此蹶则彼不能独立。"他特别重视岳州，说：此城是"湖南咽喉要地，必此处恢复，则长沙、荆州之兵始能前进"。早在康熙十三年六月，他就命令将军根特巴图鲁、前锋统领舒恕等率兵由江西袁州取长沙，令兵部部署大军取岳州。至十三月，督令大将军由勒尚善等"速取岳州"，指示说："若克复岳州，则人心自定，稍有迟缓，恐所在动摇，倍多可虞，贝勒等何日决战，宜审机决策，以期必得。"要求尚善就夺取岳州事赶快定议，向他报告。

战事的发展，很快证明，欲速则不达。康熙急于同吴军决战，速取长沙、岳州，未免求胜心切，操之过急。虽说他的见解完全正确，但脱离实际，因此决战之日迟迟未到，却是一拖再拖。实际情况是，他所用的皇族贵胄无实战经验，临敌怯懦不敢战，八旗兵久不参战，一时还不适应突然到来的战争。再说清兵力不足，大批援军未到，粮饷未集，无法同人数众多的吴军相匹敌。吴军正处极盛之时，兵锋锐不可当。如当时按康熙之策进行决战，恐怕只能招致失败，遭到更大损失。这大概是没有疑问的。

此后，康熙反复向前线统帅阐述他的战略意图，始终以攻取长沙、岳州为重点，不时地催促他们发动进攻。到决战前，除了康熙十三年七月发动了一次进攻岳州的战斗，略有小胜，迟至康熙十五年三月九日，大将军贝勒尚善率水陆大军攻岳州，其舟师进入洞庭湖。吴水军拥数百只，横列南浔、君山等处迎战，被清军击败，君山落入清军之手，逼岳州城下，击退来援的吴军，获吴水军船五十只。十八日，顺承郡王勒尔锦与诸大臣统率满洲、蒙古、汉军、绿旗兵数万出发，至文村，渡过长江，吴军人数少，弃营走，在石首虎渡口焚毁吴军二营，水师逼太平街泊营。二十七日，与吴军激战于丰州（丰县）太平街，击溃吴军。是时，吴军皆调援长沙。岳州一带兵力单弱，如清军乘势猛攻，可收长驱直进之效。但清军渡江后，迁延不进，又不力扼虎渡口，给吴军以可乘之机。吴三桂很快从松滋调来援军，勒尔锦惊慌，弃太平街不守，又以暑天为借口，急忙率部退保荆州，尚善水师也未能断吴军饷道，江湖之险，又为吴军所据有。

经过两年多的准备，清兵对岳州发动过二次进攻，终因岳州防守坚固，都没有取得突破性的进展，无功退还。这期间，长沙处于腹地，清兵尚无力量去进攻它。直到发动对岳州的进攻之前，康熙首先发动了对长沙的进攻。康熙十五年二月十五日，安亲王岳乐统率大军攻克了萍乡和临近的醴陵，长沙近在眼前。康熙指示："乘胜直取湖南"，进取长沙。他料定吴三桂必增调援兵守长沙，他处兵力不足，可乘隙速攻岳州。不意勒尔锦等在岳州城下失利，没能实现康熙的作战计划。康熙只好又改变计划，命令尚善分兵由通城（湖北，今仍名）陆路增援，会合岳乐攻长沙。尚善委派副都统阿进泰率八旗骁骑兵八百名、蒙古与绿旗兵各五百名共一千八百名，于四月二十六日从通城出发，前往长沙。

在勒尔锦等人率水陆清军渡江击岳州时，岳乐大军已于康熙十五年三月一日自江西进逼长沙。与此同时，另一支清军正围吉安。吴三桂已从松滋率诸悍将至长沙增援，他的意图是先败岳乐军，然后援吉安。有一个叫梁质人的，自江西吉安来长沙请援兵。吴三桂把他留下来，说："你于壁上观看我军容，回去后告诉东方诸豪杰。"

岳乐军扎营于长沙东，官山的后面。官山在长沙与浏阳（今仍名）之间。自城北铁佛寺后布阵，至城西南，成半圆形，分兵十九路，绵延数十里。吴三桂军出城西布阵，给营岳麓山，横亘数十里，军容之盛，为近古所未见！吴三桂欲亲自同安亲王岳乐决战，诸将苦苦劝住，都表示誓死奋战。吴三桂坐在谯楼上，亲自观战，并命梁质人也立于城上，亲眼看看吴军将如何击败清军。

战斗开始了。吴三桂大将王绪先决阵，冲入清兵营中。清军合围，把王绪部数千人围了数重。吴军的旗帜已淹没在数万清军的包围中，也听不到击鼓鸣金声。城上人都大惊失色，吴三桂也很惊慌，以为王绪和他的部众全部覆没。正在惊疑不定，忽听火枪连发，就像骤急的鼓声，白刃排空，涛翻雪舞，呼声动天地，只见清骑兵纷纷坠马，王绪和他的将士奋力冲突，锐不可当，没有敢抵挡的。吴三桂的侄儿吴应正、大将马宝、夏国相等一齐冲出搏战。正酣战中，应正忽中流矢落马，夏国相力战，把他救起归营，清军趁势追至城下，忽然冲出一队巨象，把清军的阵势冲垮，冲到前面的清骑兵都被象群踩倒在巨掌之下。清军见势不妙，纷纷败退。原来，吴三桂事先在城下设下埋伏，一群四十余头大象伏于山冈下，如清军冲来，即让大象出击。清军没有提防，吃了大亏。这场血战，持续到中午，天忽降大雨，双方各收军而退。吴三桂本意气吞官山，先以十九路对阵，余军驻岳麓，如前军不胜，后军继之，必平官山清军而后已。不料应正受伤，天又下大雨，吴三桂只好下令收军回城据守。应正伤重，不治而死。

此战，双方投入兵力达十余万，吴军三路得胜，其余杀伤相当。清军失利，不敢进攻，便扎营掘壕，与吴军相持。

据岳乐报告：清军于四月开始围困长沙。实际上，并没有围住。一是兵力不足，无法把长沙七万吴军围困起来；二是吴三桂把大批战船调来长沙，占有水上作战的优势，而清军连一条船也没有，岂能破敌！

从康熙十三年至十七年上半年，康熙不停地调兵遣将，持续不断地加强进攻岳州与长沙的作战能力。

为破长沙、岳州，清军最需要的是船。康熙马上指示，把攻岳州的沙船调到长沙，并命人就地伐木造船，由偏沅巡抚韩世琦率所部赴长沙，帮助料理地方事务。康熙批准动用国库银二十万两，充作犒兵与造船的费用。十六年正月，命从京口发沙唬船六十只，随带炮械、水手、夫役，量配官兵护送至岳州。另外，安徽巡抚靳辅奉命送船，加上京口的六十只，已足一百只之数，送至岳乐军中。康熙十六年六月，命江宁巡抚督造乌船，限期务于八月内造成，送往岳州。吴三桂凭江湖之险，广积战船，致使清军久攻不下。康熙据前线报告，清军船只仍不足用，于九月又下令增造战舰乌船六十只、沙船二百只。特命户部尚书伊桑阿赴江南同督抚"速行督造"。至康熙十七年三月，已增造乌船一百只、沙船四百三十八只，加上岳州原有乌船，已"多于贼数倍"。七月，康熙说：岳州"贼船仅四十余，我船甚多"。

水路进攻靠船，陆路进军靠马。清军南下日久，战马多有倒毙，急需补充大量马匹，康熙对此所需，有求必应。康熙十五年十一月，指示理藩院从外藩蒙古所献马匹中拨足一千九百匹，调往岳州等处。十二月，指示兵部，从每佐领下各选肥马四匹，量拨八旗官兵护送到长沙。十六年三月，他又动员王、贝勒以下文武各官"可酌量捐马"，再从内厩拨马一千匹，送赴长沙。"在此之前，即二月二十六日，尚善已拨福州蒙古、绿旗兵一千余人由岳州护送三千匹马到长沙。三月八日，行至七星台，被吴伏兵袭击，三千匹马全被夺去。康熙闻讯，不胜愤怒，指示"待事平之日，从重议罪"！四月，康熙又从京师补发给长沙战马四千余匹，拨新铸红衣炮二十门，令兵、工两部派人送至南昌。经袁州，护送到长沙。

战马多来自蒙古。自战争爆发以来，蒙古诸部王公贵族争献马匹"助军"。康熙十六年八月的一天，康熙对议政王大臣们说，"外藩蒙古王等捐马甚多"。没说具体数目，显见为数不少。为保证战争的胜利，如同选择兖州为适中之地，储备军队一样，特选取江西邻近湖北、湖南、广东为"适中之地"，一次就拨五千匹战马，发往江西南昌蓄养，以待不时之需。同时再从兵部选取该部喂养马和营驿马两千匹发往武昌备用。江南非产马之地，所需战马都得从京师发来，如不事先发到这里储备，到急需时，因道路遥远，不能马上发到。康熙于事先作好储备，随用随调。康熙虑事周详，而且富有预见，由此亦见一斑！

康熙决心打赢这场战争，必欲夺取长沙，岳州而后已。他除了源源不断地供应前线军需，又陆续从其他战场增调军队，投入长、岳两处。当图海一平定陕西、甘肃，康熙马上下令，停止征剿汉中与兴安叛军，以便把主力投入到主要战场，指令图海统率精兵赴湖南助剿吴三桂。图

海以陕甘初定,不宜离开,推荐勇将署前锋统领穆占,实授都统之职,佩"征南将军"印,统领原拨给陕西每佐领骑兵五人、再增拨每位领护军二人,简选新降的总兵官王好问所属精兵两千,还有现在湖南的瑚什巴等所率每佐领兵一人,都交付穆占统率,速赴湖南。其兵数约在万人以上。穆占奉命疾行,于康熙十五年十二月抵荆州,大将军顺承郡王勒尔锦又增拨在荆州的满洲、汉军、边外蒙古、绿旗兵共六千余人,率领赴岳州、长沙。次年正月十一日抵岳州,二十二日由岳州赴长沙。

同年二月初,调都统鄂蕭,付以"讨逆将军印",令其统率舟师赴岳州。

经屡次征调,清兵在长沙及其邻近地区已聚结约十万人马,与吴军人数大致相当,略占优势。

清分布在岳州、长沙等地战马、舟船、火器与人马已齐备。康熙屡下命令,催促向岳州、长沙发动进攻。康熙十六年五月三日,清舟师入洞庭湖,将军鄂蕭率大军驾驶战船二百余只,直越吴船,进取君山(今仍名,位岳阳西侧,洞庭湖中),吴军水师出动迎战。双方连续激战数日,清军仍不能突破吴军湖上防线,被迫撤退。这次水战,再次证明岳州吴军防守相当严密,清军仍不得尺寸之功!

吴三桂很清楚清军的意图,必取长沙、岳州。此两城相依为命,彼此互为依赖。他明白,如失掉长沙,岳州饷道断绝,孤悬无助,势难自立;如失岳州,清军就会水陆齐进,势如破竹,长沙不能久存。因此,每当长、岳两处受到清兵进攻,他就不惜从别处调来大批援兵,倾全力保固两城。他采取的另一战略是,以重兵出击,攻取了醴陵,窥测萍乡,断岳乐军的后路,迫使清军从长沙撤出应援,以减轻清军对长沙的军事压力。另遣一军攻取吉安,占据江西与湖南的门户。

康熙识破吴三桂的用意,一再指令恢复醴陵、吉安,固守萍乡。双方在这几个战略要地展开了反复的争夺。吴三桂又派精兵取广东韶州、广西桂林,目的是诱使清分兵各处,并保固湖南的后路。他的这一战略,已使清兵疲于奔命,不得不从长沙分出一部分八旗兵应援。穆占奉命赴乐昌等处,以断进犯韶州叛军的后路。岳乐则分出一部兵力防守刚刚收复的醴陵。战马不停地奔驰、战斗,急需休整,穆占获准率部到袁州养马二十五天,然后即奉命剿灭正在逃跑中的吴三桂大将韩大任。清兵已分散各战场，不能集结兵力攻长沙和岳州。岳乐请求增派能战斗的绿旗兵，先取岳州，再由水路进兵逼长沙。但绿旗兵已无可调之兵，只得暂时放弃取长、岳，分兵取长沙以南的湘潭。

从康熙十五年到十七年，双方的战斗日趋激烈，特别是在康熙十七年上半年，争夺尤为酷烈。清军进入湖南东部与东南部，连夺茶陵、攸兴等十二座县城，又在东北部夺了平江、湘阴。康熙十七年三月，穆占部则攻下郴州（郴县）、永兴（今仍名），以数万的兵力由永兴北上直取耒阳（今仍名）进逼衡州。

吴三桂正在衡州，急命骁将马宝率部迎战，他行至永兴北六十里，在盐沙岭设伏以待。清军毫无察觉，大队人马进入谷口，吴军伏兵四起，谷口被堵住，在岭上安设火器，猛烈轰击。清兵进退不得，又不得驰驱，无法还击，听任吴军攻杀。吴军大获全胜。清军万余人被歼，都统宜理布、统领哈克三被击毙。吴军追至永兴，晚上渡过耒水，在永兴城下扎营，虚张声势，仅以少部立营，而以大队人马潜袭郴州。驻营城外河南岸的清军大营被攻陷，前锋统领硕岱、副都统托岱失利，退至郴州城，硕岱撤往永兴去了。清军两度失利，康熙大为震惊，甚至下令逮捕硕岱等将官，余怒稍息，又改为仍留原任，立功赎罪。

吴军在一些战役中获胜，暂时缓解日益危机的局势，但总的趋势不容丝毫乐观。吴三桂作为总指挥，以其军事实践经验，应该比任何人都更清楚目前的严峻形势。他不能高枕无忧。他愤于诸将征战不利，虽年近七十，或冒酷暑，或顶寒风，来往于各战场，亲自调兵遣将，有时亲临战场，指挥对清军的作战。失去吉安后，清顺承郡王勒尔锦率大军直逼近长沙五里山下营。吴三桂愤极，亲自临阵督战，没有成功，自家兵溃，往城里逃。清军追赶不舍。幸亏在越城埋伏了六头大象，纵之出城，清兵连同战马惊恐，不敢上前，慌忙退却。吴军士气已低落，连吴三桂指挥也无济于事，照样损兵折将，他的女婿卫朴即死于此次战斗。这二三年来，他北至松滋，窥视江北；回师长沙，率其部属解围，"死守湖南"。康熙十六年四月，他率众去衡州，部署作战；九月，他已到了湘潭，部署进攻两广；十一月，又去了衡州，直到死在这里……

吴三桂奔波于各战略据点之间，虽奏效一时，却无回天之力。吴军形势，如江河日下，不可能重振雄风了！

表面上，岳州、长沙防御坚固，似乎是无懈可击。然而，大规模的清军的一天紧似一天的逼近，吴军在军事上一连串失败，给吴三桂的将领们、广大士兵的心灵上笼罩了一层阴影，他们各怀心事，情绪低落。这正是产生猜忌的土壤，而猜忌一经产生，进而引为内讧，就会进一步瓦解自身的组织。守岳州的大将吴应期是吴三桂的亲侄，起兵时，谋士方光琛就提醒吴三桂："吴应期妄自尊大，夏国相轻浮浅露，此二人必不可重用。"吴三桂点头，表示同意。事实上，吴三桂还是用人惟亲，把最重要的岳州交给他防守，依为固守湖南的"屏蔽"。吴三桂做了长期固守湖南的打算，在岳州积蓄了大量粮食，备有三年的储积，以防万一。平时，这些粮食是不许动用的。在荆州与岳州相持时期，跟清军不相攻战，两地商贾互相出入，甚至各设关抽税，用以佐助军需。当时，荆州米价一两一石，湖南银贱，只有三钱的价格。荆州盐贱，一钱一包，而湖南贵至三钱一包。两地商人议定，以五包盐换一石米。吴应期贪婪，以为用三钱之米换一两五钱之盐，是一桩奇利的买卖，便倾仓倒换，所得银两尽入私囊。应发军饷不足，随意克扣。有一个姓王的总兵极力劝阻，应期大怒，欲除掉他。王总兵害怕，密带三百人投了清朝。有个叫林兴珠的大将，他原是郑成功部下，久在海上，精通水上作战。后来，他跟杜辉一起投诚清朝，镇守辰、沅。吴三桂进兵湖南时，他们都降了吴，吴三桂以他俩为帅，率水师守洞庭湖。他们督造海上用的鸟船，出入洪波大浪，如履平地，大小铳炮布列船的左右首尾，遇敌攻击，无不击溃。他们扼守布袋口，清兵寸步不得入。应期自视权重位宠，对林兴珠傲慢无礼，兴珠不那么驯服，两人关系紧张。应期向吴三桂进谗言，妄加心怀不轨的罪名，吴三桂下了一道命令，把兴珠调到湘江，让杜辉守布袋口。兴珠大为不满，与湘阴县知县合谋投清。这位知县因得罪马宝，时有性命之忧，两人想法不谋而合。他们准备搬移家口时，事情败露，仓皇中只身渡江投了清营。开始，清将以其家属未带，不免怀疑。很快侦知兴珠的儿子被杀，妻子发往云南，这才对他大加信任，封赐侯爵。兴珠愤激家属被害，必欲报仇，把岳州城内外防御情况全部泄露，献计献策，帮助清军破岳州。杜辉因一次兵败，只身潜入湖底逃回，引起应期怀疑。杜辉有一子在清军中，暗派人至父前，叫他想法脱离吴军归清朝。此事泄露，应期不由分说，就把杜辉和同谋者都杀掉了,杜的部将黄明出逃降清。岳乐等针对吴军内部互相猜疑,屡设反间计,应期不辨真假,抓住假证即杀,引起部属惶惶不安,人人自危。岳州城内外的百姓痛恨吴应期,编出民谣传唱:"吴应期,吴应期,杀了你献康熙!"他们切齿痛恨他,诅咒他,盼他早日灭亡!

清兵围长沙,断其饷道后,岳州失去了粮食供应,城内原储粮食已被应期倒卖出很多,剩下的粮食很快被几万军队用尽,粮食一断,饥荒立即来临,挨饿的兵士想法逃出,没逃出的,也奄奄待毙……

清军在实行军事进攻的同时,不断地展开政治攻势,向吴三桂的将士和被占地区的百姓发出告示,陈说形势,公布朝廷招降政策,指明出路。身在前线的"安远靖寇大将军"尚善经常用他个人的名义,或指名给吴三桂的部属,或给岳州、长沙的兵士与百姓发出布告。拿康熙十五年二月他写给马宝、高得捷的信来说吧,他在评述吴三桂和吴军内部情况的一段这样写道:"吴三桂凡窃据之地,即挖深沟,插马签。抱头缩颈,惟恐大军进剿,乃专务诡诈,往往以败为胜,虚张声势,蛊惑人心,想两将军亦熟闻而厌薄之矣。兼之昏聩,残年奄奄待毙,逆侄逆婿尤凶暴不仁,性多猜忌,行将祸起萧墙,此必溃之势也。……吴三桂困守一隅,如蜗牛升壁,涎沫一尽,立见枯死,人情瓦解,逆胆已寒,正两将军立功报国之日,事在反掌之间。……"这里面免不了有些夸大的成分,或眼下尚无之事,也煞有介事,但他指出吴三桂的末路趋势的确如此。

清军统帅给吴三桂官兵的布告,其主旨是鼓励他们尽早叛归清朝,或临阵斩杀叛军头目来献,或交战时"能按兵不动,暗相照应,此功亦为不小",都"从优爵赏",如执迷不悟,一旦荡平,必"骈首就戮"处死。

给岳州百姓的布告,是通告清军不日就取岳州,严禁将粮米盐薪接济吴军,一经拿获,所犯村庄全部处死,妻子分旗为奴。如吴军官弁前来需索百姓,即拿获清军前,不许隐匿。这是威胁百姓不得给予吴军以任何支持。还有一项内容的布告,即安抚当地百姓,当清兵到来时,不必惊慌逃避,各安居乐业,免致田园抛荒,妻子离散。告诫他们速"剃发归诚",免得清军进兵时,不辨真伪,遭意外横祸。如此等等。

当吴军处于鼎盛之时,清统帅部的诸如此类的布告和招抚,只能被

对方视为无稽之谈，不会引动多少人的心。可是，当形势急转直下，人们都开始考虑自己的出路，就不能不认真对待清统帅部的劝诱和招抚，是否有道理，是否符合自己的根本利益。也只有在这个时候，人们始悔前事之非，极欲寻找新的出路，因而清统帅部的政治攻势才产生出更大的影响力。

清军统帅部还及时地利用已被招抚或主动投诚的原吴军将官做典型人物，以他们的实际向吴军劝说更有说服力。康熙十七年八月十一日，刚投清不久已受封"建义侯"的林兴珠，就以侯爵的身份，发布告示，以自己现身说法，鼓动人们投降清朝。

他写道，当年他守辰州，吴三桂兼程突逼城下，他的士卒解体，孤城无援。他想到，徒死无益，不如忍辱以图后举。五年以来，无日不以杀贼立功为念。接着，他对吴三桂于三月在衡州即位予以愤怒声讨，指斥吴三桂"恶贯满盈，天人共愤"。他不能与鸟兽"一日同居"，故"捐弃妻子毅然渡湘（江）"，早已把家置之度外。以下，他更具体说明吴三桂已是穷途末路，亡在旦夕。岳州的吴应期被围日久，旦暮就擒，广西的吴世琮孤军深入，自投陷阱；刘之复告急于彝陵；吴国贵牵制于虎渡口；高起隆久困于长沙。吴三桂纠集余烬，谬作困兽之计，日复败亡逃窜，退守耒阳。吴三桂所有之众，已屈指可数：彝陵之兵不过五千，松滋、虎渡、石首未满万人，岳州水陆多可万五千人，其余如长沙数千，湘潭几百，渌口寥寥千余，衡州合数伪将军之众，不满两万，广西兼孙延龄之兵也不过万余。通盘计算，兵力不足以当"天朝"一旗之旅，况且处处告溃，被创一年，开三年的税征，民不聊生，每月给五百钱，兵无宿饱，今日事势已成瓦解。他号召被胁的将士、百姓，当此"逆贼"危机之秋，正当立功自新之良机，或擒斩"老贼"（指吴三桂），"以膺分茅之宠"，或"剪其羽翼，率众输诚"，或投献郡邑，纳土来归，"皆当荣封侯爵"。最后，他总结上述情况，指出："小固不可以敌大，弱固不可以敌强，况吴三桂以逆犯顺，以臣背主，其亡固可以翘足待也。"在布告署明年月日之后，又补充一句：你们久有斩吴应期之心，倘能杀此贼来投，定不失公侯之位。以此补充句来看，这份布告，显系草稿，在取得清军统帅同意后，再抄写传布出去。

林兴珠所说的这些话，并不都是实话，如说他违心降吴、自愿"捐弃"妻子投清等情节，与事实不符。再如说到各处吴军目前兵数，大大压缩数字，实际上，吴军还没到如此穷绝的地步。这些都无关宏旨，举凡政治斗争的需要，不过达到宣传的目的，人们不必去追究事实的真伪。但他的布告是写在康熙十七年八月，吴军确已处于败亡前夕，因此，他指出的吴军危机大体上反映了当时的实际。

清朝的政治攻势，增大了吴军内部的离心力，据林兴珠所提供的吴军内情，"逆贼俱无固志"；又据投奔清朝的吴将诉说，吴应期"残忍擅杀，遂致人心解体，望风归命"。据当时报道：继林兴珠叛逃后，还有岳州的吴军总兵官陈华、李超等投诚，其后，"陆续投诚"的络绎不绝。克取岳州的条件与时机已趋于成熟。

林兴珠于康熙十七年三月降清后，立即献破岳州之策。他根据清军船只甚多，提出分一半船只停泊君山，以断常德之道，余船泊香炉峡、扁山、布袋口诸处，沿九贡山陆路立营，截断长沙、衡州之道，可阻塞岳州吴军陆上交通。即使城内有粮米，而薪刍器用必致乏绝，可不战而使之毙命。安亲王岳乐将此水陆部署向康熙报告，当即批准，特别嘱咐：水陆大军进攻岳州，既克之日，乘虚速取常德、澧州等城，"勿令贼得为备"。

清军即按上述方针迅速布置，并于五月十八日由"安远靖寇大将军"尚善、湖广总督蔡毓荣、提督桑格等统帅水师，浩浩荡荡驶入洞庭湖，发起对岳州的总进攻。数日来，与吴军水师对抗，大小十余战，屡挫吴军。六月三日黎明，吴水师乘风而来，攻击柳林嘴、君山两处清军水师。清军各路兵船一齐出动，分道迎击，用炮不断击沉吴船，擒斩吴将官兵丁，终将其进攻打退。

在发起总攻前夕，清统帅部加紧做瓦解岳州吴军的工作，争取更多的将官兵丁投诚，这样，可减少进攻的对抗力量。他们"大书告示，广布皇仁，更屡次密书悬置高脚庙地方"，向据守此地的吴水师将官陈碧等人"晓以大义"。他们还叫陈华、李超等已降的将领直接到城前，"高声传喻"清朝对他们的政策。陈碧认真考虑后，决定投诚。同时又有吴军兵士及家属一千余口背吴投清。

至康熙十七年七月，清水路围岳州，而九贵山尚未驻兵，吴军仍能往来此地，以通樵采。康熙派到岳州清军营中督察军事的詹事宜昌阿报

告说：如岳州不下，长沙无船可用，而荆州清兵也不能渡江。应固守长沙、荆州，调余兵困岳州，使之内外不得通，断其樵采，吴军困穷，约十月内外，似可克复。康熙指示：岳州为湖南咽喉要地，必恢复此地，围攻长沙及荆州的兵始能前进。大将军顺承郡王所部兵数不少，攻取岳州，"事关紧要"，再增兵助围，原调江西的陕西兵攻赴岳州、河南巡抚董国兴可遣标下兵一千五百人、安徽巡抚徐国相遣标下兵五百人，令贤能官统领，都赴岳州，还有原军四千人也同往岳州。此诸路兵抵达，可于九贵山设一营，只要有机可乘，即进兵攻取。

尽管康熙在岳州原集兵力达到六七万人，备船数百只，军需山积，粮饷也足，可是岳州迟迟不下。至八月，康熙看到诸将军"破贼无期"，又担心满兵不耐水土，因而挫折锐气，再也按捺不住，说："今日之事，岳州最要，不可不速行攻取。"提出他要亲统六师，"躬行伐罪"。但议政王会议不赞成康熙亲征，极力劝阻。这反映了康熙对他所遣将领不用力攻战的不满情绪，等了几年，还未见攻取岳州的行动，他已等得不耐烦了！康熙正欲亲征岳州，忽然传来吴三桂已死的消息，才改变主意，取消亲征之议，指示前线各将军：吴三桂已死，"贼必内变"，各路大军要乘时分路进剿。他下达指示，新代行刚死去的大将军尚善的贝勒察尼等人，"务水陆夹击，速取岳州"。

清军从五月进入洞庭湖，至九月初，已达三月余，小战屡次，吴军未受大挫，也不敢倾巢出战，而清军仍没有把城紧紧围住。问题是，清将领临战怯懦，不敢迎战。九月初，一队吴军乘船仅二十余只，赴湘阴取粮米和火药，所经清副都统德业立和提督周卜世的防区，有船一百三十只，竟不敢攻击，任其出入！康熙得报，将二人革职留任，效力赎罪。将军鄂内总统军师，身为主将，却用"庸懦之徒"，致误大事，待事平之日，"从重议处"。

十月二十二日，吴水师将军巴养元、姜义等人率船二百五十艘，进攻陆石口，被清军击败；二十九日，清军进击岳州，破吴军万余。吴军出击目的，是打通道路，取得粮食支援。九月初吴军取粮成功，据降人说，取到的粮食也仅能支持到十一月。在康熙的严督下，清水陆加紧对岳州的围困。十一月初旬，湖水干涸，清军移泊大小布袋口，继续以水陆围困，绝岳州粮饷。湖广总督预先购买了数千根木头，打桩做牌，拦截上流，防吴水军出入。岳州城内粮食来源已绝。十一月初，岳州吴军水师倾巢出动，意在疏通粮道，进攻柳林嘴，激战不已。另有一支五千吴军从陆上进攻，从高家庙渡口进攻陆石口营，清军奋力阻击。清军在湖上"频频出战"，炮多损坏。"安远靖寇大将军"贝勒察尼要求增发江南子母等炮一千。在高家庙、君山陆地设营，应调荆州水师营总兵张忠及其标下兵赴岳。康熙一概应允。洞庭湖每年至冬季水量减少，干涸，部分湖段露出陆地，不能行船。清军以水陆相接，湖水干涸，兵营彼此隔绝，兵力又感不足。察尼请求增兵。议政王不同意，而康熙为攻取岳州，仍然同意。指示将岳乐增援永兴的兵每佐领出二名可撤到岳州，长沙方面战事稍缓，可发每佐领兵二三人增岳州，江西总督董卫国标下官兵可选调二千五百人，就近由铜鼓经武昌，赴岳州，立营于要地，都听察尼指挥。董卫国表示，他愿率标兵五千，再调江西各营兵数千援岳。康熙嘉许。此次续调兵计一万八千人。看来，康熙决心不惜一切代价，把各处兵力倾注于岳州一地，以求全胜！至此，清兵集结岳州已达十万左右。

康熙十七年十二月中，吴三桂遣援兵救岳，"势甚猖獗"，见清军水陆封锁严密，"不能飞渡"，于是败回，"而岳逆在城饥馑日甚"。据随军的官员宜昌阿报告，清军已截获吴应期与各处往来的文书。内容都是呼叫救兵、运送粮饷。说明岳州城粮食已断，从岳州"相继归诚"的吴将士也证实了绝粮的悲惨境况。吴军将士继续潜逃投清，至年底，岳州城内吴军游击刘鹏等文武官员七十五人接受招抚，投奔了清营。

吴应期所属将士大量叛逃，他的军事力量正在迅速地土崩瓦解。他感到再也支撑不下去了，也不能束手就擒，唯一的办法，只有逃跑。康熙十八年正月十八日，天还没亮，已约降的叛军官兵及家口数千有余，分乘鸟船十余只，小船三十余只，在前去接引的清将引导下，开到高脚庙一带登岸，事先清兵已在岸上站队迎接。同一天归降的，还有吴军总兵官王度冲、将军陈珀等，各率舟师来降。到晚上时，只见城内四处起火，"贼众沸腾"。原来吴应期于下午四五时率余部约有数万人出城，丢弃岳州，向东南方向逃遁。清军急忙追逐二百余里，因没携带炊具而还军。次日，即十九日晨，蔡毓荣、桑格等率清军浩浩荡荡开进岳州城。

岳州这座坚城，在吴军坚守下，历时五年，终被清军收复。康熙在报捷奏章上批道："招降伪将，'恢复岳州府城知道了，兵部知道'。虽说件喜事，康熙并不那么高兴。因为他数年来一直关注此城的收复，而他的将领们迟迟不进兵，致使这个胜利来得太迟了。他也明白，投入这么多兵力、没有攻下城，而是叛军主动撤离，竟让吴应期携众逃跑了，不过是得了座叛军"所弃之空城"罢了。为此，康熙大为恼火，斥责贝勒察尼失计，康熙说的"失计"，是指察尼这些将领不懂军事，让吴应期率数万人在眼皮底下安然逃跑了！这支有生力量没有被歼灭，势必加强其他战略据点的防御，将给清军的下步行动造成很大困难。话虽是这么说，毕竟得到了一个战略要地。正如他曾指出的，长沙与岳州恰似两足，若断其一足，吴三桂就不能自立。从这个意义上说，岳州之得，对全局的影响是重大的。所以，康熙从心里还是感到安慰。他"特赋长歌，以舒其怀"：

聿予凉薄莅洪荒，
遂使巨愿乱天常。
东南黎庶苦纷扰，
几年戎马蹂疆场。
临轩重简亲藩出，
军威万里风雷激。
肆虐原因讨不庭，
专征大义昭星日。
卧榻安容有悖狂，
太阿岂好弛纪律；
再敕元臣佩虎符，
戈茅划地生寒栗。
铁骑骁腾拥楚云，
霓旌闪烁连江渍，
七泽三湘据冲要，
楼船壁垒屯诸军。
一时将士尽忿激，

人人都愿成功勋。
悬知叛逆众所恶,
直须吹气清妖氛。
顾此生灵负何罪,
流离转徙多饥馁,
处处田畴荒不耕,
年年桑柘无人采。
闻说荒榛遍野庐,
还伤老弱填江海。
每念边陲一怃然,
立身天地惭三宰。
未忍加兵戕我民,
深宫宵旰勤五载。
五载踌躇常恭默,
会当灭此乃朝食!
旗卷闽疆甲士降,
阵开百粤坚城克,
已见怀光伏冥诛,
更看元济成俘馘,
鼙鼓旌旄定岳阳,
指顾能收六诏烟,
宣恩早布招徕德,
书奏传来慰两宫,
乂安社稷开鸿溕,
翼翼小心恒敬慎,
敢忘继述在朕躬!
期与宰司百职事,
共相砥砺克厥终。

这首诗写于收复岳州之后,详述吴三桂发生叛乱和朝廷征讨的经过,描写了八旗将士奋勇作战,捷报频传的生动情景。诗中也透露出作

为帝王的康熙，对百姓遭受战争灾难的同情。全诗洋溢着喜悦的心情和夺取全胜的坚定信念。感慨激昂之情，溢于字里行间。

战局的发展，果如诗中所预料，吴军退出岳州，恰似海水退潮，不可抑止。长岳决战，只决于岳州，而全局迎刃而解。岳州之战，敲响了吴氏政权的丧钟，以此为开端，便开始了吴军大溃退。直至最后彻底倾覆！

长岳决战后，尽管形势已极为恶劣，吴三桂还是进行了最后一搏。他并不甘心向厄运屈服，他还要顽强地战斗下去……

康熙十七年六月初，他在衡州亲自点将马宝，并授计率数万人马南下，攻击有战略意义的兵家必争之地永兴，两战两胜，大创清军，一战击毙都统宜里布、护军统领哈克三，夺据清兵河外营地（永兴依耒水而立，此水上接衡州，下通郴州，由旱路接宜章）；一战大败前锋统领硕岱、副都统托岱、宜思孝所率援军，营垒被冲垮，河南岸失陷，清军被迫退回郴州。这次军事打击，给清军直至康熙以很大的震动。康熙说："近来行兵，致有大臣阵亡，闻之不胜伤悼。"马宝并全力继续攻永兴，直接危及郴州，顿时打乱了清军的部署，陷入十分被动的局面，搞得康熙与前线的将帅穆占、简亲王喇布等手忙脚乱，急忙重新调整兵力，加强对茶陵、攸县、安仁各处的防守，担心遭到袭击。如失去这已得的十余个县，就会前功尽弃，江西就会有得而复失的危险，形势可能将出现大反复，后果不堪设想。清兵总算暂时顶住了马宝的进攻。马宝强悍无比，必欲攻下永兴。眼看就要攻下，吴三桂却死了，马宝被迫放弃进攻，悄悄回军。

吴三桂死前，还亲自部署了对广东、广西的大规模进攻。他派出胡国柱、夏国相率数万人马，突入两广，几度得手，尤其是在广西取得了更大的进展，除了梧州，几乎都被吴军夺回！南面战场的胜利，使他稍得一点安慰，但高兴不起来。很快，吴军在广东的进攻又被顶了回来；在永兴，久攻不下，他所得到的一点安慰于瞬息间消失了！

更糟的是，人心、军心正在变化，他的部属一批又一批地背叛了他，投向了他的敌人的阵营。当初，他的人马雄壮、所到之处，谁不举手以迎王师！而眼前，他的人却悄悄地离他而去；过去，钱粮盈库，他挥金如土养士，如今，师老粮匮，府库空虚，度日维艰。种种烦恼困扰着他，这时才真正感到"力实难支"，每每自言自语，哀叹："何苦！何苦！"在兵败力竭之际，他的这番自叹，或许透露出对自己的所作所为后悔了吧？他总结自己的一生，南征北战，在人生名利场上不停地追逐，落得这个结局，他怎能不自悟，略示自己的忏悔呢！为时太晚了，时间对他来说，已经不多了。大江东去，一去而不可复返，一切都无可挽回了。耿精忠、孙延龄、王辅臣一批首要人物，都相继倒下了，剩他这一棵孤树，也独立难支。他正受到数十万清军日益逼近的大包围。在他面前，只有两条路，要么投降，要么死去。他明白，处在他这个地位，绝不能投降，即使投降，朝廷也绝不会饶恕他。只有一条路，等待死亡！

康熙十七年（1678年）八月，吴三桂突然得了"中风噎嗝"的病症。

吴三桂为皇帝，自然会得到当时条件所能允许的最好的治疗。虽说未见大好，却也维持下去，未见恶化。不幸的是，有一天，忽然有条狗窜到他的几案上，安详地端坐着。吴三桂先是吓了一跳，马上意识到狗坐几案是不祥之兆。他很迷信，又经狗惊吓，精神一下子垮了下来，病情迅速恶化，口不能张。说明他初得此病时，口尚能开合，而此时却不能张口。接着，他又添了"下痢"的病症，中医称痢疾，泄泻不止。请郎中百般调治，终不见效。吴三桂知道自己不行了，授意他的心腹大臣，速命他的孙子吴世璠（即吴应熊的儿子）来衡州，托付后事。

除此遗命，吴三桂对未来之事大概没有留下什么要紧的话，这在他死后诸将讨论大计时，各持一说，已见吴三桂死前未予指示今后的出路。看来，他不想说出他不愿说的话，一切听天由命，听凭他们主持吧。他自知是将死之人，心灰意冷，还能给他们留下什么话呢？或许口不能张，说不了话？或许他想到孙子从云南来衡州时一并说？反正，他没有留下什么遗言，是可以肯定的。

信使从衡州到云南，再从云南携世璠回到衡州，路途何其遥远！吴三桂的病继续恶化，还未等到世璠来到，便于八月十八日病逝了，享年六十七岁。这年正是康熙十七年、周五年。吴三桂带着他的遗恨离开了人世。他的轰轰烈烈的一生，在凄凄惨惨中结束了。

人固有一死，但吴三桂的死显得过于匆忙，过于无可奈何。

吴三桂的死，对于吴氏集团无疑是一致命的打击，而他的死亡过于突然，更令他们措手不及。当时吴国贵、胡国柱等尚在郴州、永兴等地作战，闻讯慌忙赶回衡州，吴三桂已经作古。众人无力回天，为防止军心涣散，他们匿丧不发，"尚衣尚食如平时"然后争取时间，商讨对策。

当时衡州诸将议推吴国贵总军务，而使胡国柱返云南迎吴三桂孙吴世璠来衡州奔丧。但吴三桂一死，吴军已成树倒猢狲散之势，诸将各揣心腹，所议诸事遂不得行。

先是，吴国贵集湖南诸将共议大计，提出欲与清军拼死一搏、再决高低的作战方略。他说："从前所为大误。今日之计，宜舍滇不顾，北向以争天下，以一军图荆州、略襄阳直趋河南；一军下武昌，顺流而下，经略江北。吾辈勿畏难，勿惜身，宁进死，毋退生，拼死决战，剜中原之腹心，断东南之漕运，即令不能混一，黄河以南我当有之"。然而，诸将皆无进取之意，"俱重弃滇，马宝首梗议，一唱百和，计遂不行"。

吴氏集团经营云南十数年，诸将之家口、产业均在云南，其眷恋故土之意和重滇之情可想而知，这也正是他们反对撤藩、愤然起兵反清的主要原因。然而，正是这种思想和情绪使他们一错再错。

吴国贵敢于公开否认吴三桂徘徊于江南、岳麓，不肯渡江北上的作战方针，称之为"从前所为大误"。表明了吴国贵之胆识均有超人之处，其北上争天下的大计，虽带有相当大的冒险性，但却不失为背水一战的最佳方略。只是曲高和寡，吴国贵的提议很快被否决了。从中也可以看出，吴国贵虽有总理军务之名，却难名副其实，吴军人心已散，已无人能取代吴三桂的地位成为总其军政的核心人物。

当时，"胡国柱犹欲假吴三桂孙收系其党"，他一面飞书云南使郭壮图护送吴世璠至衡州袭位，重振军心，一面为吴三桂料理后事。然而，郭壮图为其女与卫朴之女争立皇后之事谋划正急，故对胡国柱的提议根本不睬。"衡州军民七日后方知桂死"，随后便沸沸扬扬。胡国柱见云南方面迟迟没有消息，担心日久生变，等到十月，见吴世璠仍无意来衡州，便开始为吴三桂发丧。他以棉布裹好吴三桂的尸骨亲自秘密送往贵州、云南，同行的还有解职官僚方光琛。到达云南后，他又将吴三桂秘密安葬。无独有偶，就在此前的一个月，即九月，吴三桂的皇后张氏先已故逝，整个云南笼罩在悲哀的气氛中。

康熙十七年（1678年）十一月，郭壮图自挟吴世璠即位于云南，奉其祖吴三桂为太祖高皇帝，其父吴应熊为孝恭皇帝，改元"洪化"，以明年为洪化元年，颁"伪诏"于各地。

洪化政权的官制皆如吴三桂时所定，只是吴世璠又有封赏。他特别加封其叔吴应麒为楚王、岳丈郭壮图为国公，封曹申吉等为顾命大臣，招其入滇辅政。据说，吴世璠在即位时曾筑坛于古城，胡国柱代为致祭，祭祀过程中，竟然"阴风疾起，灯烛俱灭"。这听起来近似荒诞的故事，恰恰反映了时人对吴氏政权的一种心理预期。

胡国柱奉吴三桂尸骨入滇安葬后，便欲偕吴世璠赴湖南，但郭壮图却坚决反对，"以滇为根本重地，力阻世璠轻出"。且因己女已立为皇后，便以国丈自尊，陶醉于既得的权势与地位中，日制皇后仪仗、龙凤日月袄、山河地理裙之类，而无心于湖南前线的战事。所谓"以弃湖南守险隘，犹可以做夜郎王"，与胡国柱意相左。当时吴世璠年方十四，政事皆决于郭壮图。胡国柱"大哭于东郊数日卒不许"，无奈之下，自身奔回衡州，合吴国贵等兵守湖南。然诸将皆不用命，殊无斗志。湖南形势危殆，而岳州首当其冲。

这期间，康熙皇帝始终密切关注着岳州，认为岳州得失关系湖南全局。他说："岳州为湖南咽喉要地，必此地恢复，则长沙，荆州之兵始能前进"。他诏令勒尔锦酌量留兵守荆州、彝陵等地，余兵悉发岳州。八月，贝勒尚善卒于军中，康熙帝命贝勒察尼代尚善为安远靖寇大将军，总统岳州诸军。

八月末，吴三桂死讯传来，康熙帝即命简亲王由茶陵赴安仁，进逼衡州，诏贝勒察尼等"务水陆夹击，速取岳州"。

此时，岳州已云集荆州、陕西、河南，安庆等诸路清军，共三万有余，鸟船百艘，沙船四百三十八艘，又发江南子母炮一千，并原调之红衣大炮，清军的实力已居吴军之上。于是，察尼命绥远将军蔡毓荣率提督周邦宁、万正色等大会舟师，棋布洞庭湖。又于布袋口树栅截湖断其粮道，水陆联营绵亘百里，贼兵赴援者皆不敢进，岳州终成困势。

岳州被困，城内叛军已成惊弓之鸟，人心惶惶。早自长沙被围之

后，岳州既已缺粮。此时，"长围既合，粮尽军饥"。据当时从岳州城内逃出的士兵讲，"贼营人都心乱，没有米粮，仓里只有八百石玉米，若给散，每人不过五升。前日米卖三钱二三分一斗，这两日要卖四钱五分一斗，一日贵似一日，有吃糠的，有吃菜的"。吴应麒四处告急，但各路吴军均已自身难保，加上清军围困甚紧，无力救援。于是吴应麒遣水师将军杜辉、巴养元、江义率船队二百五十艘，攻打陆石口自救，却为清将军鄂内所败。随后，吴应麒又遣将驾巨舰二百艘乘风进攻柳林嘴，欲疏通粮道，别遣将领于高家庙渡江，二袭陆石口，以分清军兵势。然清军以轻舟阻击，发炮毁巨舰之半，再次击败陆石口敌众。

自十月下旬以来，吴应麒组织了多次突围与反击，均以失败而告终。由此，岳州城内更加混乱，而就在这时，水师将军杜辉又被诛戮，从而人情沸然。

杜辉，福建人，与林兴珠一样原为郑氏部下，因久在海上，精于水战。林兴珠归顺清朝后，杜辉奉命据布袋口守险。为缓解岳州缺粮、转输不通之急，杜辉"造飞船六只，长十丈，阔二十尺，两头尖锐安柁，中分三层，上中两层各安炮位三十六，下层左右各置浆二十四"。杜辉亲驾飞船，两面放炮，冲出清军的水上包围到衡州取粟，然后再冲突返回岳州，"如是者不一次"，岳州饥荒得以稍缓。

杜辉的飞船引起了清军的注意，清军计设破飞船之法。待飞船再度出击时，"乃以艨艟数十只，上排铁钉，船外密布渔网，飞船来，即罣碍不能旋转，为我兵所破"。是役，吴军大败，杜辉跃入水中，自洞庭湖底逃回岳州。

但杜辉的生还，却引起了吴应麒的猜忌。这时，康熙帝派杜辉之子杜国臣潜入岳州招降，杜辉意欲归顺，于十二月遣林宁等奉书请降。不料为吴应麒察觉，诛杜辉并其同谋多人。杜辉继林兴珠之后为岳州水师主将，扼守布袋口险要，所行牵系人心，他的被杀，加剧了吴军内部的矛盾。杜辉所部总兵陈华、李超率文武官弁兵丁投降了清朝，康熙帝俱以都督同知总兵官用，留察尼军前招抚叛军，致使吴军进一步分化。康熙十八年（1679年）正月十八日，吴军总兵王度冲、将军陈珀等亦率众投降，吴应麒弃城遁走，岳州恢复。

消息传到京城，康熙帝感慨万分，特赋《恢复岳州作》以抒其怀，诗序中有："擒斩巨魁殆尽，望风归正不可胜数，所余小丑势如破竹，解吾民之倒悬，行有日矣！"

形势的发展正如康熙所期望的那样，岳州既克，吴军兵败如山倒。正月二十三日，康熙帝发布上谕，令诸路大将军、王、贝勒等"剿抚兼施，贼有悔过投诚者，免罪叙功录用，将此恩意，概行晓谕"。于是，"伪将军、总兵、文武官员、船舰兵卒来归者甚众"。至二月，清军于湖南战场上所向披靡，长沙吴军潜遁，安亲王岳乐率部入城，并乘胜南下，恢复湘潭。湖广提督桑格、固山贝子章泰进取华容、石首，"贼众望风弃城奔窜"。顺承郡王勒尔锦统大队渡江，清军收复松滋、枝江、宜都、澧州、常德等地。简亲王喇布派前锋统领希佛夜袭衡州，吴国贵、夏国相惊遁，衡州亦被清军克复。至此，湖南大局已定。

自三月起，康熙帝就清军的作战部署再作调整。他命顺承郡王勒尔锦率其王府佐领之兵回驻荆州，以调度荆岳、彝陵、襄阳等处军务，进兵湖北归州和巴东，配合陕西清军入川。命贝勒察尼调度澧州以南军务，进取辰州、沅州。命安亲王岳乐统大兵赴衡州，进取宝庆、武冈等地。而简亲王喇布与将军穆占则奉命合兵攻取永平等地，并入援广西。

其时，吴军皆溃奔西南欲入贵州，而由湖南入黔必经两条险路，一是辰州之辰龙关，一是武冈之枫木岭，皆易守难攻。时吴应麒守辰州、辰龙关诸处，吴国贵、马宝、胡国柱等守武冈。安亲王军至武冈，首攻枫木岭，广西巡抚傅弘烈由后路断敌粮道，清军大兵奋击其前，吴国贵出战，前额中炮而毙。吴军见主帅阵亡，立即奔溃，贝子章泰趁势追杀，大败之，于康熙十八年（1679年）八月克复武冈。相比之下，辰龙关尤为险峻，"径狭箐密，仅容一骑，贼跨隘口，立五营以拒，官兵相持逾年，始由间道袭破之"。至康熙十九年（1680年）三月，察尼奏捷辰龙关，胡国柱等退走贵州，湖南悉定。湖南战场是清军用力最多，历时最长的一个战场，前后共有六年。

自康熙十八年至二十年，清军平叛战争进入了最后的决战阶段，吴军节节败退。在岳州告捷的同时，广西恢复。

康熙十八年（1679年）正月，平南王尚之信会同广西巡抚傅弘烈、将军莽依图在梧州城下，三路夹击，大败吴军，趁势长驱桂林。吴世琮等转而围南宁，依山列鹿角与清军拒战，"围攻数月，几陷"。但吴军毕竟是强弩之末，在清军猛烈的攻势下，吴世琮再度战败，身负重伤，仅以数十骑遁归云南。

至此，清军已恢复了江西、浙江、福建、广东、广西、陕西和湖南。吴军龟缩于西南一隅，恃云贵与四川顽抗，云贵是清军下一个进军目标，而四川则是通往云南的交通要道与屏障，因而，清军在进攻云南之前，不失时机地发动了对四川的进攻。

早在康熙十八年年初，康熙帝便以岳州克复议取四川，四月，宁夏提督赵良栋疏言："今湖南既定，宜取汉中、兴安，以图四川。臣愿精选所属步骑五千，独挡一路"，"竭忠自效"。这正中康熙皇帝之意，因而，览奏"嘉许之"，命大将军图海等确议。但图海等满洲将领的态度却不甚积极。图海先以"栈道益门镇各口，逆贼率众来犯"为由，拒绝出兵。随后，又"借称贼毁偏桥，无路可通，竟而却还"。康熙帝颁诏责之，并于八月下令，"宜乘贼处处败衄、逃遁震动之时，分路扑灭。大将军公图海亟统大兵乘机剿灭汉中诸路贼寇，速定四川"。但图海虽奏报拟四路进兵，却迟迟未行。于是，康熙帝决定再次倚任绿营官兵平定四川。

康熙十八年（1679年）十月，康熙帝遣内阁学士佛禧、郎中倭黑赍敕赴陕，谕将军张勇、王进宝，提督赵良栋、孙思克进兵四川。

然而，在进兵四川的问题上，绿营兵将领的意见也不一致，张勇、孙思克皆言此时不便入川，而王进宝、赵良栋则踊跃，"自任取蜀"，得到允准。

王进宝以平王辅臣之功，进一等阿思哈尼哈番，授奋威将军兼平凉提督。康熙十八年（1679年）十月下旬，他由平凉进兵武关、鸡头关，进抵汉中。先是，因川中饷援不给，王屏藩不能支，于秦州战败后遂偕吴之茂、陈君极等尽弃前所得州邑，向南遁走。于红花铺、凤县、武关等处屡屡为清军击败，由是退往汉中。以汉中先时储备之粮草，拥兵数万坚守之，吴之茂则据守松潘为犄角。见清朝大军进逼，忙乱中仅领中镇总兵一名、兵不足一千退至川陕边界的青石关，短暂小憩后，于深夜遁走广元，官兵亦四散。王进宝恢复重镇汉中，复遣官兵追击，直抵青石关，王屏藩再通入保宁。提督赵良栋则由密树关进取徽州，直抵略阳，败吴之茂，克复入川要路阳平关。

· 214 ·

十一月，康熙帝正式指令赵良栋与王进宝分兵两路入川，授赵良栋为勇略将军，给之敕印，并令图海率师亲赴汉中，接济进蜀诸路粮饷，命将军鄂克济哈率汉中满兵驰往四川，合吴丹所率官兵，为王进宝、赵良栋后继，"粮饷源源不绝，相率而进"，全力保障大军进取四川。

十二月二十六日，两路大军同时自大安驿出发，王进宝旋即克复朝天关、广元，分兵三路直趋保宁，在保宁城外与吴军展开了一场激战。时值康熙十九年（1680年）正月，王屏藩出动二万余人向清军反攻，被王进宝击败，追至锦平山，再败之，破敌营四座，叛军退保桥，清军又击之，夺桥斩关入城。

身为四川主帅的王屏藩，自王辅臣降清后，即已气索。至是，见大势已去，与将军陈君极一同自缢而死，清军生擒"伪将军"吴之茂、韩晋卿、张起龙，"伪总兵"郭天春等十七员将领，击溃四川吴军主力，克复保宁，并乘胜复顺庆。赵良栋亦渡白水江、复龙安，再自龙安南下，收复成都，"伪将军""伪巡抚"等文武百余迎降，又败胡国柱于建昌。

汉将自成一军，指挥调遣无所牵制，积极性得以充分发挥，仅用三个月的时间，即恢复四川大部地区。与此同时，图海恢复兴安，将军佛尼勒恢复永宁、马湖，湖广提督徐治都败杨来嘉于巫山，恢复夔州、重庆，四川亦尽入版图。

四川奏捷后，康熙帝命取王屏藩、陈君极首级，并将吴之茂、韩晋卿、张起龙等叛军首领一同押解京师，三月，将吴之茂、韩晋卿凌迟处死，割其首级，并王屏藩、陈君极首级一同悬城门示众，而以张起龙为吴三桂旗下属员，免其死罪，命赴云南招抚。

清军入川，贵州垂危，郭壮图令线緎留守云南，自身扈从吴世璠东行至贵阳，以图重振。其时，胡国柱、夏国相、马宝、王绪等十六员主将皆退至贵阳，奉命侍卫。刑部尚书郭昌、贵州巡抚来度亦在"御前"。但将帅虽多，却各行其是，"郭壮图挟椒房之密，专权用事，众多不平"。吴应麒则以"楚王"自居，热衷于权势。自岳州退至沅州后，尚欲营造楚王殿自娱，且谋夺立。而心怀异志、思归清朝者更是不乏其人，来度、郭昌与王怀明、曹申吉、潘起先等已遣人致书图海，被命为内应。可见叛军内部已是矛盾重重，众叛亲离，人人皆有惶惶不可

· 215 ·

终日之感。"吴应麒来朝，世璠留款内廷，应麒大骂方献廷首祸，欲悔无及，国相等皆大恸，惟世璠无词"。

上层将领如此，士兵更是怨声载道，自溃奔至贵州以后，吴军便粮饷皆无，在镇远，每人只发五两盐为唯一的给养，士兵不得不靠武力进行土匪式的打家劫舍，抢粮充饥，谓之"打粮"。据当时乡民说：吴军"各家兵马一到镇远，每日有兵出外打粮"，所部将领对每个士兵须完成的打粮定额做了规定。而且，这些士兵不仅要枵腹从征，甚至还要赤手搏战，有盔甲者不过十之二三，"皮盔棉甲多已丢落，没有得铰鸟枪，十个人里头只有四五杆，其余光是一把腰刀"，衣衫褴褛、赤足无履者比比皆是。如此残兵败将，不用说迎击清军，即使打粮也要付出惨重的代价，如"在九古地方打粮，被苗子杀死了王将军的兵四五百人"。士兵纷言："等下回清朝兵马来，我们大家散去"。

康熙十九年（1680年）夏，吴世璠见清军已攻克四川，洪化政权已是四面楚歌，岌岌待毙，而四川为云南门户，尤为重要。于是，百般无奈之中，他令胡国柱、夏国相、马宝等率兵再次进攻四川，以牵制清军入黔，做垂死挣扎。然士兵皆不愿从行，曰："若是调回云南就去，若还调往别处，我们各人取方便吧"。甚至连"伪将军郑某"，也违忤是令，不肯随马宝去遵义。可见吴军内部已是将不听命、兵不从调了。

八月，胡国柱、王会奉命入川，统兵领战象突袭纳豁，陷泸州。九月又陷永宁、叙州。既而，建昌、马湖等府亦相继攻下。在胡国柱的煽动下，谭弘、彭时亨再叛，而夔州、巫山等地又发生了"民变"。

然而，吴军对四川的反扑，并不能够阻挡清军进军云贵的步伐，吴世璠的一切努力，都不过是磨砖作镜的徒劳。十月，清朝湖南大军自平越陷贵阳，吴世璠等逃遁云南。其时已是"百官星散"，各怀异志，但洪化政权却又内讧频起。吴应麒在镇远招其子吴世琮同走云南，一路得逃兵一二千人，驻于交州，"意行篡，杀伪主，入云南而代之"。郭壮图审知其意，遂与线域等聚谋，先下其手杀吴应麒并其二子吴世瑶、吴世璠。而与此同时，胡国柱攻陷叙州后，执清军四川提督王之鼎解至贵州，同时获取其箧中清军塘报。于是，王怀明、曹申吉等人的反正之事泄露，除王怀明逃遁到苗彝寨堡中得以幸免外，曹申吉并同谋者多人俱被吴世璠杀戮。由此，人心惊惧，凌夷之势已无可挽回。

康熙十八年（1679年）年末，湖南、广西、四川大局已定，康熙帝即部署进兵云贵。十一月，以安亲王岳乐久劳于外，令先率所部大兵之半凯旋，诏贝子章泰代为定远平寇大将军，与将军穆占"同心协意"，统领八旗进驻位于湘黔交界的沅州。由于云贵多为山地，攻战"皆绿营步兵居前，满兵继后，"故康熙帝意在以绿旗兵攻取险要，担当主力。

康熙十九年（1680年）二月一日，康熙帝以成都、保宁皆已恢复，命四川所在清军"乘此机会，速定贵州"。他命将军王进宝与总督杨茂勋、提督王之鼎等驻守四川诸处，调徐治都还驻荆州、彝陵，而命将军吴丹、鄂克济哈由顺承郡王勒尔锦军中拣选精锐马兵将之，与新任云贵总督赵良栋等同取云贵，是为西路四川大军。

二月初七日，康熙帝又谕议政王大臣曰："四川底定，湖广大兵今正分道进定云贵，其广西满洲绿旗大兵休息日久，亦当乘机速取"。于是，简亲王喇布，平南王尚之信、将军莽依图、马承荫、都统马九玉、总督金光祖等"分道进取云贵"，为东路广西大军。

三月，中路大军在贝子章泰及绥远将军蔡毓荣的统领下，分路破枫木岭、辰龙关，恢复辰州、沅州及铜仁府、泸溪、溆浦、麻阳等县。四月，穆占、董卫国等攻克沅州，打通入黔道路，寻次沅州，广树先声，遍为招抚。闰八月十八日，经过充分准备的绿旗兵分三路自沅州先行，章泰率满洲大军随后，一路势如破竹，十月十二日，蔡毓荣同董卫国督兵败吴将张足法、杨应选等，恢复镇远府，十月十七日克平远府，吴世瑶闻风夜遁云南，其文武百官二百余人并贵州总管李本森归降。十月二十一日，章泰遣军直抵省城贵阳，旋恢复省城贵阳。十一月，清军又依次恢复安顺、石阡、都匀、思南诸府，继续西进。康熙二十年（1681年）正月，遇叛军负隅顽抗。

当时，吴将高起隆、夏国相、王会、王永清、张足法、杨应选、依朋等拥众二万余人，据平远西南山上，又分兵万余由线域统领据守盘江西坡，设象阵以阻清军。清军以将军穆占、提督赵赖先破西南山敌众，遂获大胜，然而在江西坡却遭到重创。据刘健《庭闻录》记载："是役也，提督桑格，前锋陈珀中炮折足，将士损伤过半，大败不能军，而其实未交锋也。江西坡崇隆险峻，曲折盘旋，绕山而上如螺纹然，贼负险山，以象迎战，我师见象出，即惊溃。蔡毓荣遣红旗督战，象奔不可止，红旗亦返奔走，两日夜方止。死尸山积，大约死于贼者十之二三，颠踣死，践蹈死，自相格杀死者十之六七。……我师虽挫，诸众继进者日多，线域不能支，弃险西走"。可见，清军付出了巨大的代价，才得以克复越州，进入云南。

就在清军兵分三路，部署就绪后，广西一路为马承荫复叛所牵制。马承荫乃马雄之子，于康熙十九年二月，为吴世璠唆使，据柳州再叛，并拘执广西巡抚傅弘烈，将其押往贵州，被吴世璠所杀。吴将何继祖、王弘勋乘机两路进攻广西，将军莽依图等不得不以全力平定马承荫的叛乱，至五月，广西方告戡定。九月，康熙帝鉴于简亲王喇布在历次征战中均逡巡不前，恐误进兵云南，而"广西一路，亟宜速入"。于是，以"将军赖塔在福建、广东劳绩素著"，授予征南大将军衔，命赖塔选广东精锐马匹五百或一千亲自率领赴南宁，"调遣广西满汉大兵由南宁直进，速定云南"。

赖塔未负康熙帝所望，于康熙二十年（1681年）正月，率广西大军自南宁启行，经由田州、泗城、西隆州、进抵安隆所。吴将何继祖据石门坎天险抗拒，赖塔令都统勒贝、希福、码齐与护军统领额赫纳率师直前攻取，自与副都统洪世禄、赫呼布，总督金光祖分兵为二，由间道蹑敌后，乘其不备，履险而上，前后夹击，遂大败敌众，夺安隆所。二月初二日，再败何继祖于黄草坝，夺敌营二十三座，生擒将军詹养、王有功等千余人，率先深入云南，二月中旬，湖广、广西两路大军会师云南曲靖，合兵西进，进逼省城昆明。

此时，章泰与赖塔两路大军驻扎于昆明城东十余里的归化寺，并列营成围，亘碧鸡关，经昆明城北，直至金马山、归化寺，长围数十里。二月二十一日，吴世璠从郭壮图之意，遣将军胡国柄等"悉选精甲"马步兵万余人，出城列象阵拒战，清军分队进击，攻势甚锐，吴军大怯退走，清军追至城门，阵斩敌将军胡国柄、刘起龙及总兵等将领九人，俘获六百余人，自此叛军敛迹城中为婴城死守计。

昆明赖滇池泛溢，城濠水深，清军难以近城。遂退至城外十里处沿山安营，随传令连夜掘壕筑墙，开始围城，并分兵四出，绝其救援。至五月，清军掘壕三层，砌炮台、埋梅花桩，完成了对昆明的围困。

这次攻战，遂使吴世璠垂气丧胆，退入昆明后，他"尽移诸将家口于五华山宫城，分门守御，誓必死"。同时，"阴调在蜀贼将马宝、胡国柱、夏国相等归援"。又割地乞师于西藏达赖喇嘛。

康熙帝以"胡国柱等退援云南，事关重大"，谕令将军佛尼勒、赵良栋等于文到之日，即各统官兵，速行蹑击，勿令得援云南"。又令招抚云南各府州县吴属官员兵民，加强政治攻势，彻底切断昆明外援。自四月起，临安、永顺、姚安、大理等诸路敌总兵相继归顺。五月，又有李发美举首吴世璠予达赖喇嘛请兵书信，以鹤庆、丽江二府归降。

胡国柱接到吴世璠告急救援的命令，于六月自四川回师，抵云南姚安，"部卒溃散不能军"，却遇都统希福、提督桑格的截击，为其所败，被逐至永昌。然都统希福、提督桑格紧蹑其后追之。胡国柱自度无力接近昆明，遂率残兵败将，由金沙江至永顺之交。

此时，胡国柱自知无法逃脱覆亡的命运，便征询于幕客王愈扩。王愈扩答曰："君侯不见落花乎？或缤纷裀席之上，或狼藉泥土之中……"语未毕，胡国柱即已知其所言，连称"是！是！先生爱我，敢不受命"。次日，胡国柱对家人说："吾备位大臣，死固当，然吾惧人索我不得而累及无辜也"。遂命从者出去将其死事公布于众，便在屋中引帛自尽，至气绝身死。胡国柱死后，王绪与李匡为其举奠致哀，又倾私财散给属下，令其各谋生路。然后，使人堆起木柴，木柴下放置火药，王绪与李匡坐在柴上纵情畅饮，酒酣，王绪命仆人转告其二妾逃生，岂知其二妾已先自悬帛自缢，王绪闻之，遂命点火，王绪与李匡便在爆炸声中与浓烈的硝烟和大火融为一体。王绪与李匡死后，余部在将军王公良的率领下，赴清营投降。

在胡国柱回师云南的同时，马宝与巴养元等也接到了吴世璠的告急文书。马宝在遵义已为山西提督周卜世所败，自顾不暇，遂弃遵义，从羊梅台白腊坝鸭溪口一路逃遁。又经叙州走寻甸，省家口，偕妻子奔楚雄。然六月，章泰使都统希福、提督桑格等击之。马宝佯败以诱清军，希福、桑格等追至乌木山，马宝据险相持，希福等奋击大破之，旋又于吕合再败之，马宝仅以身免，率溃足遁入姚安山中。桑格遣人招降之。七月，马宝身边随从已不足百人，走投无路，为桑格招抚，出至姚安府城出降。与马宝同时出降的还有将军巴养元、赵国祚、郑旺、李继业和总兵郎应基等。

清将桑格出城迎接，马宝自以为受人恭敬，喜不自胜。然不过数日，桑格与其夜饮，马宝忽然动情，停杯而老泪沾襟可见，他已自知难逃一死，内心充满了绝望与悲怆之情。

马宝的预感没有错。他被送往云南后，旋被押解京师。康熙二十年（1681年）九月，清廷以其首先"从逆"，且为叛军主帅"数窘我师"，直到败困已极方行归顺，遂下令凌迟处死，枭首示众。康熙帝亦以其为大恶，决不宽恕，诏令从之，处以极刑。行刑时，马宝"噤嘿受刃"，不发一声，直至刀刃洞胸，大呼一声而死。

吴世璠已尽失两路援兵，但其祸患还远不止于此。在这期间，夏国相败走广西而降，高起隆、王永清、廖进忠亦俱被擒获，吴军诸将或死或降，昆明已是孤立无援。

然而，昆明"城池坚固，三面挖有壕沟，又将湖水灌入北面，亦挖有壕，下面有梅花桩"，难以速下。贝子章泰，总督蔡毓荣等皆认为，吴军将帅家口俱在城内，必死守，滇城不可强攻，只宜围困，待敌自毙。于是，围之以待。但是，清军所设长围距城较远，且敌军粮道未断，"昆池南北百里往来舟楫，决无查诘"。以致滇城附近之安宁、晋宁、昆阳、呈贡四州县虽经恢复，其民人却仍然得以为昆明城内的亲故转饷。

康熙二十年（1681年）九月，勇略将军赵良栋在追剿四川叛军告捷后，率宁夏等西北官兵抵达昆明，至此，清军三路会师云南。

这时，赵良栋发现，清军虽然包围了昆明，但昆明湖却仍通城外，城中吴军可以照旧通过水路转运米粮，城中并无危急。相反，清军四十万大军云集，已逾九月，粮饷告匮，军旅悬釜待炊。云南巡抚伊阙与布政使王继文虽已借银买粮，却因人口过众无法足给，因而清军必须速下昆明，否则将自行困乏。于是，赵良栋提出"就近攻城"，速战速决的战略议案。

十月初八日，清军开始攻城，各路分兵出击，赖塔进兵银锭山，蔡毓荣夺重关及太平桥，穆占、赵良栋与巡抚王继文夺玉皇阁。二十二日，吴军将领余从龙、吴成鳌出降，清军益知城中虚实。于是，赵良栋再攻得胜桥，蔡毓荣攻大东门，林兴珠攻草海，赖塔等分兵共华浦，

"皆薄城下，围之数重"。又于昆明池内"横筏施楼橹以断接济"，终致城中粮尽，叛军彻底瓦解。

二十八日，吴军诸将线域、吴国柱、吴世吉、黄明，原任都统何进忠、巡抚林天擎等聚谋，欲擒叛首吴世璠、郭壮图以献。吴世璠闻变，服皇帝衮冕至大殿，举刀自刎，却因用力不足，未得速死，又再刃喉管，乃死。皇后郭氏殉之，吴宫中从死者达百余人。线域等见吴世璠已死，便拥兵至郭壮图的府第，郭壮图见状，亦与其子郭宗汾自刎死。

二十九日，线域等率众出城投降，清军进入昆明，擒获方献廷及其子侄方学潜、方学范首磔于军前，云南荡平。

历时八年的战争，最终以吴三桂的彻底失败而告结束，这恐怕是一生叱咤风云、历经无数战阵而驰骋天下的吴三桂始料所不及的。然而，他还是败在了年轻的康熙皇帝的手中，而且失败得如此之惨，不但殃及子孙，就连他自己也落得死无葬身之地的下场。

据说，清军进入云南昆明后，便开始搜寻吴三桂的灵柩，以戮尸枭首示众，但却费尽了心机与气力。所谓"掘逆冢，知其伪，遍求之，一日而得十三尸尽焚而灰"，却始终不得其真。据说，在清军逼近云南之时，其孙吴世璠已"潜易祖柩"，极为秘密地将吴三桂遗骨转移，"自郭壮图数人而外，无知真骨所在者"，而吴世璠、郭壮图等人又皆死之。所以，吴三桂的真骨所在便成了永久的秘密。有传闻说：吴三桂之真骸埋藏在铜壁关外，其地远在靠近缅甸边界。又有其侄某出首曰：吴三桂的尸体已经焚化，匣骨藏安福园石桥水底。清军汲水深挖，果然得一具尸骨，于是，清军便将此尸骨并吴世璠尸骨一同解京。

康熙二十一年（1682年）正月十九日，由议政王大臣会议作出决定，将吴三桂骸骨分发各省，传示天下，割吴世璠首级交刑部悬挂城门示众，吴三桂之婿夏国相也同时被凌迟处死，吴氏子孙遭到了灭顶之灾。

清人刘健于《庭闻录》中记载了这样一件事，他说："吴三桂祖茔在关东，下地时，形家曰：此于地理贵不可言，所惜者一脉三断节耳！吴氏自吴襄以下惟吴三桂以疾终，他皆非命死，说者谓是断节之应"。这看似不无荒谬的"形家"之言，恐怕在当时是无法知其所然，更无法知其所以然。但数年之后吴三桂果真落得个断子绝孙的可悲下场，尽如形家所言。这不知是历史的巧合还是后人的附会，听起来不能不令人发指。

事实上，吴三桂玩火自焚，陪他一同葬身的又岂止他的子孙，那些追随他多年，与他共同栖风沐雨，浴血奋战的将士，也同时因为他的一念之差，丧亡于这场战争中。

在吴三桂的骸骨被分发天下的同时，吴氏集团的重要将领李本森、王永清、江义等因"助逆肆恶"严重，与夏国相、马宝一样，俱被凌迟处死。高起隆、张国柱、巴养元、郑旺、李继业皆为势迫投降，应立斩枭示，妻女财产籍入官府。四月十日，兵部又奏请将胡国柱、王绪、李匡等情罪重大者之子弟悉行处斩，妻女、家口、财产籍没，送交内务府。甚至，吴氏集团的其他官员和将领，也多因"助恶"日久，尽被诛戮，"伪将军王公良、王仲礼、伪巡抚吴谠、伪侍郎刘国祥、伪太仆寺卿肖应秀、伪员外郎刘之延等俱被处斩"，其中，王公良枭首示众，"伊等十六岁以上子亦俱在彼处处斩，家产籍没，其妻并未及年岁之子查交内务府"。

除了这些吴氏集团的首领外，他们的家属数十万人众也被称为"逆属"，受到株连，沦为官、私奴婢。康熙二十一年（1682年）四月，清廷诏移吴三桂亲眷家口，及其将军、总兵、副将以上者，随清军分六起入京，参将、游击以下微员分发河南、山东、湖广、江西四省安插。并将吴三桂部分兵丁牵往东北开原县的尚阳堡台站服役。清廷还作出严厉的规定，藩下家口一律入官，严禁隐匿，"凡系逆犯，应行入官匠役、家属、人口，有私带入京者，令其首送到部。若已私自放出为民者，亦令呈首。嗣后隐匿不首者，系官交部从重议处，系平人照例拟罪"。

在吴氏满门灭绝的同时，吴三桂的一应叛党也无一例外地受到了惩处。在康熙十九年（1680年）八月十八日，康熙帝诏令尚之信赐死于广州。康熙二十一年（1682年）正月，命将耿精忠革去王爵，凌迟处死，并枭首示众。其子耿显祚立即处斩，部将徐文耀、王世瑜、白显忠、江元勋、曾养性、王振邦等亦凌迟处死，余者处斩。此外，连已经归顺、并有明旨宽宥的王辅臣也因畏罪而自裁……

附　录

一、另一种版本的"吴陈恋"

　　据说，吴三桂在少年期间，他不仅天资颖悟，勤奋好学，而且学练有方，不读死书，不练死武，随时都注意工休节制。所以，他在学文习武之暇，由家仆带银陪伴，常往吴门祖籍江苏高邮探亲访友，顺便也去"青山绿水百花苑，聚龙醒狮万年城"的姑苏城游玩，故与姑苏城的大丝绸商陈鸿儒，四十岁时所生的独生女儿，陈圆圆结识。

　　陈圆圆，字畹芬，原芳名为沅沅。据蔡东藩《清史演义》说："因遭乱流落……充入下陈，遂改名圆圆。"她出生于1623年，整整小吴三桂两岁。

　　陈圆圆十四岁丧母，其父陈鸿儒把她姨妈接过府来，将她带养长大。吴三桂去姑苏时，陈圆圆年方十八，正当青春年华，她的姿色身段，长得如花似玉，美若天仙一般。她又爱穿戴打扮，胭脂香粉化妆得体，配上她自然美色身材，在人群中摇步迎风而过，有一股特殊的忍冬香气扑鼻，故有的史书形容她是"绝色佳人"，或"国色天香"。总的一句话说，她是举世无双的美女。

　　陈圆圆的父亲陈鸿儒，家底富裕有钱，对独生女儿陈圆圆爱如掌上明珠，当一男儿看待，因而将她从小就培养读书，知仁善义，明礼识体。

　　陈圆圆也很聪明伶俐，心灵敏捷，勤奋好学。所以，陈圆圆长到十八九岁的时候，诗赋歌舞，琴棋书画，样样皆能。在江南一带享有盛名，被誉为是江南最漂亮的美女。同时，陈圆圆勤劳懂事，母亲死后，善于关心体贴父亲，经常在丝绸商行帮助父亲照理生意，父亲陈鸿儒也很得爱于她，希望女儿将来能有个门当户对的好归宿。

由于陈圆圆姿色妖艳，风度妩媚，天真活泼，谈吐非凡，才华过人，笑容可掬，所以她常刺激着一些青年男子情欲所求，在姑苏城内有许多风言风语。但陈圆圆是富豪商家的独生女子，是有文化教养品德高尚的人，她非一般水性杨花、风尘女子之辈。她的情恋对象要求极高，风月场中的花花公子她根本就瞧不起，凡见者则嗤之以鼻。所以，许多男青年，求之不得，只好望而生叹！

说来也巧，陈圆圆长到十八岁的时候，许多男青年向她求爱，都被她闪躲避开。惟独吴三桂去姑苏游玩，缘分到了，她一见钟情，所以她唯一喜欢接触的第一个男人，就是学闲游姑苏的吴三桂。

有一天，吴三桂在姑苏城逛街，走到陈家丝绸商行去买衣料，见到陈圆圆在柜台内与他拿货，介绍丝绸商品，交谈大方，笑容可掬，脉脉含情，出言不俗。在此一瞬间，天凑其缘，吴三桂见此绝色佳人，便动心色，有意逗留，多谈几句，拜倒在陈圆圆脚下，东扯西说，问长道短。

吴三桂问陈圆圆说："小姐，学生不恭请问一事。未知可否？"

陈圆圆回答说："未知相公有何贵事要问，但请讲无妨。"

吴三桂说："我是北京人，初到贵地名城，听说城中有座宝带桥，很有盛名，学生欲去一览；但不知方向从何而去。若小姐能知去向，可肯告诉学生？"

陈圆圆见吴三桂是头戴学生儒冠，身穿素衣绣服，举止端庄，谈吐不凡的青年，也有心向往吴三桂之意，但不好明言相告。所以，她用秋波传情，满面笑容，回答吴三桂说："相公是北京人，小女子一听口音便知。但今日初逢，不知相公尊姓大名，令尊做何贵事，为何来至姑苏、小女子一概不知。因家规约束甚严，男女交言有别。故相公问宝带桥路向一事，小女子知亦不能相告，甚望相公见谅！"

吴三桂颧颊突布红云，明白陈圆圆乃有礼有节，非一般无知女子。但他也知陈圆圆含情脉脉，话中有话，是在盘问他的身份家庭底细。心想，说不定将自己身份家庭底细如实讲了出来，也许陈圆圆会将宝带桥去的方向告诉他。所以，吴三桂急忙谦恭地说："小姐言之有理，甚谢直言赐教。莫怪学生冒昧失礼，未曾出言先告。学生贱姓吴，草名吴三桂字长白；父名吴襄，乃京都提督，在朝伴君小职；祖籍高邮，运河南北相通，距姑苏相去不远；今学生谨遵父命，至高邮拜亲访友，所以顺运船而下，来姑苏城一游。所问不恭，望小姐海涵。"

陈圆圆嫣然一笑说："相公过谦了。你初到姑苏，人生地不熟，不知宝带桥去路，这很自然，不足为奇。但不知相公为何要去宝带桥，姑苏城其它的三百六十桥，如枫桥、花桥、乐桥都很有盛名，又为何不去呢？"

吴三桂很有风趣地传情回答说："小姐有所不知。因为《宝带桥》，唐朝诗人王宠有首五绝诗写得好，其中'春水桃花色，星桥宝带名'二句，学生特感兴趣，故而想去看看此地景色，诗人为何独以此桥题句呀？"

陈圆圆心灵敏捷，忽然面布红云，知吴三桂用王宠诗句回答她，是有意用暗语传情，打动她的心灵，不明说爱她，是有心试试，看她表情有何反应，知与不知。陈圆圆含羞笑道："相公可能不是因赏识王宠诗而去宝带桥吧！以小女子看来，可能是因为宝带桥有两句联语说：'青山绿水百花苑，聚龙醒狮万年城'，此名对好而去吧！"

吴三桂一听陈圆圆的回答，则知她非一般青春少女，而是精通文墨，才貌双全的国色天香。自暗喜默说："她聪明绝顶，知我用'春水桃花色'句是沟通她的心灵，故她含情抿笑，用'聚龙醒狮'四字以对，传情打动我，看我醒不醒悟！"因此，吴三桂抓住陈圆圆传情机遇，紧接着问道："小姐既然熟悉宝带桥风光，又知宝带桥名联意境，何不有劳小姐在忙里抽闲，给学生引个路，前往欣赏一番，以了学生来姑苏的心愿呀！"

陈圆圆见吴三桂有诚意与她接触，非花花公子故意对她调戏，她亦不放过这大好良机，有意愿与吴三桂接触，故转弯急下，慷慨大方，随即应允说："只要相公不嫌小女子粗鲁，引路前往又有何妨。不过，家规严紧，小女子还要去向家父禀明，求得他老人家允许，事方则成。"

吴三桂知陈圆圆很守妇道，谨遵"三从四德"规范，非民间无知少识，刁横粗蛮之辈，心中更加喜爱。

吴三桂也很有礼貌地说："小姐要去禀告令尊大人，此乃理所当然的事，应该如此。那么，学生在店堂稍候片刻，有劳小姐速去速回，不

附录

225

要食言，免学生久候失望。"

陈圆圆点了点头，表示立即去禀告父亲。便命店内学徒店员，给吴三桂泡一盏茶来，放在店堂摆设花瓶的桌上，请吴三桂坐在一把古式木质镶嵌有云雾图案大理玉屏的椅子上用茶。吴三桂坐下后，陈圆圆走上前来说："请吴相公在此稍坐用茶，小女子去禀告家父，能去与否，都要来回话，决不食言。"陈圆圆言毕，转身便走进内室去了。

陈圆圆进得内室去，陈鸿儒正在那里用算盘"三下五除二，四下五落一"地记账，忙得不亦乐乎。陈鸿儒见陈圆圆走进屋去，便停下算盘问道："沅儿，进得屋来，有何事要告诉阿爸呀？"

陈圆圆开口说道："阿爸有所不知。店堂有位顾客来买衣料，他说是北京人，京都提督吴襄大人的公子，初到姑苏城来游玩，不知宝带桥怎么去，求女儿给他引路前往。其实，宝带桥就在我家商行后面，相去不远。但他人地生疏，不知怎么走不足怪。助人之难，是件美德。女儿本想送他一程，但男女有别，未知阿爸应允与否，特来禀告。"

陈鸿儒一听，是显赫有名的京都提督吴襄的公子到来，惊喜地说："儿呀！此乃贵人到来，你为何不早来告诉阿爸啊！今后我家商行中有许多事情，还要求他父亲相助，对这个贵人不能怠慢。他求你引路，你当然要热忱以待。助人为乐，男女又有何妨，你当带他去吧！但你们女儿家，许多问题不懂事，是否冒失说傲气话，得罪了人家？我要亲自出店堂看看。若得罪了，要给人家赔个不是才好！"

陈鸿儒从椅子上站起来，离开记账桌子，由陈圆圆搀扶着，走出店堂来。

陈圆圆向吴三桂介绍说："吴相公，这就是我家严亲，他老人家听说吴相公光临寒店，特走出堂来相见，与相公一叙。"

吴三桂一听是陈鸿儒大老板出店堂相见，急忙站起来衣冠一理，拱手弓腰说："您就是姑苏城久闻大名的陈老伯啰！学生冒昧至府，望勿见怪，在下有礼了！"深深向陈鸿儒作了一揖。

陈鸿儒急忙弓腰用手搀起吴三桂说："公子不必多礼！老朽不知吴公子光顾小店到来，未出店堂为公子服务，让不懂事的女儿接待，怠慢不恭，还望吴公子多多包涵。"

吴三桂回说："有劳陈老伯厚爱，亲自出店堂相见，学生受之有愧，也感三生有幸。老伯既已走出堂来，恕学生直言相求。学生欲去宝带桥一游，但初至贵地，不知路向，陈小姐说她知道，学生欲邀小姐引路，未知使得与否，幸望老伯垂教。若老伯认为不可，学生也不强为其难；若认为可以，学生便当面致谢。"

陈鸿儒见吴三桂是个白面书生，一表人才，有礼有节，温文尔雅，举止端庄，很懂规矩，说话恳切，不愧是京都提督吴府的大家子弟，好不喜欢。心想，若我老朽能得上这样漂亮的女婿，那就好了，也是女儿圆圆之福分。所以，陈鸿儒急忙答应吴三桂说："使得！使得！引路无妨。"

陈鸿儒给陈圆圆交待说："圆儿！你陪吴公子去宝带桥游玩，可以多玩几个时辰，让吴公子漫游欣赏，玩个高兴才是，不要一个人先回，丢下吴公子不管。我在家安排厨下多备些酒菜，你们玩到申、酉时候，一定把吴公子带回家来，用餐素饭才好！"

此乃陈鸿儒有意安排，让他俩多亲近接触一些时间。若二人能谈得来，情投意合，攀得上这门亲事，女儿有个门当户对的女婿就了却他一桩心事，也可安享晚年了。

陈圆圆聪明，一见父亲安排如此长的游玩时间，也明白父亲喜欢吴三桂的心意，此是有意让她与吴三桂接触多谈，试看二人的婚姻有无缘分。陈圆圆高兴地说："女儿一定听阿爸的话，让吴相公玩个高兴，将吴相公带回用餐，甚可留吴相公在家多住几天，指点女儿一些诗词歌赋的也行。那么，吴相公，现就起程，我给引路，带你去宝带桥游玩吧！但去玩了以后，相公一定要不负阿爸的安排，回店来用餐才是。"

吴三桂也领会陈鸿儒的心意，高兴地说："多谢陈老伯，促成了学生游宝带桥的心愿，又给予热忱安排款待，学生则过意不去。老伯的盛情难却，学生只好从命，定随小姐回府打搅。学生与小姐便要告辞起程去了，望老人家在府多加保重。"深作一揖，二人辞别。

吴三桂与陈圆圆步行来到宝带桥游游指指，嬉笑交谈，好不投机，十分开心。二人在宝带桥四周一转，大有观不尽的楼阁景色，赞不完的建造艺美之感。

二人脚跟脚地走到宝带桥头，低头看清澈的运河水，倒映着二人的影子。男女二人之影相并，水波荡漾而流，促使吴三桂触景生情，忽然

· 227 ·

想起一句古联语说:"独站桥头,人影不从流水去……"

陈圆圆用绸巾掩口一笑,急对上说:"孤眠枕上,梦魂游过故乡来。"

吴三桂哈哈一笑说:"小姐对得好,对得绝,对得妙!"

陈圆圆嫣然一笑说:"非小女子对得好,而是相公出得妙。但'好'也好,'妙'也好,都是古人旧句,不是我俩之作。你说是不是?"

吴三桂急忙答说:"是的。小姐才高八斗,知道的东西确不少哩!"

由此可见,旧句新用,一个说好,一个说妙,好妙二字,二人心照不宣,勾画出了各自初生的情窦。故二人在宝带桥游玩相恋,依依不舍。

吴三桂、陈圆圆在桥头合照水影后,回至桥亭坐下休息,叫茶房老板捧出两盏香茗,抬一盘五香瓜籽,二人坐茶亭,慢晶茗茶,细嚼瓜籽,畅谈古人吟诗作对的佳话,自觉津津有味。在品茶言谈中,二人进一步沟通心灵,感情愈来愈接近,结下牢不可破的情缘。

吴三桂、陈圆圆游完了宝带桥,时辰已接近申、酉时候,陈圆圆按父亲约定的计划,将吴三桂带回家中,陈圆圆将她俩接触相爱的情况告诉了父亲。

陈鸿儒欢喜地说:"只要你二人谈得来,情投意合,为父也就放下心了。常言说,千里姻缘一线牵,陈吴两家能结秦晋之好,此也是我儿的福分。不如把吴公子留下来,在我们家多住几日,让你二人进一步深谈,若有缘能结鸾俦,也就了却为父一桩心事啦!"

陈圆圆征得父亲同意,同父亲一起走出房来,请吴三桂一同进膳堂用餐。

陈鸿儒在敬酒中开口言道:"圆儿已将今天你二人在宝带桥游的情况给老朽讲了,看来吴公子与我家圆儿还有点缘分,吴公子不如在寒舍多住几日,指点圆儿学些诗画,也好让你二人进一步深谈。但不知吴公子意下如何?"

吴三桂说:"承蒙老伯厚爱挽留,指点小姐诗画学生不敢当。不过陈小姐多情多义,学生与她相互学习诗文还谈得来。小姐的文才比学生强得多,学生反要学习才是。如果府上房屋宽余,学生与家仆及行李马匹，一起搬到府来居住，免在客栈遭罪，多交谈几日，当然很好。但不知老伯方便否？"

陈鸿儒说："方便，方便！我家房屋虽说不好，但间数还多，马匹也有喂养之处。只要吴公子不嫌简陋，就请搬来住好了！"

第二天，吴三桂与陪伴家仆，便将行李马匹，一起从"悦来客栈"搬到陈府居住，与陈圆圆长日谈情说爱，二人难舍难分。

吴三桂住在陈府一月有余，但因边关清军犯境，吴襄在京写一封书信，指派手下佣人专程送往姑苏城陈圆圆家，催促吴三桂速回京都投戎。

吴三桂接信拆看，吴襄在信中言道："当前清军犯境，国家有难，皇上命毛文龙都督挂帅出征。缺青年虎贲相助。我吴家深受皇恩，理当为国出力。吾儿收到为父笔书，疾速回京投戎，报效国家，勿拖延时日，立刻起程"云云。

其实，吴襄催促吴三桂疾速回京投戎，此信的实质，不在什么"深受皇恩、报效国家"此类冠冕堂皇的假话；而是吴三桂在他的多年精心培养下，学得一身文武双全的好本领，但未经战场实战检验，想借此清军犯境和国家用人之良机，让吴三桂在战场中去发挥其才干，并求进取，望子成龙，此乃方为吴襄真实本意。

吴三桂看过家信后，感到纳闷，不十分高兴，甚至一筹莫展，不知要怎样处理才好。他考虑到，若不回京投戎，家规甚严，父命难违；若回京投戎，又非去一朝一夕，至少是一年二载，与陈圆圆之情终断，未知何时方得相恋，说不定日子长了，陈圆圆见异思迁，二人情恋关系会发生不祥变化；若将陈圆圆带走，又未先告知家父，盲目带去必遭责备。所以吴三桂拿着家信发愁，在房中踱来踱去进退两难。

正当吴三桂焦虑之际，陈圆圆走进房来相问："相公今日为何闷闷不乐，莫非阿爸和小女子怠慢？还是另有别的心事呢？"

吴三桂直言相告说："小姐有所不知。家父来信，要学生回京从军，报效国家。去从军可以，但小姐对学生一片真心深情，则实难分开，故而焦虑，难寻两全之策！"

陈圆圆给吴三桂开膺解难说："既然如此，父命难违，还是回京投戎为好。常言道，好男儿志在四方，大丈夫遍走天涯，是英雄要有用武

之地，在家里不能施展才华。报效国家是为大忠，谨遵父命是为大孝。为人子者，忠孝难得，勿因儿女私情而失忠孝。小女子将此事禀告严父，他老人家也会通情达理，非但不责相公无义，反而要慰相公前行，此事相公何虑之有？相公也不必为小女子忧心，我俩既结同心，真心相爱，我永远是你的人；我的心永远向往着你，海枯石烂心不变，任何富豪高贵我决不高攀，真心等你一辈子。待相公入伍荣升高中后，我俩再仿古人乐咏关雎，风结鸾俦，时犹未晚。相公你就放心去吧！"

陈圆圆一席肺腑之言，说得吴三桂心里踏踏实实。

吴三桂说："未想到陈小姐如此大义凛然，不愧是有教养的大家闺秀，学生得到小姐这几句肺腑之言，也就放心去了。既然小姐如此大义，学生亦非薄情之辈。我从戎之后，也一心向往着小姐。除了小姐，决不心猿意马；其他人再好，我也不娶。若有食言，可向小姐表心盟誓。皇天在上，吴三桂若有负陈圆圆小姐，必遭天谴，死于乱……"

陈圆圆急忙用手捂住吴三桂口说："我相信相公的话就是，谁要你盟什么誓哩！你如此盟誓，反叫我过意不去地更加心疼。本来从戎就是件好事，千万说不得不吉利的话。应当说：征程顺利，凯旋而归，荣灯高照，喜结鸾俦。如此吉利的话，方为我俩今日之别的本意呀！"

吴三桂说："还是小姐说得好，你对我的关心我心领了。但我总得要向你表示心意，吴三桂永远是陈圆圆的吴三桂，你陈圆圆也永远是我吴三桂的陈圆圆；你不嫁其他的吴三桂，我也不娶其他的陈圆圆。话说透彻一点，我俩两心相印，永凝一起，互不怀疑。话已至此，我无何信物为证，只有从家里带来'龙凤玉牌'一对，我把制有凤图案的这块玉牌给小姐作信物，留制有龙图案的这块玉牌我自己保存，若日后遇有何不测之事分开，见信物相合则见人面。我想，只要我俩各守口凭，忠贞不二，有朝一日，定能龙凤呈祥。现在时间不多了，我命家仆去把马备好，我前去告别陈老伯便就起程，小姐你要多加保重。"

吴三桂向陈圆圆赠信物毕，前往账房去拜别陈鸿儒，开口说道："学生在府打搅多日，承蒙老伯厚爱关照，大恩大德，永不忘怀。皆因家父来信，催促学生回京投戎，报效国家，故不得而已，要与老伯、小姐分别离去。学生特来告别，望老伯保重，健康寿长。学生与小姐婚约之事，我回家去告知严亲，争得父母之命，再求媒妁之言，正当举行周公之礼，将小姐接过府去就是。请老伯放心，学生略得孔圣之教，决不会做出无礼事情。家仆已带马在门外等候，学生就此告辞。"深深向陈鸿儒作一揖。

陈鸿儒说："公子投戎报效国家之事，圆儿已告诉了老朽，此乃一件美事，理当听从父命。公子去至军营，若能武运亨通，功成名就，还可载入史册丰碑，名垂千古。圆儿之事，公子尽管放心。我家虽无官绅之矩，但也有其贫范之教。圆儿的娘死得早，但她孝顺乖巧，很听老朽的话，老朽会教育她好生为人，耐心等待公子荣归。公子回得京去代老朽拜谢吴襄大人，并将你和圆儿联姻之事告知吴大人，理当争求他的意见。他若不允，不可强为其事，免因联姻而失义气之好，让旁人笑话。贫富联姻，自古有之。媒与不媒，无关紧要。只要你父母皆能同意，不用媒聘下礼，何不可为？此亦不违周公之礼矣！公子来至寒舍多日，与圆儿结为终身伴侣，而今说走就走，老朽无何物相送，只有昨日商行在杭州进得一批银灰色杭绸，花色丝质均可，圆儿去账房取两匹来，有劳公子捎回，给吴大人和吴夫人做套便服，以表老朽心意。"

陈圆圆急忙走去账房将绸布取来。

陈鸿儒说："公子将这两匹苏杭特产带上，放心去吧！免得吴大人在府久望。"

吴三桂告别陈鸿儒，谢赠礼物后，走进膳堂，用过午餐，陈圆圆送行，陪着吴三桂走出店堂门外，家仆已将大马备好在门外等候，二人脉脉含情，洒泪相别。

吴三桂返回军营不久，满洲清酋努尔哈赤，选一良辰吉日，身穿紫貂长袍，帽着悬垂九头火狐尾巴，亲率精骑二十万，在满洲国建州的演武场上，用巨木搭起点兵将台。努尔哈赤面色黑中带红，他威武庄严地站在将台点兵，誓师伐明。

崇祯得知消息，急降圣诏，命毛文龙督师元帅率领吴三桂等青年骁将，在关外辽东半岛阻挡，五年明清之战揭开了序幕。

此时的吴三桂，则一身兼两职，既是毛文龙委任的辽东骁将，又是崇祯皇帝恩准的都督指挥使副官。他身穿着光亮精致铠甲，头戴着红缨紫金头盔，手持着锋利的"一阳"宝剑，骑一匹乌黑精灵的高头大马，走在明军队伍之中，满军见了，望而生畏。

督师元帅毛文龙,见吴三桂胆、智、勇、谋在诸骁将之上,便命他率八万铁骑,单独行使军权,去镇守蓟辽满军经常出入窥视中原地形中的双岛岭要地。

吴三桂遵命去到蓟辽双岛岭要道重地,在接近海面的双岭大兴土木,据险筑城,驻扎八万精骑,阻止满军水、陆两师侵入。

蓟辽重地双岭岛险要,背靠高山,岛脚面临大海。经吴三桂策划建围筑城,使用重兵严防把守,将满军全部挡在双岭岛之外。满军多次发起进攻,都被吴三桂领兵痛击而还,深得上司毛文龙元帅赏识。所以,吴三桂每次退兵制胜时,毛元帅都要去给吴三桂庆功犒劳,同桌饮酒,祝贺鼓励。

吴三桂奉命镇守蓟辽边境,清兵每次骚扰都不能取胜,只是将兵马尸体留在双岭岛之上。清军无计可施,努尔哈赤只好向明朝提出议和修好,各守疆土,互不侵犯。明朝廷崇祯诏毛文龙回京议政,答应议和修好。但给满洲国提出明确规定,东连旅顺,西接榆关,蓟辽双岭岛周围相连百里之外,不准清军侵入。满洲国派使臣签字,答应明朝廷提出的要求照办,暂时缓和了明清战争的紧张局势。但毛文龙防止清军说话不算数,出尔反尔食言,仍将大队兵马屯驻山海关周围不敢撤退。

毛文龙在京议政回营后,在军中杀猪宰羊庆功,大举犒劳官兵将士。元帅将军士兵欢聚一堂,饮酒作乐,人人春风得意,胜利之酒喝得红光满面,好不热闹高兴。

吴三桂在庆功会上,酒过三巡,与大伙弟兄们一时高兴以后,忽然想起与陈圆圆的旧情往事。在酒助兴中赋诗一首曰:

华筵回首忆当年,
别后萧郎尚寄诗。
人说拈花宜并蒂,
我偏种树不连枝。
鸳衾好梦当怀旧,
鲛帕新题合赠谁?
料忆秋风寒塞外
有人犹写断肠诗。

庆功会毕，吴三桂派一心腹侍卫，将这首"七律"诗及一封信，专程送往姑苏陈鸿儒丝绸商行交陈圆圆，表示向她父子慰问。

陈圆圆收到吴三桂派专人送来的诗信后，深感在她身边昙花一现的情人，出征在边塞肃杀深秋之中，还倾吐诗情惦挂着她。她手捧着诗信，在鼻上嗅嗅，胸前贴贴，牵肠挂肚，自言自语地说："吴郎非薄情之辈，人好心好文才好，我决不轻易放弃，总有一天要得他的爱，共枕耳语人间之事。"

由此可见，吴三桂这首七律诗分量之重，它能紧扣着陈圆圆的心弦，对他贞心不变，最后得到缔结良缘。正因此诗信将二人的心连接一起，所以后来陈圆圆被田贵妃之父田弘遇选美，贿通嘉定伯周奎以权势欺人，将陈圆圆强行逼迫掳掠去北京，她心憎不服，一心思念着吴三桂。

田弘遇贿通嘉定伯周奎将陈圆圆掳掠进京后，用来讨好女婿，献给崇祯皇帝。因崇祯当时忧虑着李自成反明大事，无心美色，拒绝接受国丈的殷勤，并给予"老不正经，胡作妄行"的谴责。田弘遇当时尴尬少兴，一气之下，便将陈圆圆带回府中，以备自乐享受。

陈圆圆去到田府，整日愁眉不展，义愤填膺。尽管田府有朱漆生辉的房廊，古玩典雅的内室，彩绸纱帐的卧榻，备有丫环使女陪伴，一日三餐佳肴美味不断，但都满足不了她的心愿，总是"人在曹营心在汉"，朝朝日日在田府患"相思"病，盼望着吴三桂的营救。

年过古稀的田弘遇，有时酒后性发，嬉皮厚脸地走进陈圆圆房中调情，陈圆圆在田贼权势压力之下，她只是勉强唱曲、抚琴给田弘遇欣赏，佯装着今天感冒，明天伤风，后天不适，左推右卸，尽量摆脱田贼对她的接近和纠缠。

陈圆圆在田府住不多时日，吴三桂奉上司毛文龙元帅命令，从边关返京办事，兼探亲度假。吴三桂返京回到家中，得知陈圆圆被掠住在田府消息，便用千金重礼送往田府，向国老田弘遇说明他与陈圆圆早有旧恋关系，乞求国老成全他俩姻缘。

吴三桂深知，田弘遇无多大本事，全仗他女儿田贵妃的势力，作威作福，欺世压民，酒色财物贪得无厌。他喜欢的东西，只要得到了手，就不会轻易让出来。陈圆圆被他掳掠去，要叫他让出来又非易事。吴三桂足智多谋，为赎得陈圆圆到手，他采取既送金又讹诈，软硬兼施的办法，借给田弘遇祝寿为名，将重礼送往田府，转弯抹角地向田弘遇说道："国老七十大寿，末将在边关军营有所不知，今日有幸得元帅恩准，回家探亲度假，方知国老寿辰之事，今特来府补祝。末将备的千金薄礼，不成敬意，望国老笑纳。末将还听说，姑苏有一姣娥名叫陈圆圆在国老府中，她能歌善琴，不如请国老唤她出堂，唱支曲子与末将欣赏如何？"

田弘遇说："将军太客气了。老夫生日已过多时，你还送如此厚礼补祝，不收又难为将军厚意，老夫也只好收下是了。至于陈圆圆一事，确在老夫府中。但她整天闹病患，在房中闷闷不乐，有时老夫去请她抚琴唱曲，她都不甚喜悦。将军至府机会难得，老夫命丫环唤她出堂，给将军演唱一曲，若不中听，请勿见怪！"于是，田弘遇便命身边丫环说："小红，你快去内室，请陈小姐出来，给吴将军献上一曲。对酒当歌，人生几何！此是一种为官人的乐趣。你去给小姐说，叫她演唱好一点，吴将军还有赏哩！"

小红轻摇莲步，急忙去到陈圆圆室内说："陈小姐，田老爷请你出堂陪客唱曲，献给吴将军欣赏。若唱得好，吴将军还大大有赏哩！"

陈圆圆一听是"吴将军"三字，心想莫非是吴三桂来了，急忙问小红说："你说的是哪一个吴将军啊？"

小红说："这位吴将军，我到田府来，从未见过。听其他姐妹们说，是去年高中武状元，京都提督吴襄老爷的公子，现在边关任职的吴三桂将军呀！"

小红禀明后，陈圆圆心里明白了，真是他来了。也许是他知道我在田府落难，特来田府搭救我。但不知虚实如何，陈圆圆又问小红说："吴将军？他来田府做什么？"

小红回答说："我不知道。听说，他是来给田老爷补祝七十大寿的，还送有千金重礼。田老爷留他在府用宴，特叫我来请小姐出堂唱曲陪客。你快去吧！"

陈圆圆既喜又忧地说："好！我用不着整什么容，你给我带上琵琶引路。待我出堂去给吴将军献上一曲，看他能知我音否？"

小红不懂"知音"是何含意，只好听其安排，给她抱着琵琶前面引路,来至宴席厅堂坐下。陈圆圆从小红手中接过琵琶,调好琴弦,准备唱曲,抬头一望,果然是吴三桂坐在席上,与田弘遇对饮交谈。她忽然情至,气涌哽咽,眼角潸然泪下,唇难启齿,唱不出曲来。

此时,田弘遇说:"怎么搞的,往日给我唱都很好,今天我有客人在这里饮酒取乐,你反而眼泪汪汪,唱不出曲来,给我丢脸。是否你不认识吴将军啦!"有点生气模样。

吴三桂在宴桌上假意举杯,袖掩着一侧脸面,双目盯望陈圆圆传情。用嘟嘴拂袖动作,向陈圆圆暗使眼色示意,叫她尽量放开歌喉高唱,他是特来搭救她的。

陈圆圆聪明绝顶。见吴三桂传情动作,则心领神会。顿时胸膺开豁,止住眼泪,试了琴弦,弹过"过门",开口唱道:

小山重叠金明灭,
鬓云欲度香腮雪;
懒起画娥眉,
弄妆梳洗迟。
照花前后镜,
花面交相映;
新贴绣罗襦,
双双金鹧鸪。

这支曲子,是清奇见长、神韵卓然,大彻大悟的《水调歌头》词曲,陈圆圆见着吴三桂触景生情而唱,只有吴三桂听后能解弦外之音。对田弘遇来说,他听了则稀里糊涂,莫名其妙。田弦遇听后说:"心情不好就唱得不好,什么'小山重叠金明灭'之句有辱我大明之意,今天是有客人在我这里也就算了,不然我还要降你罪。快给我滚下去吧!"

陈圆圆听田弘遇说这些怒气话后,知田弘遇是个徒有虚名的"草包"国老,根本不懂得诗词歌赋的风雅内涵。陈圆圆也生气地说:"不听也罢!我本来就不愿唱哩!"站起来拂袖而进内室去了。

吴三桂转弯抹角,绕过上述圈子,此时才开诚布公地向田弘遇提出说:"国老,今天我来给你老人家补祝寿,见唱曲的这位小姐,她原来

附录

· 235 ·

是末将在姑苏旧恋的情人。因末将忙于在边关报效国家，无暇返京顾及儿女私情，故一再拖延，未曾婚娶。国老在我朝中，是惟一德高望重、大义凛然之人。小辈求国老助一臂之力，将陈圆圆让出，成全我二人终身大事。其大恩大德，末将永世不忘。国老今后有何难事用得着末将，末将当尽心竭力，愿效犬马之劳，涌泉相报。未知国老使得与否？乞求明示，以了末将一桩心事！"

田弘遇此时才明白过来，吴三桂来补祝寿是假，求让陈圆圆给他是真，故他舍得送千金厚礼来求于我。心想："吴三桂此小子虽人年轻，但才华过人，办事老练。他人情美美，祝寿奉迎，话又说得好听，用此着棋来将我的军，将得我好厉害，进退无路可走，反悔尚无余地。"同时，田弘遇还考虑到："吴三桂是边关名将，又是皇上得爱的武魁状元，当前红得发紫。他的父亲吴襄是京都提督，虽年高不能带兵出征，但他也是戎老元臣，而今还在军机处当参谋，可直本面君，声望亦属不小。而今，李自成在西安建'大顺'政权反明，皇上政权能否巩固，都在那里焦头烂额，无何良策保全；而我的权势，也全凭一个皇亲国戚而荣耀一时。若一旦不幸，皇上的政权都没有了，我还能荣耀什么呢？连我的家产都保不住了，何况一个女色还能保住吗？万不可能。今后若要保住家产，还要靠吴三桂这些带兵人，能看在皇上的面份上，方能得保住。若我今天不答应成全吴三桂的婚事，恐将来我要得保住家产也就很难了。"

由于田弘遇考虑到今后的个人利益，又在吴三桂重金盛情难却之下，所以快快不乐地答应吴三桂说："老夫把陈圆圆接到府中，主要是请她唱支曲、跳个舞，陪客取乐而已，无其它非分之想。既然将军与她有旧情恋关系，你何不早说，老夫派人给将军送过府去就是，何必今日方论及此事哩！不过，陈圆圆来老夫府第，时方五日，或许将军在外不知，此不足怪。老夫成全你俩婚事就是，明日派人送去吴府好啦！"

吴三桂急忙离席，向田弘遇深作一揖说："果然国老高义，忍痛割爱成全晚辈，大恩大德，没齿难忘。多谢国老成全之恩，请受晚辈就地一拜。"吴三桂撩袍跪下，向田弘遇拜了一拜。

田弘遇急忙扶起吴三桂说："区区小事，何劳将军多礼，快快请起。"

吴三桂站起来说:"多谢国老成全婚事,晚辈已心足了。至于派人护送一事,就不用国老操劳。我来时备有轿在朝门外等候,今日就请陈圆圆出堂来,拜谢过国老,随我一同乘轿回府。我把陈圆圆接到家中去,与家父商议,选个良辰吉日完婚,再来请国老过府饮杯素酒,谢谢你这位成全好事的'月下老人'才是。"

田弘遇哈哈一笑说:"好!好!老夫就当一次'月下老人',我一定要来喝你们的喜酒。"接着叫一声:"小红!你快去内室,叫陈小姐梳妆打扮出堂,就说她的喜事到了,今日就随吴将军一同去吴府,不日老夫再去吴府喝喜酒,向她祝贺!"

小红答应一声:"是。"高兴地跑进内室,气喘吁吁地向陈圆圆禀告说:"陈小姐,你的喜事到了,小红我特来向你报喜祝贺!"

陈圆圆以为是小红逗她玩的,笑骂一声说:"死丫头,我有什么喜事值得你来祝贺呀!看你疯疯癫癫急成那个样子,我没有坏事就好了,还有什么喜事呢?"

小红说:"真的有喜事,我不骗你。吴将军与田老爷商议,今日立刻就要接你到吴府去,你与吴将军一同乘轿前往。田老爷特叫我来告诉你,叫你赶快梳妆打扮,带上你自己需要的东西,吴将军在前堂等候你。"

此时,陈圆圆方明白过来,吴三桂到田府祝寿不是真祝寿,而是借祝寿为名前来搭救她。陈圆圆方带笑容,高兴地向小红说:"既然真有喜事,刚才错怪你了,请你原谅,不要多意。你快过来给我帮忙,梳妆收拾,早点走出堂去,免得吴将军等急了生气。"

小红嘻嘻一笑说:"噫!小姐刚才都不着急,现在却忙了起来?待我前来帮你梳妆,打扮得漂亮一点,吴将军对你都要多看两眼,喜悦三分哩!"

陈圆圆抿嘴一笑说:"死丫头,你又来了,敢取笑我。哪个女人逢着喜事不想打扮好一点,以后你有喜事也是如此。你快过来给我帮忙,不要再说调皮话了!"

小红走上前去为陈圆圆梳妆打扮,收好她随身用的衣物用品,捆扎成一个小包袱。不多时刻,在小红带领下,陈圆圆轻摇莲步,走出堂来。吴三桂见了陈圆圆,便如故亲热,伸手过去迎她过来,将他与田国老商量接她去吴府之事，简略叙述一番。

此时，田弘遇坐在精雕细琢的虎皮太师椅上，吴三桂牵着陈圆圆走过来，一起跪叩拜别。二人同声说道："多谢国老成全之恩，请受我俩一拜，告别去了！"

二人拜毕，走出田府大厅，早备好的两乘大轿在门外等候。吴三桂搀扶陈圆圆乘上一乘有彩色的八仙花轿，自己坐一乘三丁拐青纱大轿，高高兴兴回到吴府。

吴府宅第很大，在京享有盛名。房廊厅堂建造豪华，与田府相比，相差不了许多。因吴襄是江苏高邮人，仿江南建筑工艺修造，房外建有一块大面积的假山花园款式，有花工专人培植花草打扫，若去到花园，有一种特别幽静清馨的滋味享受，吴三桂从小就在此练功习武。吴襄将陈圆圆安排住在靠近花园新建的一幢二层楼房上，给她配备丫环伺候。

陈圆圆住的卧室，室内阳光充足，空气清新，设有精雕细琢斜挂水红色纱帐的龙凤榻床，云雾白玉镶嵌的桌椅家具，大小翠瓷雅色花瓶及古玩陈列晶摆设，名画古书条幅，应有尽有。

此套房屋和设备，是吴三桂从姑苏回京投戎时，将他与陈圆圆结恋订婚之事告诉吴襄，吴襄便早做准备，给他俩操办结婚用的。所以，陈圆圆一到吴府，吴襄便安排她住此高雅房内。不然，陈圆圆突忽其然来至吴府，焉有如此好的住所？

陈圆圆住进此房，每日有丫环伺候，又有如此豪华舒适的居住条件，其精神压力便得到了解脱，去掉了"相思心病"的包袱，比住在田府就悠然自在得多。

紧接着不久，吴襄请人选定良辰吉日，指派专人携带聘礼，来到姑苏城陈鸿儒家下聘，通禀陈圆圆遭难之事得到吴三桂搭救，现陈圆圆已接到吴府，吴老爷选定良辰吉日，准备给他俩完婚，请泰山大人进京受拜。

陈鸿儒知到女儿有了个好下落，天赐良缘，得到一个称心如意好的归宿，达到他培养女儿成家之目的。他喜逐颜开，高兴不已，笑眯眯地向下聘人说："好！好得很！圆儿与吴公子之事，她俩早有婚约在先，老朽早就同意了的，何劳吴亲家大人如此仗义，特派你们送聘礼说聘，老朽则过意不去。"

陈鸿儒急忙去房中取五十两白银来作"报喜钱",打发下聘人说:"有劳二位差哥,不远千里来到寒舍,给老朽报这么一个喜讯,老朽不成敬意,这里有五十两文银,望二位差哥纳下,买双鞋穿吧!婚期将至,时间紧迫,我老朽就不去京了。请二位差哥回去禀告吴亲家大人,请他主婚便是。婚后若有适当机会,老朽慢慢去看望他们。请代老朽拜谢吴亲家大人好!"

下聘人回京去将陈鸿儒意见告诉吴襄后,婚期已到。吴襄命管家积极安排布置,房廊四周打扫洁净,张灯结彩,大摆筵席,下请帖通知亲友光临。

结婚那天,在厅堂上燃起龙凤花烛,婚联喜对满堂,吴襄夫妇端坐堂上。吴三桂插花披红,陈圆圆穿戴凤冠及锦缎绣花婚服,红绸绣花盖头布遮面,显示出新娘新郎喜气。迎亲喜娘牵着陈圆圆,迎亲宾相扶着吴三桂,行至堂前,由礼宾司仪说:"桃之夭夭配凤凰,灼灼其花拜周堂;龙凤呈祥光宗耀,求得地久与天长。"

"奏乐!"堂外一阵鼓乐齐鸣。

"鸣炮!"堂外一阵鞭炮声。

"跪拜!"吴三桂与陈圆圆手牵着彩红,双双跪下。

"一拜天地!"吴三桂与陈圆圆二人叩首。

"二拜高堂!"吴三桂陈圆圆向吴襄夫妇叩首。

"夫妻相拜!"吴三桂与陈圆圆站起来牵着彩红相对作一揖。

"请入洞房!"陈圆圆由喜娘扶着,吴三桂牵着彩红走在前面,去到陈圆圆住的新房中。喜娘给吴三桂、陈圆圆各斟一盅"交杯喜酒"递给二人,相互挽手扣饮。

婚礼司仪完后,吴襄走出堂来,招呼贺喜的文武官员及亲朋好友入席就宴,众人吃喝,相互言谈,热闹非凡。

吴三桂与陈圆圆的爱恋,圆满地得以实现。

二、吴三桂降清,真的是"冲冠一怒为红颜"吗

1644年四月二十九日(阴历三月二十三日),吴三桂正式决定归顺李自成的大顺政权,并且亲自率部进京朝见新的主人。1644年五月三

日（阴历三月二十七日），吴三桂的军队抵达永平（今河北卢龙县）西沙河驿站。

但是，就在这个时候，吴三桂却突然之间，又背叛了李自成！不久之后，又正式投降了大清朝！这一切，都是为什么呢？

关于吴三桂背叛大顺政权的始末，一般而言，我们都相信《庭闻录》和《小腆纪年附考》里面的记载是真实的：

在西沙河驿站，吴三桂相继见到了逃出京的家人以及父亲派出的亲信傅海山，他们向吴三桂叙说了吴襄以及吴三桂爱妾的情况。当开始听到父亲吴襄被捕时，吴三桂并不在意，以为这是李自成为迫其投降所采取的重要措施，他一投降，父亲必被释放。当听到父亲被拷打将死，交了5000两银子还不顶用时，吴三桂的头发便不禁竖了起来。及至听到爱妾陈圆圆被李自成手下大将刘宗敏抢走时，吴三桂十分愤怒，他说："大丈夫不能保一女子，何面见人耶？"他马上下令，停止前进，掉头返回山海关，并一反常态，纵兵掠夺，直接率兵杀回山海关。

这就是人尽皆知的"冲冠一怒为红颜"了。

吴三桂是否是"冲冠一怒为红颜"，我们后面自然要考证这个问题。现在的问题是我们必须要回答这样一个问题：陈圆圆到底是什么人？她到底有多大的才能吸引了吴三桂？

1. 良家妇女陈圆圆

说起来，陈圆圆原来并不是妓女。

陈圆圆，江苏武进县金牛里（今奔牛镇）人。

陈圆圆原本不姓陈，而姓邢，父亲叫邢三，住在苏州奔牛镇四亩曲。邢三是个贫苦的农民，以耕种为生。圆圆幼年丧母，邢三就把她送给姨母抚养，姨母的丈夫姓陈，因而圆圆就改姓了陈。

圆圆的养父是个小生意人，初时家境尚可，尤好听人唱歌，还不惜倾全部资财请善于唱歌的人到家里居住，有时竟请来数十位，日夜歌唱不止。因此陈圆圆从小便练就了一副好嗓子。后来，由于陈氏家道中落，十八岁那年，本出身于良家的圆圆早早地卖身为妓，进了烟花场。

2. 走红歌妓陈圆圆

在明末江南，做不了出色的女演员也就成不了名妓，所以勾栏中人对串戏之类是很看重的。

陈圆圆从小读书识字、唱歌学戏，也能写得一手好词。为了学唱弋腔俗调，她还经常向民间老艺人请教。因此，清初康熙年间的文学家陆次云在他的《圆圆传》中称之为"声甲天下之声，色甲天下之色"。

她十八岁在苏州登台演出，曾经扮饰过《长生殿》的杨贵妃、《霸王别姬》的虞姬和《西厢记》的崔莺莺，一下子便成了走红的歌妓，声名大噪。

当时，陈圆圆也很想像其他的走红歌妓一样，借广泛交际的机会，结识一些社会名流，出籍从良。可是，通过谁才能达到自己的这个目的呢？

3. 与冒辟疆的交往

明末社会，封建士大夫纷纷征歌逐妓，迷恋声色，追求浪漫的生活。冒辟疆也不例外。

冒辟疆，江南名士，与陈定生、侯方域、方以智，号称江南四公子，他们在政治上反对阉党，针砭时弊，不乏激扬文字，但在生活上却和一些妓女们日相唱和，流连风月。

1641年春，冒辟疆与陈圆圆初逢。年少倜傥的冒辟疆第一次见到陈圆圆就为其所迷，而陈圆圆也把自己完全托付给了冒辟疆。

1642年，冒辟疆本来定下时间去苏州接陈圆圆成亲，谁知家中出事耽搁了十天，待到苏州时，陈圆圆恰被国丈田弘遇在十天前以势逼去。

4. 落到了田弘遇的手里

田弘遇，陕西人，曾任扬州千总，女儿被崇祯选封为贵妃后，田弘遇官封左都督，在皇亲国戚中飞扬跋扈，不可一世。

1642年，他的女儿、崇祯皇帝的宠妃田妃死了，他担心自己的地位受到损害，于是田弘遇前往江南选送美女千人前往北京，陈圆圆就是其中之一。

而可巧的是，崇祯皇帝此时正值国家内忧外患之时，无心女色，将田弘遇送来的这些女子一一退回，陈圆圆也是这被退回的女子中的一个。陈圆圆回到田府之后，成为田弘遇歌妓。

5. 终于结识了吴三桂

1643年秋天，农民大起义如火如荼，农民军攻下了洛阳，京师为之震动。京中豪门权贵和富家巨室万分惶恐，害怕起义军一旦攻下北京，将无以自安。

而此时的田弘遇已经不是很受崇祯皇帝的宠信了。他必须为自己寻找下一步的退路，而正巧吴三桂此时正在京师。田弘遇觉得只有抓住了实力在握的吴三桂，才能保证全家人的安全。于是田弘遇就把陈圆圆送给了吴三桂。

问题在于，陈圆圆作为一个当红歌妓，她与吴三桂到底能有多么深厚的感情呢？难道促成吴三桂降而复叛大顺政权的原因真的就是"冲冠一怒为红颜"么？

这就需要我们来分析一下，《庭闻录》和《小腆纪年附考》里面的记载到底是真是假！这就需要我们进行认真地考证！

1. "冲冠一怒为红颜"考证

第一，有关"冲冠一怒为红颜"的史料出处。

我们知道，《庭闻录》和中华书局1957年版的徐鼒的《小腆纪年附考》这类著作出自清朝中晚期甚至更晚！这些著作出现的时间太晚了！他们出现的时间已经离吴三桂的降而复叛大顺政权、投降大清王朝八九十年了！

那么，历史上，有没有比《庭闻录》和《小腆纪年附考》更早一些的著作，在这些著作里面也同样记载着吴三桂"冲冠一怒为红颜"的史实的呢？

第二，更早一些的史料记载似乎否定了"冲冠一怒为红颜"的说法。

更早一些的记载着吴三桂的事情的书籍有很多！但是，这些书籍里面都没有关于吴三桂"冲冠一怒为红颜"的史实的记载！

其中涉及到吴三桂和陈圆圆关系的书籍主要是《明季北略》一书。《明季北略》这本书成于清康熙十年（1671年），此时吴三桂尚未叛清！在这本书中记载着下面的话：

"自成入京，刘宗敏系吴襄，索沅（沅，指陈圆圆）不得，拷掠酷甚。吴三桂闻之，益募兵七千。三月二十七日，将自成守边兵二万尽行砍杀，止余三十二人，贼将负重伤逃归，吴三桂遂居山海关。"

这本书中，说的是刘宗敏没得到陈圆圆，对吴襄严刑拷打，是吴三桂与李自成反目的原因。

也就是说，按照《明季北略》一书的说法，"冲冠一怒为红颜"是假的！真实的情况是吴三桂的父亲吴襄被严刑拷打！

这里，我们就涉及到了一个问题，促成吴三桂降而复叛大顺政权的原因到底是什么？难道，就仅仅是吴三桂的父亲吴襄这么简单么？

支持促成吴三桂降而复叛大顺政权的原因是吴三桂的父亲吴襄被严刑拷打这一论点的论据还有很多！

如《流寇志》的记载："（吴三桂）至永平，遇父襄苍头与一姬连骑东奔，惊问之，而襄姬与苍头通，乘乱窃而逃，诡对吴三桂曰：'老将军被收，一门皆为卤，独与姬得脱，东归报将军，将军速为计。'吴三桂乃翻然走山海，拥兵自守，使人乞师，共击贼也。"

又如中华书局1959年版的赵士锦《甲申纪事·附录》的记载："吴三桂差人进北京打探老总兵、圣上消息。有闯贼在北京捉拿勋戚文武大臣，拷打要银，将吴总兵父吴襄拷打要银，止凑银五千两，已交入。吴襄打发旗鼓傅海山，将京中一应大事，一一诉禀，吴老总兵已受闯贼刑法将死。吴总兵闻之，不胜发竖，言君父之仇，必以死报。"

2. 吴三桂背叛大顺政权的原因分析

富于戏剧性的是，几乎就在吴三桂得知其父被拷问的同时，李自成也注意到了吴三桂对巩固自己政权的重要性，指示刘宗敏释放吴襄并命吴襄写信，劝告吴三桂投降。同时，又派出了降将唐通、降官王则尧、张若麒、左懋泰等人携带吴襄手书和大批银两直接来到吴三桂的军中，进一步劝其投降。从时间上来说，这批招降人员到达吴三桂军中的时间仅比吴襄致吴三桂的私函晚到一两日（约在五月五日左右），而两封信的内容却截然相反，这不能不使吴三桂认为李自成的招降不过是一场骗局，是想引诱自己进驻北京后再行消灭！

吴三桂长期守卫边关，和大顺政权没有什么接触！他既然要决定投降大顺政权，就肯定要派人进北京了解情况！了解的结果居然是大批官员被拷掠追赃，连自己的父亲也被拷打到快要死了的地步，这证明投靠大顺政权根本不可能保护自己的个人利益，前往北京城无疑是自投罗网。吴三桂和许多部下都是在关外有很多财产的大地主，现在他们的主帅吴三桂连自己父亲性命和家产都保不住，就更谈不上保护他们在关外

的土地财产了,所以吴三桂振臂一呼,群起响应!

因此,我们说,促成吴三桂降而复叛大顺政权的原因很复杂。其中,最为主要的是大顺政权触犯了吴三桂等地主阶级的利益!

最后,还须交代吴三桂最宠幸的爱妾陈圆圆的下落。当初,就是这个女人促使吴三桂"冲冠一怒",弃明投清,从而改变了自己的命运。清军入昆明后,在吴三桂的籍簿上却无陈圆圆的名字,亦不见其人。她到哪里去了?下落何处?这已成为至今未解的一个历史之谜。

据《平滇始末》、《平吴录》等书所载,城破时,圆圆同郭皇后,还有一个叫印太太的,一同自缢而死;又一说"陈沅(圆)不食死";还有的说,她当了尼姑隐居起来而得善终;还有的说投滇池而死。众说不一。

清代野史说,陈圆圆的墓在昆明商山寺,甚至说她死于康熙二十八年(1689年)。墓已不复存在,也难辨真假。

直到20世纪80年代初,据报载,在贵州岑巩县水尾乡马家寨发现了陈圆圆墓,有碑一通,上面镌刻:"吴门聂氏之墓"六字。"吴门"非指为吴(吴三桂)家人,而暗示圆圆籍贯苏州,亦即"吴门"之意。至于"聂氏",也是用他人之姓代用,这大概是为了避讳政治嫌疑才隐姓瞒名的,碑文明载当年圆圆由昆明来到贵州岑巩平西庵为尼(庵今仍存,在今岑巩县大有乡桐木寨)。何时到此?大抵是吴三桂反后,兵驻湖南,或许她为避祸,而悄悄远离昆明,来此僻地隐居,故能得以善终。又据报,这个寨子有三百多户人家,除一家之外,都姓吴。他们自称是吴三桂的后代,祖上有训,要为陈圆圆墓保密,所以墓才保存到今天。(《中国旅游报》1986年11月11日,"陈圆圆及其墓地")圆圆墓旁是吴三桂的心腹大将马宝的衣冠塚。这一切,都表明此墓的真实性。这一事实如能成立,那么,可以认为,圆圆早在昆明城破前已离开这一危地,吴三桂的后人或于破城前后也躲过清军盘察和追索,而与圆圆来到贵州岑巩这一穷乡僻壤,在这里了此终生了。

三、吴三桂年谱

1612 万历四十年生，月、日不详，取名吴三桂，字长白，又字月先。辽东中后所（辽宁绥中）人，祖籍江苏高邮。

1622 后金天命七年天启二年父吴襄中武举。

1627 天聪元年七年约当此时，应试武科，中举，在舅父祖大寿处任中军官。一次，父被后金围困，大寿不敢救，吴三桂自请闯围，将父救出。自此，"忠孝"之名传扬。

1631 崇祯四年八月，后金围大凌河城，父子应援，遇敌于长山，父吴襄不战而逃，削总兵官，戴罪立功。

1632 崇祯五年官至游击。六月，与父奉命随监军太监高起潜赴山东平叛。登州参将孔有德、耿仲明等起兵叛明。八至十二月，在登州地区将孔部击败，逃海上，投后金。吴襄以军功恢复总兵官职务，授都督同知，荫一子锦衣百户世袭。

1634 崇祯七年后金皇太极率大军袭宣府、大同，随父赴大同应援。

1635 崇祯八年八月，提升为前锋右营副将，守宁远。

1639 崇祯十二年七月，总监关宁两镇御马监太监高起潜、辽东巡抚方一藻、蓟辽总督洪承畴共同推举，提升为宁远团练总兵。吴三桂已拜高起潜为"义父"，同洪、方交结，"拜其门下"。

1640 崇祯十三年在中后所、前屯卫训练辽兵，"日日言练"，颇有成绩。五月，与清兵战于杏山附近，几被擒获，幸被总兵刘肇基救出。七月，自松山夜袭清军。同月，出杏山城，抗击清军两万余人。

1641 崇祯十四年正月，锦州被围缺粮，吴三桂督运牛骡车装粮一万五千万石，乘清军无备，输送成功。总督洪承畴率师解锦州之围，吴三桂为援锦八大总兵之一。四月，吴三桂出战清军，居各镇总兵官之首功。八月，明清决战于松山，明兵溃败，吴三桂亦逃，至杏山，再逃至宁远。兵败未责，加升提督。

1642 崇祯十五年言官追论松山失败罪，迫于舆论压力，给吴三桂以降级处分，仍守宁远，训练辽兵一万。皇太极写信劝吴三桂降清，舅父祖大寿、兄吴三凤、姨夫裴国珍，好友张存仁纷纷写信劝降。吴三桂不答。

1643 崇祯十六年正月，遣使致信祖大寿，对降清一事"犹豫不决"，实则拒降。五月，入援京师，阻击清军进关抢掠。崇祯设宴武英殿慰劳。千金购陈圆圆，仍留京师。

1644 顺治元年崇祯十七年关外辽西八城，已被清军取其七，仅剩宁远一城，吴三桂坚守不动。正月，父吴襄奉命携家眷进京，出任中军府提督。三月，令撤宁远，进封吴三桂平西伯，率部勤王。四月，欲降农民军，因家被抄，父、圆圆被掠中止。迎清军入关，联清军击败农民军于石河。剃发降清，封平西王。五月，追击李自成至固关而返。十月，南明福王政权勅封吴三桂为蓟国公，加封其父为辽国公，母为辽国夫人，并赏银物与漕米十万石。吴三桂拒收不答。同月，顺治封赏吴三桂银物，颁册文，封平西王。同英亲王阿济格率部赴陕西，征剿李自成农民军。

1645 顺治二年南明弘光元年隆武元年三月，自边外趋绥德，攻取西安，尾迫农民军入河南。四月，尾追农民军入湖南，经武昌，至九江，皆败农民军。李自成失散，于九宫山下被村民击杀。八月，班师回京，命还镇锦州，所部分屯宁远、中后、中前诸地。世祖赐亲王爵，吴三桂不敢受，辞之。

1646 顺治三年南明隆武二年七月，奉诏进京觐见，赐银两万两，宴于武英殿。

1648 顺治五年永历二年四月，命携家镇守汉中。至京，赐宴饯行，赏衣帽甚厚。留长子吴应熊于京师。

1649 顺治六年二月，于甘肃阶州击斩明宗室朱森滏，击败农民军余众王永强部，歼七千余人。先后攻克蒲城、延安等城。

1650 顺治七年五月，破保德州，恢复府谷县。继续在陕西同农民军余部作战。一年多，平定榆林、富平、宜君诸州县，计歼灭五万余人。

1651 顺治八年正月，与李国翰部离府谷，返汉中。八月，自汉中进京觐见，赐宴于中和殿。九月，重封吴三桂为平西王，颁册文，赐金印，命为统帅，携同李国翰部入川征剿农民军与南明武装力量。

1652 顺治九年二月，自汉中发兵，两路进川。败明军，取嘉定、

· 246 ·

重庆、叙州等地。十月,永历将刘文秀入川反击。吴三桂退保宁自守。刘部围城,反为其败。四川平定。

1653 顺治十年奉命仍在汉中镇守。八月,顺治钦命,将太宗第十四女和硕公主下嫁其子吴应熊。十二月,于藩俸六千两外,加藩俸一千两,计七千两。

1654 顺治十一年二月,授应熊为三等精奇尼哈番。仍在汉中。

1655 顺治十二年仍在汉中。

1656 顺治十三年仍在汉中。

1657 顺治十四年仍在汉中。五月,续加藩俸一千两,共八千两。六月,册封其妻为福金,颁册文。钦命应熊为少保兼太子太保。十二月,命为"平西大将军"同李国翰部进征贵州。

1658 顺治十五年二月,自汉中出兵,进征贵州。四月,抵遵义。五月,入贵阳。六至十月,驻防遵义。与多尼、赵布太等两路军统帅会于平越杨老堡,议定取云南方略。十一月,自遵义出师取云南。

1659 顺治十六年正月,入昆明,与多尼、赵布太两路军会师。移营罗次县。二月,自罗次发兵,继续追剿永历政权,破大理,扎筏渡澜沧江,入永昌。渡潞江(怒江)。于磨盘山陷李定国设"三伏",几陷绝境,反败为胜,李定国败走。永历及属下逃入缅甸。月底,振旅班师。三月,命镇守云南。十月,命暂管云南一切权利。

1660 顺治十七年正月,乞沐氏田庄七百顷,许之。四月,清兵入缅,上"三难二患"之奏。平息沅州土司那嵩、那焘父子之乱。七月,奏设"忠勇""义勇"各五营;又设"援剿"四镇,皆许之。

1661 顺治十八年三月,克平马乃土司,擒获并处死其酋长龙吉兆、吉佐兄弟;奏请与藏人互市北胜州。九月,与爱星阿统率大军分两路进缅。十一月,会师木邦。另遣一军追白文选,逼其投降。十二月,缅甸被迫献出永历及其母后、皇后并所有随从人员。自缅班师。明亡。

1662 康熙元年,缢杀永历父子于昆明。五月,进封为平西"亲王"。六月,颁发亲王金册。十二月,照云南例,管贵州一切文武官员、兵民各项事务。

1663 康熙二年在云南。四月,疏请颁康熙钱式,于云南开鼓铸钱,从之。十月,密奏陇纳人阿仲叛逆。康熙以此乱起于广西,令该省将军、总督、提督"明白回奏"。

1664 康熙三年正月，进剿广西陇纳，俘获"妖人"阿仲，"逆寨悉平"。二月，令吴三桂斩阿仲于军前。三月，奏捷：总兵官王会、赵良栋、张鹏程等分三路进兵，剿杀陇纳"逆苗"一千三百八十六人，阵斩头领陆亮，贺云闻败自刎。六月，亲提师至毕节，由大方、乌西直捣卧这，进剿苗民抗清活动。遣总兵刘之复、沈应时，副都统高得捷（或大节）、都统吴国贵等分路进剿，自二至五月，大获全胜。十一月，遣总兵官李世耀自乌蒙进征水西，大败其众，擒其酋领安坤。

1665 康熙四年正月，吴三桂属各镇将剿擒安坤党羽安如鼎及黔阳王皮熊。二月，克平乌撒，"土酋"安重圣、安重乾被俘。五月，奏请裁云南绿旗兵五万四千名，副将以下裁九名；另，"忠勇"五营亦裁去。从之。请发军饷银三万两买牛、种，并发军粮一万五千万石，赈水西贫民。疏请于水西设流官，从之。六月，昆明以东"土酋"王耀祖等抗清，吴三桂遣将击败，并将其擒获。七月，报捷：属下左都督何进忠于四月剿陇箐，生擒酋长绿昌贤属下杨道全等。

1666 康熙五年正月，疏报：吴三桂会同总督卞三元、提督张国柱等分兵进剿云南诸"土酋"之乱，平定寨子数十处，"滇南大定"。二月，改土司安坤故地比喇为平远府、大方为大定府、水西为黔西府，改比喇镇为平远镇。三月，平远因缺饷发生兵变，纷纷叛逃。吴三桂自请处分。九月，改乌撒土府为威宁府，隶贵州省。十月，云贵两省武职员缺，悉由吴三桂题补。从之。

1667 康熙六年二月，遣其侄左都统吴应期、总兵官马宝剿乌撒，俘女酋陇氏及其部众万余人。五月，以目疾、精力日减，辞云贵总管，允之。权归督抚，文吏由吏部题授。

1668 康熙七年在云南。正月，加吴应熊为少傅兼太子太傅。命赴云南视疾，仍回京师。

1669 康熙八年在云南。

1670 康熙九年在云南。

1671 康熙十年在云南。举行六十寿庆，四方宾客如云，子应熊自京赴昆明祝寿。

1672 康熙十一年在云南。

1673 康熙十二年二月，康熙遣一等侍卫吴丹、二等侍卫塞扈立前往云南慰问，赐御用貂帽、团龙貂裘等物。七月，继平南王尚可喜之后，自请撤藩。允之。十一月二十一日，举兵反，杀云南巡抚朱国治。自任"天下都招讨兵马大元帅"，建国号周，以明年为周元年。十二月，自云南发兵北伐。吴三桂抵贵阳。康熙下诏，削吴三桂王爵，通告天下。

1674 康熙十三年正月，自称周王，自筹钱，曰："利用"。吴三桂离贵阳，至镇远。二月，吴三桂离镇远，破辰州等湖南城镇。至常德督战。三月，康熙处死其长子吴应熊及长孙世霖。十二月，陕西提督王辅臣叛于宁羌。吴三桂赠银二十万两、并"平远大将军陕西东路总管"印。耿精忠叛于福建，提督郑蛟麟等叛于四川。

1675 康熙十四五月，自湖南常德赴松滋指挥作战。八月，仍在松滋。吴兵坚守醴陵、岳州、洞庭湖、萍乡等战略要地。是时，云南，贵州、湖南、四川、广西、福建等省皆为吴所有。

1676 康熙十五年三月，自松滋援长沙。举行大会战，吴三桂指挥，略胜清军。十月，继陕西王辅臣出降后，靖南王耿精忠降。遣从孙吴世琮袭桂林，执杀广西将军孙延龄。

1677 康熙十六年四月，自岳麓徙衡州，分兵攻南安、韶州。九月，至湘潭，部署进攻两粤。十一月，驻衡州。

1678 康熙十七年三月一日，即帝位于衡州，改元"昭武"，以衡州为"定天府"，置百官，大封诸将。八月十八日，吴三桂病逝于衡州，终年67岁。秘不发丧。十月，正式发丧，遗体秘运回云南。迎其孙吴世璠于贵阳即位，以明年为"洪化"元年。是时，清国已克平江、湘阴、永兴、茶陵、安仁、兴宁、桂阳、桂东等十余城。吴三桂将林兴珠率水师降清，韩大任弃吉安，败走福建降清。

1679 康熙十八年洪化元年正月，吴三桂侄吴应期弃岳州不守，退屯辰州。清军进岳州。胡国柱弃长沙，退屯辰龙关；吴国贵自衡州退屯武冈。八月，武冈之役，清军大破吴军，吴国贵中炮死。十一月，清军四路取四川。

1680 康熙十九年洪化二年正月，清将赵良栋取成都、王进宝大战保宁，吴将王屏藩兵败自缢，吴之茂被俘，后送京师处死。三月，辰州之役，吴军败逃，胡国柱、吴应期败走贵阳。清军占领湖南全境。九月，清兵拟分三路进攻云贵。吴军不战而逃。清军占领贵州。

1681康熙二十年洪化三年正月，清三路大军已有两路会于云南昆明城郊。二月，清军攻昆明，屯归化寺，屡败吴军。九月，三路大军会师昆明城下。十月，破昆明城。吴世璠、郭壮图皆自刎死。夏国相、马宝等先后降清，方光琛及其子被俘。周政权灭亡。十二月，定"逆案"，靖南王耿精忠、平南亲王尚之信及夏国相、马宝、方光琛、王永清、江义、巴养元、张国柱、祖泽清等大批从叛将吏及其亲属皆被处死。王辅臣畏罪，于进京途中自杀。